W0289480

Almut Bick

DIE STEINZEIT

THEISS WISSENKOMPAKT

THEISS

Inhalt

Ferne Vergangenheit mit aktuellem Bezug

Die Natur forderte den steinzeitlichen Menschen ein ums andere Mal heraus, aber er gewann. Er setzte sich mit genialen Erfindungen gegen alle Widrigkeiten wie eisige Kälte, gefräßige Feinde und globale Erwärmung durch. Würde uns das heute auch gelingen?

Die Steinzeit – Wegbereiter ohnegleichen

Die Steinzeit umfasst den größten Teil unserer Geschichte. Seit dem Auftauchen der ersten Vertreter der Gattung Homo sind zwei bis drei Millionen Jahre vergangen. Über 99 Prozent dieser Zeit war Stein der Hauptrohstoff für Werkzeuge und Waffen. Führt man sich diese riesige Zeitspanne vor Augen, so ist es kein Wunder, dass während der Steinzeit eine erstaunliche Entfaltung der Kultur zu verfolgen ist: Sie reicht von der Herstellung der ersten Werkzeuge bis hin zur Entwicklung der Landwirtschaft.

Von vielen Erfindungen der Steinzeit profitieren wir noch heute: Die Beherrschung des Feuers, das Nähen von Kleidung, feste Häuser, Keramikgeschirr, das Rad, die Metallverarbeitung oder Ackerbau und Viehzucht spielen nach wie vor eine wichtige Rolle. Den Grundstein für diese Entwicklungen legten aber schon die Menschen der Steinzeit. Fast hat man das Gefühl, als hätten die Zeiten danach kaum mehr etwas zur menschlichen Kultur beisteuern, sondern nur noch schon Dagewesenes weiterentwickeln können.

Denn nicht nur technische Errungenschaften der Steinzeit wirken bis in die Gegenwart. Auch im geistigen Bereich fußen wir auf einer steinzeitlichen Basis. Für uns besonders typische Aspekte menschlicher Kultur wie eine komplexe Sprache, Religion und Jenseitsvorstellungen, aber auch Kunst oder Musik und sogar Eitelkeit sind Entwicklungen, die schon in der Altsteinzeit ihren Ausgang nahmen.

Ein Denker: Der Mensch der Steinzeit bewältigte das Leben in extremen und wechselnden Klimasituationen auch mit Hilfe seines Erfindungsgeistes.

Was macht den Menschen zum Menschen?

In Anbetracht der kulturellen Leistungen steinzeitlicher Menschen kann man auf die Frage, was den Menschen zum Menschen macht, beinahe nur antworten: sein Erfindungsgeist. Unsere Geschichte beginnt mit der Herstellung der ersten Werkzeuge. Wie der Anthropologe Friedemann Schrenk jüngst betonte, ist dies der Wendepunkt der Menschwerdung. Der Mensch glich mit dieser ersten Erfindung einen körperlichen Mangel aus. Die Natur hatte die Frühmenschen vor etwa 2,5 Millionen Jahren herausgefordert. Infolge eines dramatischen Klimawechsels breitete sich in Afrika damals eine sehr trockene Vegetation aus, so dass den Lebewesen nunmehr besonders harte pflanzliche Nahrung zur Verfügung stand. Von den menschenähnlichen Wesen dieser Zeit wurden zwei ganz verschiedene Wege eingeschlagen, um sich der veränderten Natur anzupassen. Der Stammbaum unserer Vorfahren spaltet sich an dieser Herausforderung. Für besonders robuste Arten der Australopithecinen löste die Evolution das Problem: Sie entwickelten einen gewaltigen Kauapparat mit riesigen Muskelpaketen und Zähnen, die dreimal so groß wie unsere heutigen waren. Eine andere, diesmal von den Lebewesen selbst gesteuerte Art der Problembewältigung zeigt uns die grazilere Gattung Homo, der Mensch. Er hatte keinen so großen Kauapparat, der die harte Nahrung zermahlen konnte. Doch fand auch er einen Weg, mit der schwierigen Kost umzugehen: Er zerkleinerte sie mit Werkzeugen. Der erste Schritt zur Unabhängigkeit von der Natur war gemacht. Langfristig ist diese kulturelle Lösung die bessere gewesen. Der Weg der robusten Australopithecinen führte in eine Sackgasse: Sie starben vor etwa einer Million Jahren aus. Der Mensch hat überlebt.

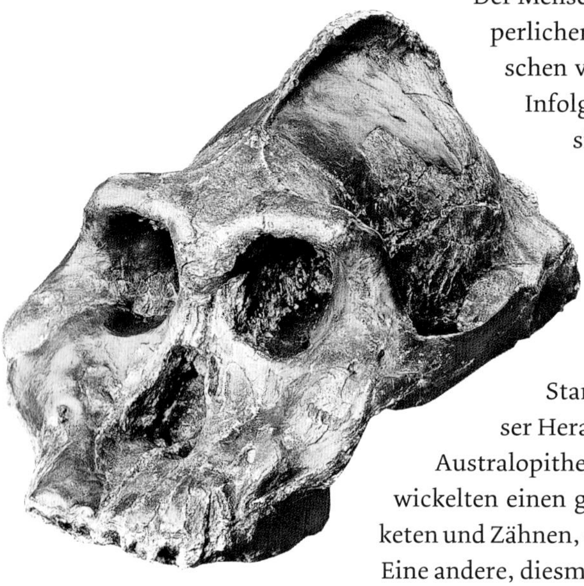

»Nußknacker«: Die robusten Australopithecinen besaßen einen Schädelkamm, an dem kräftige Kaumuskeln ansetzten.

Fast jede weitere Erfindung der Menschheit scheint in dieselbe Richtung zu zielen: das Streben nach Unabhängigkeit von der Natur. Ein charakteristisches Merkmal des Menschen ist es, dort überleben zu können, wo es ihm eigentlich aufgrund seiner körperlichen Verfassung nicht möglich wäre. Feuer und Kleidung schützen vor kalter Witterung und ersetzen das fehlende dicke Fell. Spezialisierte Jagdwaffen bescherten ihm Jagdglück, obwohl er von Natur aus gar kein Jäger war: Er hat keine Reißzähne, keine scharfen Krallen, weder kann er besonders schnell laufen noch besonders gut sehen oder riechen. Ein außergewöhnlicher Sieg gegen die Natur gelingt ihm mit dem Glauben an ein Jenseits. Er bezwingt das unabwendbare Schicksal seiner Sterblichkeit, indem er sich ein Weiterleben nach dem Tode vorstellt. Die Hinterbliebenen beginnen daher schon in der Steinzeit, die Toten mit Essen und allerlei Waffen und Werkzeugen für das Jenseits auszustatten.

In den nächsten Kapiteln können wir verfolgen, wie der Mensch sich immer weiter von den natürlichen Gegebenheiten emanzipiert und in jeder noch so widrigen Situation etwas Neues einfallen lässt.

Wie sieht unsere Zukunft aus: warm oder kalt?

Mehrfach mussten sich die Menschen der Steinzeit mit extremen Klimaschwankungen auseinandersetzen. Jedes Mal änderten sich die Umweltbedingungen dramatisch. Die Vegetation wechselte ebenso wie die Tierwelt. Besonders hart traf es die Bevölkerung am Ende der Eiszeit, als sich das Klima um 9500 v. Chr. rapide erwärmte. Innerhalb einer Generation stiegen

Hilfsmittel: Die Beherrschung des Feuers und die Entwicklung von Jagdwaffen halfen den Frühmenschen, sich in der Natur zu behaupten.

die Temperaturen um sechs Grad Celsius. Die Kultur und die spezielle Jagdtechnik waren konzipiert für ein Leben in der eiszeitlichen Steppe. Mit dem Wandel der Tier- und Pflanzenwelt aber wurde dem Menschen seine Hauptnahrungsquelle entzogen, und die bewährten Strategien funktionierten nicht mehr. Doch er meisterte diese Herausforderung mit Bravour: Er passte seine Lebensweise an und entwickelte neue Waffen und Techniken.

Würden wir uns in einer solchen Situation als ebenso anpassungsfähig und einfallsreich erweisen, wie es unsere Vorfahren der mittleren Steinzeit waren? Wissenschaftler haben seit einigen Jahrzehnten erkannt, dass die Konzentration von CO_2 in der Luft seit der Industrialisierung rasch ansteigt. Dieses Gas löst einen Treibhauseffekt aus, durch den sich die Erde erwärmen wird. Im 20. Jh. sind die mittleren Jahrestemperaturen schon um 0,6 Grad Celsius angestiegen. Eine globale Erwärmung in der Größenordnung der Mittelsteinzeit wird uns aber für die nächsten 100 Jahre vorausgesagt: sechs Grad Celsius im Jahresmittel.

Globale Erwärmung: Möglicherweise trägt der Mensch mit seiner Landwirtschaft schon seit Jahrtausenden zu einem Anstieg der Konzentration an Treibhausgasen bei.

Auf der anderen Seite haben Klimaforscher eine gegenläufige Beobachtung gemacht. Das Eiszeitalter war nicht einheitlich frostig, sondern geprägt von einem wiederholten Wechsel von Kalt- und Warmphasen. Alle 100 000 Jahre wurden zwei Kaltzeiten von einer kurzen, nur etwa 10 000 Jahre dauernden Warmphase unterbrochen. Die letzte Eiszeit ging um 9500 v. Chr. zu Ende, und die Nacheiszeit, das Holozän, mit den heutigen milden Klimaverhältnissen begann. Leben wir aber wirklich in einem neuen Klimazeitalter? Vielleicht befinden wir uns eher in einer dieser rund 10 000 Jahre währenden Warmphasen. Damit stünden wir kurz vor einer neuen Kaltzeit. Seit dem Ende der letzten Eiszeit sind 11 500 Jahre vergangen. Eine neuerliche Abkühlung ist eigentlich überfällig.

Die globale Erwärmung heutiger Tage wird noch mindestens 200 Jahre anhalten, bis die wirtschaftlich gewinnbaren fossilen Brennstoffe erschöpft sind. Dann wird vermutlich die längst überfällige Eiszeit die Herrschaft übernehmen. Sollte die Menschheit die globale Erwärmung überleben, dann stünde sie bald vor ihrer nächsten Bewährungsprobe. Erwär-

EISZEITLICHE KLIMAKAPRIOLEN

Vor etwa 1,8 Millionen Jahren kam es zu einer globalen Klimaverschlechterung. Die Temperaturen fielen. Damit wuchsen die Eismassen an den Polen, die Gletscher auf den Hochgebirgen entstanden, und die Meeresspiegel sanken ab. Die erdgeschichtliche Epoche des Tertiärs mit seinem warmen Klima war vorüber, und das Eiszeitalter, das Pleistozän, begann.

Die Erklärung für diese Veränderung ist komplex und lässt sich nicht auf eine einzige Ursache zurückführen. Vielmehr gehen Forscher heute von einer Kombination vieler Faktoren aus. Veränderungen der Erdumlaufbahn und der Neigung der Erdachse im Verhältnis zur Umlaufbahn um die Sonne sind ebenso in die Argumentation einzubeziehen wie eine Änderung in der Intensität der Sonnenstrahlung.

Die Klimaverschlechterung des Eiszeitalters war keine kontinuierliche Entwicklung. Kaltzeiten wurden immer wieder von kürzeren Warmphasen unterbrochen. Während dieser Warmzeiten konnten die durchschnittlichen Jahrestemperaturen auch schon einmal über den heutigen liegen. Das häufige Auf und Ab der Temperaturen ist besonders deutlich in den Ablagerungen der Ozeane dokumentiert. Die Schichten der Meeressedimente enthalten Kalkschalen abgestorbener Einzeller, die Hinweise auf das Klima vergangener Zeiten geben, denn in diesen Schalen wurden zu Lebzeiten der Einzeller Sauerstoffisotope eingelagert, deren Mengenverhältnis temperaturabhängig ist.

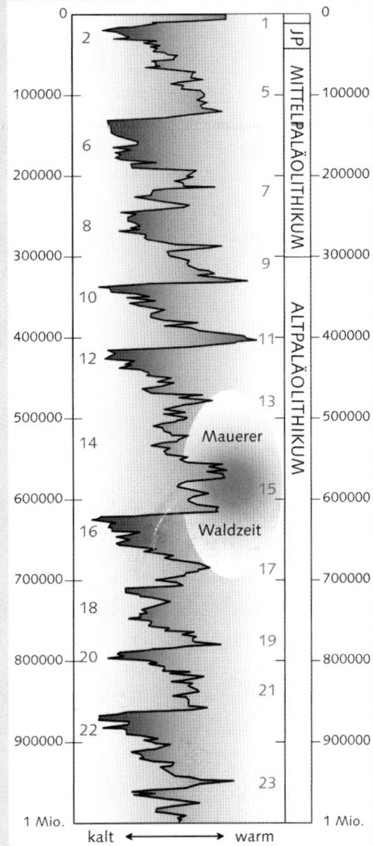

Klima-Archiv: Bohrkerne aus der Tiefsee offenbaren einen mehrfachen Wechsel von Warm- und Kaltzeiten während der letzten Million Jahre.

Aber auch an Land lassen sich Warm- und Kaltphasen aus den verschiedenen Sedimenten ablesen. In den Eiszeiten blies der Wind Löss, den Verwitterungsstaub der Gesteine, über die Grassteppen. Sobald in den Warmphasen die Vegetation zunahm, begann die Bildung von Humusboden. In den Kaltzeiten dagegen lagerte sich weiterer Löss ab. So zeichnen sich warmzeitliche Bodenbildungen bei einer Ausgrabung im Profil als dunkle Zonen zwischen den hellen Lössschichten ab.

Aus der Analyse der Tiefseebohrkerne weiß man heute, dass Eiszeiten zyklisch auftreten. Alle 100 000 Jahre schiebt sich zwischen zwei Kaltzeiten eine kurze, nur etwa 10 000 Jahre dauernde Warmphase. Seit der erste Mensch in Europa auftauchte, musste er schon einige dieser Klimazyklen mit Kalt- und Warmzeit durchleben. ■

mung oder Eiszeit – eine genaue Prognose über das Klima unserer Zukunft wagen Wissenschaftler aber nicht. Unüberschaubar viele Faktoren wirken zusammen. Das Klima ist ein komplexes System und wird Überraschungen für uns bereithalten!

Wie alles begann

Da unsere eigene klimatische Zukunft ungewiss ist, wollen wir uns in den nächsten Kapiteln mit den Umweltbedingungen beschäftigen, denen sich unsere Vorfahren der Steinzeit stellen mussten. Wie passten sie sich an, und welche Lösungen fanden sie für ihre Probleme? Ein Blick auf die Anfänge relativiert oft auch unseren heutigen Alltag. Von den ersten Menschenspuren in Afrika kann der Leser eine Rundreise durch die Jahrmillionen bis hin zu den ersten Metallgegenständen unternehmen, die das Ende der Steinzeit markieren. Denn die Steinzeit ist die Epoche, in der Waffen und Geräte vor allem aus Stein, seltener auch aus Knochen, Geweih, Holz oder ähnlichem hergestellt werden. Das archäologische Fundmaterial besteht in dieser Epoche vor allem aus Stein, Knochen und Geweih. Holz und andere vergängliche organische Materialien haben sich nur selten bis in die heutige Zeit erhalten. Dazu sind besondere Bedingungen nötig, wie sie etwa in Feuchtbodengebieten herrschen. Unter Luftabschluss hat der Boden hier spektakuläre organische Funde konserviert. Metall jeder Art wird erst gegen Ende der Steinzeit verwendet und spielt zunächst eine untergeordnete Rolle. Diese Erkenntnis ist nun schon 170 Jahre alt. Christian Thomsen hatte 1836 in einem Führer durch das Dänische Nationalmuseum in Kopenhagen eine wegweisende Einteilung der vorgeschichtlichen Funde nach den vorherrschenden Werkstoffen vorgelegt: Die älteste Epoche sei die Steinzeit, dann folge die Bronze- und zuletzt die Eisenzeit. Dieses »Dreiperiodensystem« gilt bis heute. Es ist seitdem immer weiter verfeinert worden, so dass es heute eine Alt-, Mittel- und Jungsteinzeit sowie eine Vielzahl von Untergliederungen dieser drei Hauptabschnitte gibt.

Das vorliegende Buch vermittelt einen Ein- und Überblick in die Welt der Steinzeit. Viele Aspekte können nur angerissen, nicht jede regionale Erscheinung kann ausführlich behandelt werden, obwohl sie es sicher verdient hätte. Die Reise durch jene faszinierende Epoche der Menschheitsgeschichte wird untergliedert in zwei große Abschnitte. Der erste Teil bietet einen kurzen Abriss der steinzeitlichen Kulturentwicklung. Anschließend berichten zwölf vertiefende Kapitel mit einer Vielzahl kleiner Exkurse von spannenden Ausgrabungsergebnissen und interessanten Details, die ein lebensnahes Bild der damaligen Verhältnisse zeichnen. Ist am Beginn der Menschwerdung der Blick nach Afrika zu richten, so konzentrieren sich die folgenden Ausführungen immer mehr auf Europa und nehmen vor allem das Gebiet Deutschlands ins Visier. Bei großräumigeren Kulturphänomenen wie der Entstehung der Landwirtschaft oder dem Aufkommen der Metallurgie wird das Blickfeld sich jedoch immer wieder weiten.

Schatz aus Holz: Das älteste erhaltene Holzrad der Welt stammt aus Seekirch-Achwiesen im Federseemoor. Das zweiteilig konstruierte Rad ist etwa 5000 Jahre alt.

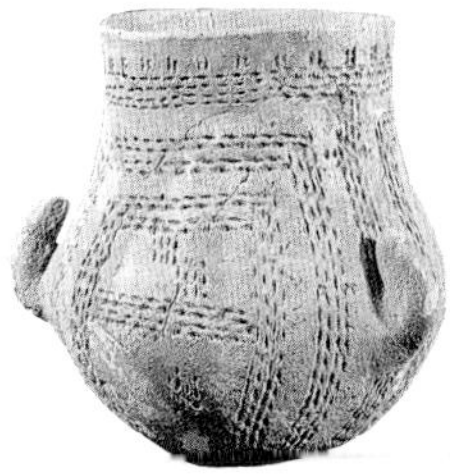

Die Steinzeit auf einen Blick

Ein Streifzug durch die steinzeitlichen Epochen und ihre Errungenschaften lässt Hochachtung vor den damaligen Menschen aufkommen. Mit einfachsten Mitteln legten sie den Grundstein unserer heutigen Kultur.

Altsteinzeit – die Anfänge menschlicher Kultur

Die Altsteinzeit, das Paläolithikum, bezeichnet den Beginn der menschlichen Geschichte und ist gleichzeitig ihre längste Etappe. Sie umfasst die gesamte Entwicklung des Menschen vom ersten Auftauchen der Gattung Homo bis hin zum anatomisch modernen Menschen. Sie schließt die erste Besiedlung Europas durch den Menschen während des Eiszeitalters ein und endet hier mit dem Klimawandel zur Nacheiszeit um 9500 v. Chr.

Altpaläolithikum – Feuer und Faustkeil

Die erste Stufe der Altsteinzeit wird Altpaläolithikum genannt. Sie ist in Europa die Zeit des Homo heidelbergensis, des europäischen Homo erectus. Diese Menschenart hatte als erste Afrika verlassen und Europa vor mindestens 1,5 Millionen Jahren erreicht. Zu dieser Zeit herrschte das kalte Klima des Eiszeitalters. So hat Homo erectus bei seiner Auswanderung aus Afrika sicher geholfen, dass er das Feuer zu beherrschen wusste, bildete doch dieses Naturelement besonders im Eiszeitalter die Grundlage für ein dauerhaftes Überleben im rauen Klima der nördlichen Breiten. Als Beweise dieses Könnens finden sich in den Lagern des Homo erectus immer wieder Feuerstellen mit Holzkohleresten.

Ein bekanntes Beispiel hierfür ist der Fundplatz Bilzingsleben nahe Erfurt. Seit 1969 fördern Ausgrabungen jedes Jahr große Mengen an Fundmaterial zutage. Bis heute sind fast eine halbe Million Objekte erfasst worden.

Wohnen wie in der Steinzeit: In Unteruhldingen wurden Pfahlbauten wie dieses »Hornstaad-Haus« rekonstruiert. Sie führen uns das steinzeitliche Leben in den Seeufersiedlungen plastisch vor Augen.

Die etwa 370 000 Jahre alten Hinterlassenschaften dieses Lagerplatzes führen uns detailreich das Leben des Homo erectus vor Augen. Für grobe Arbeiten wie Schaben, Hacken oder das Zertrümmern der Knochen benutzte er einfache Steingeräte, die er aus Geröllen oder Kieseln herstellte. Durch wenige einseitige oder auch beidseitige Abschläge erzeugte er scharfe Arbeitskanten; die Werkzeuge werden als Chopper beziehungsweise Chopping tools bezeichnet. Schon früh verstand es der altsteinzeitliche Mensch, die bei der Herstellung solcher Geräte anfallenden Bruchstücke weiterzuverarbeiten: Mittels einer einfachen, einseitigen Retusche stellte er aus ihnen Kleingeräte her.

Im Laufe des Altpaläolithikums verfeinerte der Mensch seine Steingerätetechnik. Er legte immer mehr Wert auf die Auswahl des Rohgesteins, auf homogene und harte Gesteine, die sich besser schlagen ließen. Bevorzugt verwendete er nun Feuerstein oder feinkörnigen Quarzit.

Schon vor etwa 1,5 Millionen Jahren hatte Homo erectus in Ostafrika den Faustkeil entwickelt. Faustkeile waren praktische Universalgeräte mit einem verbreiterten Griffende an der einen und einer Spitze an der anderen Seite. Man konnte sie als Hammer, aber auch als Schneidemesser benutzen. Mit einiger zeitlicher Verzögerung breitete sich dieses Allzweckwerkzeug nun auch in Europa aus. Echte Faustkeile fehlen in Bilzingsleben, sind aber kennzeichnend für die Kulturen Süd- und Westeuropas. Diese frühe Faustkeilindustrie wird Acheuléen genannt; der Name leitet sicher her vom Fundort Saint Acheul, einem Vorort der nordfranzösischen Stadt Amiens.

In Bilzingsleben beobachtete der Ausgräber Dietrich Mania in der Mitte der Siedlungsfläche drei kreisförmige Anhäufungen von Steinen und

Die Anfänge: Mit wenigen Schlägen stellte der Mensch aus Geröllen seine ersten, einfachen Werkzeuge her. Diese Beispiele stammen aus Stuttgart-Bad Cannstatt.

großen Knochen, die einen Durchmesser von 3 bis 4 m besaßen. Mania deutet diese Strukturen als Grundrisse einfacher Wohnbauten, von deren Aufbau aus Stöcken, Zweigen und Schilf sich nichts weiter erhalten habe. Diese Theorie ist nicht ohne Widerspruch geblieben. Eindeutige Beweise für Behausungen fehlen bisher noch für das Altpaläolithikum.

Indiz für abstraktes Denken: Die Ritzungen, die Homo erectus auf diesem Knochenfragment in Bilzingsleben anlegte, bilden ein regelmäßiges Muster.

Die Diskussion um die intellektuellen Fähigkeiten des Homo erectus heizte ein weiterer Fund aus Bilzingsleben an: Auf ein 40 cm langes Knochenstück hat der altpaläolithische Mensch Striche geritzt, die sich zu Gruppen und Mustern zusammenfügen. Dies wird als ein Beleg für die Fähigkeit zu abstraktem Denken gewertet.

Die Tier- und Pflanzenreste von diesem Fundort lassen auf eine warme Klimaphase inmitten der Eiszeiten schließen. Die Sommer waren warm und trocken, die Winter mild. Gleiches gilt für die Umwelt anderer Fundplätze des Altpaläolithikums in Mitteleuropa. Es scheint, dass sich Homo erectus trotz des Feuers zuerst nur in den Warmphasen in den Norden wagte.

Mittelpaläolithikum – die Zeit des Neandertalers

Die Zeit von 300 000 bis etwa 38 000 Jahren vor heute wird als Mittelpaläolithikum bezeichnet. Der Neandertaler im weitesten Sinne bevölkerte jetzt Europa. Anders als der altpaläolithische Homo erectus trotzte der mittelpaläolithische Neandertaler als Erster dem Wetter unserer Breiten und verstand es, auch in kalten Klimaphasen zu überleben.

In vielen Gegenden verwendete der Neandertaler weiterhin den praktischen Faustkeil. Darüber hinaus entwickelte er das Gerätespektrum weiter.

BEHÜTETE GLUT

Homo erectus nutzte das Feuer; das wird durch die Reste seiner Feuerstellen bewiesen. Das wärmende Feuer erleichterte ihm das Verlassen der warmen Klimazonen Afrikas, die Flammen boten ihm Schutz gegen Raubtiere und bereicherten die Möglichkeiten seiner Nahrungszubereitung. Besonders das Fleisch der Jagdbeute war gegart leichter zu kauen und auch verträglicher für den Menschen. Denn durch den übermäßigen Verzehr von rohem Fleisch kann es zu Vergiftungserscheinungen aufgrund erhöhter Zufuhr von Vitamin A kommen. Verän-

Steinzeit-Feuerzeug: Bandkeramiker verwendeten zum Feuerschlagen ein Set aus Feuerstein, einem eisenhaltigen Mineral, Zunderschwamm, Muschelschale und Knochenpfriem.

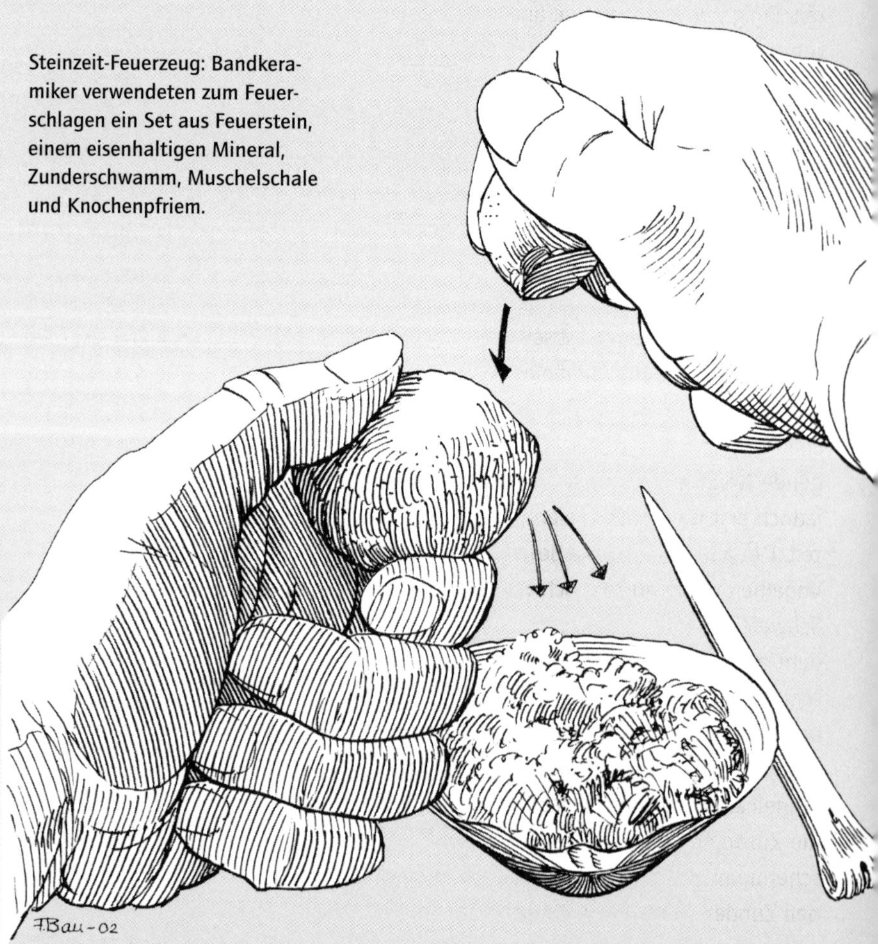

derungen, die auf eine solche Hypervitaminose schließen lassen, konnten bereits an 1,5 Millionen Jahre alten Knochen eines Australopithecus aus Koobi Fora in Kenia festgestellt werden.

Die Nahrung im Feuer zu grillen ist sicher die einfachste Möglichkeit, sie zu garen. Die Menschen der Altsteinzeit wussten aber auch schon, wie sie sich ein Süppchen kochen konnten. Damals gab es noch keine Kochtöpfe aus Keramik oder Metall. Die Köche der Altsteinzeit hatten daher eine Methode entwickelt, die ohne Gefäße auskam. An jungpaläolithischen Lagerplätzen sind des Öfteren Quarzgerölle gefunden worden, die Spuren von Hitzeeinwirkung zeigen. Ein Blick in die Ethnologie liefert die Antwort auf die Frage, wozu sie gedient haben könnten. Einige Völker benutzen auch in der heutigen Zeit erhitzte Steine, um Wasser zum Kochen zu bringen. Sie werden im Feuer auf Temperatur gebracht und dann in ein Gefäß mit Wasser gelegt. Dort funktionieren die Steine ähnlich wie ein Tauchsieder. In der Altsteinzeit wurde anstelle eines Gefäßes eine Mulde in den Boden eingetieft und mit Fell ausgekleidet. Hier hinein gab man dann Wasser und weitere Zutaten wie Fleisch oder Gemüse, dazu die heißen Steine – und fertig war eine nahrhafte Brühe. Am jungpaläolithischen Lagerplatz Gönnersdorf im Rheinland konnten die Ausgräber eine ganze Reihe solcher Kochgruben in den Behausungen aufdecken.

Die Nutzung des Feuers ist seit der Zeit des Homo erectus also unbestritten. Eine ungeklärte Frage für Archäologen ist aber, ob die frühen Menschen ihr Feuer an natürlich entstandenen Flammen anzündeten oder ob sie es bereits selbst entfachen konnten. Archäologen nehmen an, dass bereits der auf Homo erectus folgende Neandertaler diese Fähigkeit besaß. Nachgewiesen ist das Feuermachen jedoch erst für Homo sapiens, den modernen Menschen, am Ende der Altsteinzeit. Der älteste bekannte Beweis hierfür ist 32000 Jahre alt und stammt aus der Vogelherdhöhle auf der Schwäbischen Alb. Es handelt sich um eine Knolle von Schwefelkies, die Schlagspuren aufweist. Sie war wohl Teil eines Feuerzeuges, zu dem noch ein Feuerschlagstein und Zunder gehörten. Schlägt man den Feuerschlagstein (meist ein Feuerstein) und die eisenhaltige Schwefelkiesknolle (Pyrit) aneinander, so entstehen Funken, die einen Bausch Zunderschwamm zum Glimmen bringen können. Daraus kann mithilfe von leicht entzündlichem Material schnell ein Feuerchen angeblasen werden. Bis zum Ende der Jungsteinzeit bleibt die Zusammensetzung des Feuerzeugs fast unverändert. Auch „Ötzi", die Gletschermumie vom Hauslabjoch, machte noch auf diese Weise Feuer: Er hatte einen Zunderschwamm im Gepäck, auf dem sich feine Pyritspuren fanden. ■

Er verbesserte unter anderem die Abschlagtechnik und perfektionierte so die Herstellung der Werkzeuge. Vor dem eigentlichen Abschlag bereitete er den Kern jetzt mit einigen gezielten Schlägen vor, um den Umriss und die Dicke des Zielabschlags kontrollieren zu können. Obwohl diese Vorbereitungen zuerst einen Mehraufwand bedeuteten, lohnten sie sich, denn sie ersparten dem Werkzeugmacher im Nachhinein viel Arbeit: Die Schneiden der bei diesem Arbeitsprozess entstehenden Abschläge mussten nur noch wenig überarbeitet werden, um ein neues Repertoire an dünnschneidigen Werkzeugen zur Verfügung zu haben.

Komplex: Die Levalloistechnik bereitet den Kern so vor, dass in einem zweiten Arbeitsschritt ein kontrolliert geformter Abschlag gewonnen werden kann.

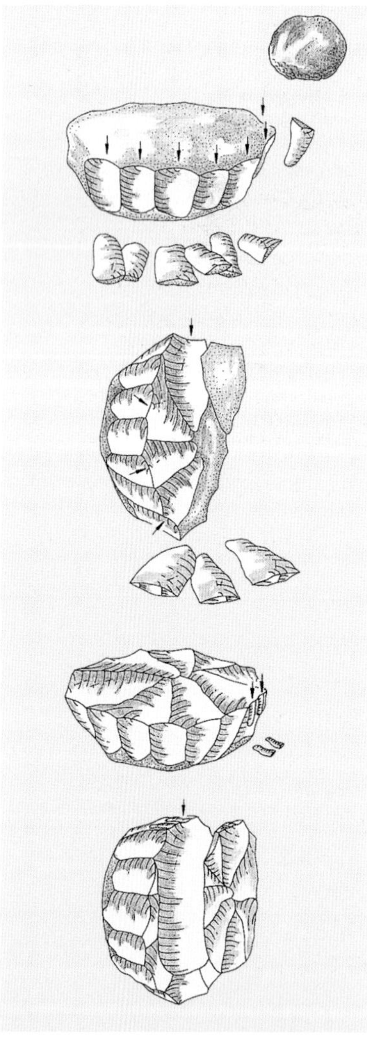

Die Erfindung des präparierten Kerns wird nach Funden in einem Pariser Vorort als Levalloistechnik bezeichnet. Sie lässt eine deutliche intellektuelle Weiterentwicklung des Menschen erkennen. Spricht die bereits für das Altpaläolithikum nachgewiesene zielgerichtete Herstellung eines Werkzeugs für ein gewisses planendes Denken, so beweist die Erweiterung der Produktionsschritte nun auch die Fähigkeit, vorausschauend und in komplexeren Strukturen zu handeln.

Im Mittelpaläolithikum gibt es als Folge unterschiedlicher regionaler Traditionen mehrere Werkzeugindustrien. Die wichtigste und oft fast synonym mit dem Mittelpaläolithikum verwendete Werkzeugindustrie ist das Moustérien. Namengebend ist der Höhlenfundplatz Le Moustier in der Dordogne. Zahlreiche aus Abschlägen hergestellte Schaberformen kennzeichnen diese Industrie. Beidflächig bearbeitete Geräte kommen selten vor; sie sind dagegen typisch für die so genannten Keilmessergruppen der letzten Kaltzeit. Im jüngeren Mittelpaläolithikum tauchen vor allem im mittleren und östlichen Europa statt der Faustkeile Kerngeräte in auffallender »Blattspitzen«-Form auf, die großes handwerkliches Geschick voraussetzen. In einigen Teilen Europas sind mit ihnen schon die ersten Werkzeuge aus langschmalen Klingenabschlägen vergesellschaftet, die dann für das Jungpaläolithikum typisch werden.

Eine Neuheit des Mittelpaläolithikums sind geschäftete Geräte. Bis dahin waren die Steinwerkzeuge direkt mit der Hand geführt worden. Gerade der typische Acheuléen-Faustkeil ist in seiner Form darauf ausgerichtet, »in der Hand zu liegen«. Jetzt bekommen die immer kleinformatigeren Geräte Handhaben aus Holz, in die sie mittels einer Kittmasse geklebt werden. Die geschäfteten Geräte ersetzen langsam, aber sicher den bisher immer weiter verfeinerten Faustkeil. Die Analyse zweier Kittklumpen vom Fundplatz Königsaue in Sachsen-Anhalt hat einmal mehr das hohe technische Niveau der Neandertaler offenbart. Die Ausgräber vermuteten zuerst, dass sich die Kittmasse als leicht zu gewinnendes Kiefernharz herausstellen würde. Dann jedoch haben Analysen bewiesen, dass es sich um aus Birkenrinde hergestelltes Pech handelt. Dieses konnte nur in komplizierten Destillationsvorgängen gewonnen werden – ein weiterer Beweis für die Fähigkeiten des lange unterschätzten Neandertalers.

Hatte man im Altpaläolithikum für die Herstellung der Werkzeuge nur lokale Gesteine verwendet, so finden sich in mittelpaläolithischen Siedlungen nun auch Rohmaterialien, die aus einer Entfernung von bis zu 100 km stammen und für ein größeres Schweifgebiet der Jäger sprechen.

Modern: Blattspitzen wie diese aus der Haldensteinhöhle in Baden-Württemberg kennzeichnen die Endphase des Mittelpaläolithikums in Mittel- und Osteuropa.

Wie in der vorhergehenden Epoche fehlen für das Mittelpaläolithikum bisher eindeutige Belege für Behausungen. Dennoch muss es solche zum Schutz vor Wind und Wetter für den Neandertaler gegeben haben, wollte er erfolgreich den Kaltphasen nördlich der Hochgebirge trotzen. In Molodova in der Ukraine wird aus dem Grabungsbefund eine mit Mammutknochen gebaute Rundhütte rekonstruiert. In Westeuropa aber gibt es Hunderte von Höhlenfundplätzen, an denen Neandertaler Unterschlupf gesucht hatten. Sie kamen immer wieder an dieselben Plätze und richteten sich dort häuslich ein. In der Großen Grotte über Blaubeuren auf der Schwäbischen Alb konnten bei Ausgrabungen elf Kulturschichten des Mittelpaläolithikums aufgedeckt werden. Die Neandertaler hatten den 17 m hohen Höhleneingang sogar mit einer Steinmauer verbaut, um besser gegen Wind und Wetter geschützt zu sein. Die höher gelegene Große Grotte gefiel ihnen besonders gut, da sie von hier aus einen idealen Ausblick auf ihr Jagdrevier hatten. In dieser Gegend tummelten sich Steinböcke – eine besondere Jagdbeute, die sich den Neandertalern sonst nur selten bot.

Aus dem Moustérien sind die ersten bewusst angelegten Gräber überliefert. In den wenigen bisher bekannten Fällen waren die Toten meist in natürlichen Eintiefungen oder unter einem Abri beigesetzt worden. Bisweilen hatten die Hinterbliebenen die Gräber mit Steinplatten bedeckt. So einfach die Bestattungen auch scheinen, sie sind wichtige Belege dafür, dass sich der Neandertaler nun mit dem Tod auseinandersetzte.

Im späten Mittelpaläolithikum gibt es in einigen Regionen West- und Südosteuropas sogenannte Übergangsindustrien, die auf lokalen mittelpaläolithischen Traditionen fußen, aber schon jungpaläolithische Elemente wie Knochen-, Geweih- oder Elfenbeinwerkzeuge aufweisen. Zum Teil laufen sie auch zeitlich parallel zum Jungpaläolithikum. In Südfrankreich und Nordspanien ist das Châtelperronien eine solche Übergangsindustrie. Charakteristisch sind an einer Längsseite stumpf retuschierte Châtelperronspitzen. Solche rückengestumpften Spitzen sind in ähnlicher Form auch in anderen Übergangsindustrien zu finden. Die Frage, ob

Geschickter Handwerker: Das Skelett eines alten Mannes aus der Höhle La Chapelle-aux-Saints **war Vorbild für diese Dermoplastik eines Steine schlagenden** Neandertalers.

SOLIDARGEMEINSCHAFT

Lange wurde auch die soziale Kompetenz des Neandertalers unterschätzt. Langsam wird er nun rehabilitiert. Ein beredtes Zeugnis für das Sozialverhalten der Neandertaler legen die Bestattungen von La Chapelle-aux-Saints in Südfrankreich und das Grab 1 von Shanidar im heutigen Nordirak ab. Zwei Männer sind in diesen Gräbern bestattet worden, die zahlreiche, auch schwere Verletzungen überlebt hatten. Eine Vielzahl von Knochenbrüchen an Kopf, Halswirbelsäule, Rippen, Becken, Armen und Beinen hatte sie im Leben immer wieder zumindest eine Zeit lang pflegebedürftig gemacht. Beide litten, auch als Folge der verheilten Knochenbrüche, an Arthritis.

Der 30 bis 40 Jahre alte Mann aus Shanidar, Grab 1, war aufgrund seiner Verletzungen sogar dauerhaft auf die Hilfe seiner Mitmenschen angewiesen. Ein Wangenbeinbruch führte zur Erblindung des linken Auges. Zusätzlich scheint sein rechter Unterarm amputiert worden zu sein. Der nicht mehr benutzte Armstumpf ist verkümmert. Seine Gruppe hat ihn nicht nur gepflegt, bis die Brüche verheilt waren. Auch als er danach behindert blieb, hat sie ihn weiter unterstützt und bis zu seinem Tod einschließlich eines standesgemäßen Begräbnisses versorgt. ■

Fürsorge: Neandertaler überließen ihre Toten nicht einfach den Aasfressern. In dieser Zeit begannen die Menschen, die Verstorbenen in Gräbern beizusetzen.

der Neandertaler oder schon der anatomisch moderne Mensch, Homo sapiens, diese späten Werkzeugspektren mit jungpaläolithischen Elementen herstellte, beantwortete die Untersuchung eines châtelperronienzeitlichen Skelettes aus Saint Césaire in Frankreich: Hier konnte der späte Neandertaler als Träger der Kultur ermittelt werden. Die frühere Lehrmeinung, die den Neandertaler als primitiven und Homo sapiens als intellektuell und technisch überlegenen Konkurrenten sah, lässt sich nicht mehr in dieser Schärfe aufrechterhalten. Immer mehr Fundplätze zeigen, dass die späten Neandertaler in ihrer Lebensweise dem anatomisch modernen Mensch ebenbürtig waren.

Jungpaläolithikum – rasante Fortschritte

Das Jungpaläolithikum begann in Europa vor ungefähr 38 000 Jahren und endete vor 11 500 Jahren. Es war nach einer Phase der Koexistenz mit den letzten Neandertalern vor allem die Zeit des anatomisch modernen Menschen. Mit dem Jungpaläolithikum beschleunigte sich die Kulturentwicklung rasant. Waren in den Jahrhunderttausenden zuvor nur wenige grundlegende Neuerungen zu verzeichnen gewesen, so ist diese Epoche von einer ganzen Anzahl Innovationen geprägt. Die Neuerungen sind nicht nur technischer Art, auch die Anfänge von Kunst, Musik oder Begräbnisritualen, die auf eine Jenseitsvorstellung hindeuten, werden nun greifbar.

Charakteristisch für das Jungpaläolithikum ist ein ganzes Paket von technischen Neuerungen. Mit einer neuen Schlagtechnik stellten die Werkzeugmacher jetzt langschmale, dünne Klingen in Serie her. Gezielt präparierten sie einen Kern von konischer Form, den sie in schmale Abschläge zerlegten. Aus diesen Klingen entstanden dann die verschiedenen jungpaläolithischen Geräte wie Bohrer, Kratzer und Projektileinsätze. Eine Feuersteinknolle wurde durch diese Technik in einem Maße effektiv ausgenutzt, wie dies vorher nicht möglich war. Bei der Herstellung dieser Klingen musste der Werkzeugmacher darauf achten, besonders homogene Gesteine von hoher Qualität zur Verfügung zu haben. Fanden die jungpaläolithischen Menschen an einem Ort qualitätvolle Steine, so nahmen sie das begehrte Rohmaterial auch schon einmal über 100 km weit mit, um es bei Bedarf zur Hand zu haben.

Eine weitere typische Neuerung im »Werkzeugkasten« des Jungpaläolithikums sind Geräte aus Knochen, Geweih und Elfenbein. Geschossspitzen und Bohrer ebenso wie die uns heute noch gute Dienste leistende Nähnadel mit Öhr lassen sich unter den Werkzeugen aus organischem Material finden. Bearbeitete Knochenspitzen und erste Ansätze einer Klingenpro-

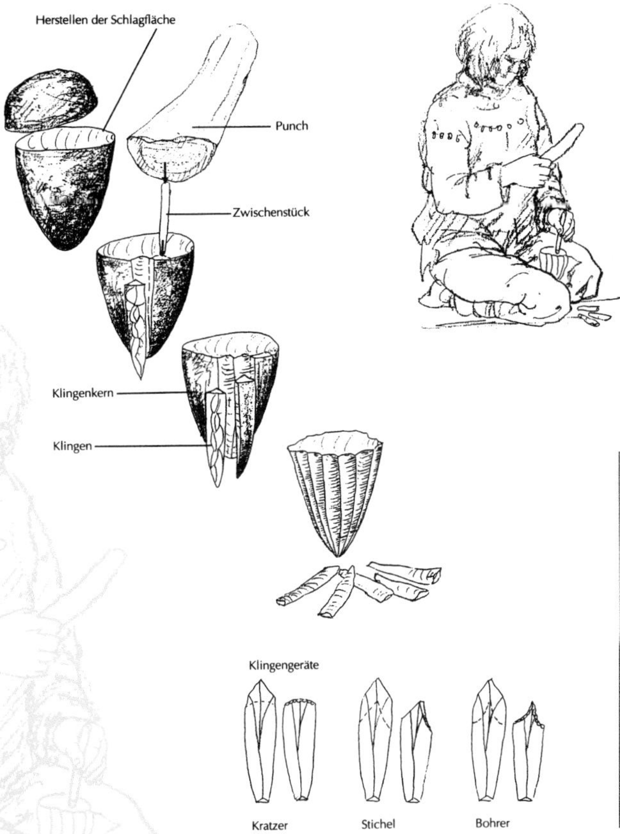

Serienproduktion: Mit einer neuen Schlagtechnik konnten im Jungpaläolithikum aus einer Feuersteinknolle reihenweise langschmale Klingen hergestellt werden.

duktion sind schon vereinzelt am Ende des Mittelpaläolithikums nachgewiesen. Anstelle eines vielfach postulierten kulturellen Bruchs mit dem Auftreten der neuen Menschenform scheint es also vielmehr einen kontinuierlichen Übergang zwischen Mittel- und Jungpaläolithikum gegeben zu haben.

Zu den Neuheiten, die sich im Jungpaläolithikum großer Beliebtheit erfreuten, gehört Schmuck. Die Menschen stellten den Zierrat aus allerlei Materialien wie fossilen Muscheln und Schnecken oder Elfenbein her. Gern brachten sie durchbohrte Tierzähne, Schmuckschnecken und Perlen als Verzierung auf ihre Kleidung auf. Besonders prächtig geschmückt war die Kleidung eines Mannes, der im frühen Jungpaläolithikum in Sungir bei Moskau bestattet worden war: Über 3500 Elfenbeinperlen zierten ehemals seine Mütze, Jacke und Hose. Die verwendeten Schmuckschnecken stammen oft aus großen Entfernungen. Auf dem Martinsberg bei Andernach fand sich ein

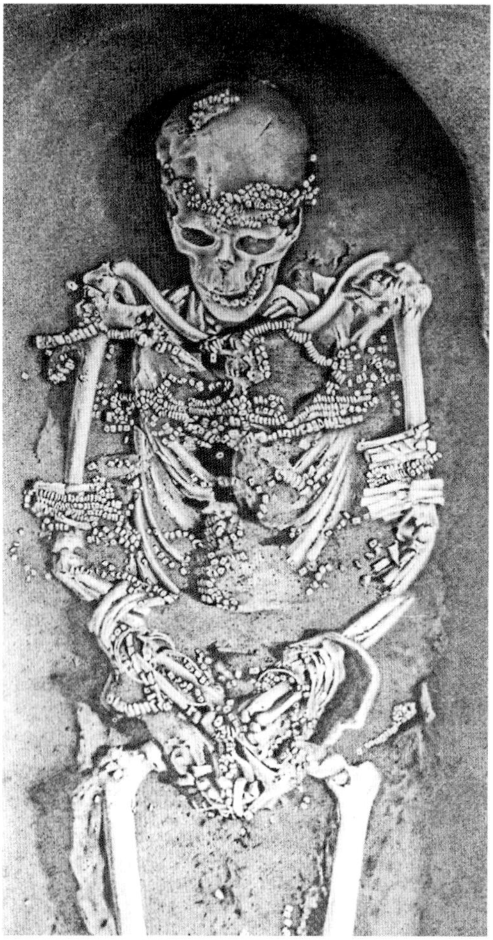

Prunkvoll: Die Lage von mehreren Tausend schmückenden Elfenbeinperlen gibt in der Bestattung eines Mannes aus Sungir bei Moskau Hinweise auf seine Kleidung.

Hort von 40 Schnecken aus dem Mittelmeer! Solche Funde sind Zeugnisse eines überraschend weit gespannten Kommunikations- und Tauschnetzes über viele Hundert Kilometer hinweg.

Das Jungpaläolithikum beginnt mit dem so genannten Aurignacien, einer Kultur die vom Atlantik bis zum russischen Don über ganz Europa verbreitet war. Namengebend ist ein Höhlenfundplatz in den französischen Pyrenäen. Typisch sind neben Klingengeräten Geschossspitzen aus Knochen und Elfenbein, besonders kleine Spitzen mit gespaltener Basis. Solche separat angebrachten Spitzen lösten sich nach dem Schuss vom hölzernen Speerschaft. Dies hatte den Vorteil, dass damit die Schusswunde bei einem Beutetier nicht durch den Speer verschlossen wurde und stärker blutete.

Auch das Gravettien des folgenden mittleren Jungpaläolithikums, benannt nach einem Fundplatz in der Dordogne, war europaweit verbreitet. Trotz herrschender Kälte scheinen in der Zeit vor etwa 30 000 bis 23 000 Jahren lebensgünstige Bedingungen geherrscht zu haben, denn die Zahl der Siedlungsstellen nimmt zu. Bei den Werkzeugen wird die Klingenherstellung weiter standardisiert. Charakteristisch sind feine Steinspitzen, so genannte Gravettespitzen, und Rückenmesser aus kurzen Klingen, die an einer Längskante abgestumpft sind. Sie wurden mit Birkenpech als Projektile in oder an Knochen- und Geweihspitzen geklebt. So ausgerüstet riss der Speer eine noch größere Schusswunde beim Beutetier.

Auf das Gravettien folgte das zweite Kältemaximum der letzten Eiszeit. Die Menschen zogen sich aus dem unwirtlichen Nordwest- und Mitteleuropa zumindest während der kältesten Phasen zurück. Südwesteuropa dagegen war dicht besiedelt. Hier stellten die Menschen im Solutréen, das seinen Namen von der französischen Pferdejägerstation Solutré bekommen hat, besonders qualitätvolle flächenretuschierte Blattspitzen her. Vermutlich dienten sie als Bewehrung von Speerspitzen.

Noch während des Kältehöhepunkts entstand in Südwesteuropa das Magdalénien, benannt nach dem französischen Abrifundplatz La Madeleine. Kennzeichnende Entwicklungen sind Harpunen aus Rengeweih und Nähnadeln aus Knochen. Mit der Wiedererwärmung vor 15 000 Jahren breitete sich die Kultur des Magdalénien dann über ganz Mitteleuropa aus. Besonders gut erhaltene Siedlungsplätze dieser Zeit sind die Freilandfundstellen Gönnersdorf und Andernach in Rheinland-Pfalz. Die Siedlungsreste waren beim Ausbruch des Laacher-See-Vulkans um 11 000 v. Chr. mit Bims überdeckt und so hervorragend konserviert worden. In Gönnersdorf konnten die Ausgräber anhand von Pfostenlöchern runde Behausungsgrundrisse von 6 bis 8 m Durchmesser rekonstruieren. Im Inneren der vermutlich aus Holzpfosten und einer Abdeckung aus Fellen errichteten Zelte gab es Kochgruben und mit Schieferplatten ausgelegte Feuerstellen. Bei Gönnersdorf handelte es sich um ein längerfristig bewohntes Basislager, das im Winter und im Sommer aufgesucht worden ist. Zu solchen Basislagern gehörten Jagdlager, die sich an den Weide- und Durchzugsgebieten der Beutetiere orientierten.

Im Gegensatz zu den vorangegangenen Zeiten besiedeln die Menschen jetzt auch das Norddeutsche Tiefland. Für die dort verbreitete Hamburger Kultur fehlen bislang Hinweise auf Basislager. Stattdessen konnten einige kurzzeitig aufgesuchte Lager von Rentierjägern ausgegraben werden.

Um 12720 v. Chr. wurde das Klima für etwa 2000 Jahre wärmer. Der zweite Teil dieses »spätglazialen Interstadialkomplexes« wird als Allerød-Interstadial bezeichnet; namengebend war diesmal ein dänischer Fundort. Das Klima war feucht, es breiteten sich lichte Wälder aus. Die Kulturen dieser Zeit werden nach einer charakteristischen Pfeilspitzenform in Deutschland »Rückenspitzen-Gruppen« genannt. Geräte aus Knochen und Geweih sind nun nicht mehr so

Waffentechnik: Angeklebte Steinklingen machten die Knochen- oder Geweihspitzen der Wurfspeere im Jungpaläolithikum zu noch gefährlicheren Geschossen.

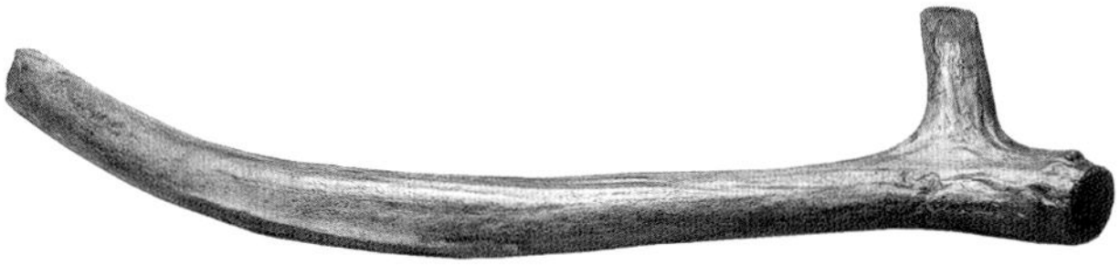

Praktisch: Beile aus Rengeweih dienten in der Ahrensburger Kultur als Allzweckgeräte. Sie waren bei der Jagd ebenso nützlich wie beim Zerschlagen von Knochen.

häufig wie vorher. Vielleicht ersetzten die Menschen diese Materialien durch Holz, das in den Wäldern jetzt in größerer Menge zur Verfügung stand. In Westeuropa jagten die Menschen des Azilien in den dichter werdenden Wäldern des Allerød Hirsche.

In der ab 10760 v. Chr. folgenden letzten Kaltphase der Jüngeren Dryaszeit verschwanden die Wälder im nördlichen Mitteleuropa wieder. Es breiteten sich hier mit der Ahrensburger Kultur, nach einer Fundregion bei Hamburg benannt, noch einmal Rentierjäger aus. Typische Werkzeuge sind Stielspitzen, die man als Pfeilspitzen verwendet hat, und Allzweckgeräte aus Rengeweih, sogenannte Lyngby-Beile. Die weltweit ersten er-

Dach über dem Kopf: In Gönnersdorf konnten Archäologen den Grundriss eines Zeltes feststellen. Es bestand wohl aus Holzpfosten und einer Fellabdeckung.

haltenen Pfeilschäfte stammen aus dieser Zeit. In Stellmoor in Schleswig-Holstein bargen Archäologen zweiteilige Pfeilschäfte aus Kiefernholz, die zu einer Länge von fast 1 m zusammenmontiert werden konnten.

Mittelsteinzeit – der Mensch als Überlebenskünstler

Um 9500 v. Chr. begann die Nacheiszeit und damit die Mittelsteinzeit, das Mesolithikum. Das Klima wurde in kürzester Zeit wärmer und feuchter. Innerhalb eines Menschenlebens stiegen die Temperaturen im Jahresmittel um bis zu sechs Grad Celsius. Damit änderte sich die Vegetation und in der Folge auch die Tierwelt dramatisch. Der Mensch wird keineswegs erfreut über das wärmere Klima gewesen sein. Er hatte sich in seiner Kultur und Jagdtechnik auf die großen Tierherden der eiszeitlichen Steppen spezialisiert. Nun breiteten sich Wälder aus. Die großen Herden wanderten nach Norden ab, dorthin, wo sie noch Steppen finden konnten. Damit wurde dem Menschen seine Hauptnahrungsquelle entzogen.

Die Folgen des Klimawandels kamen ihm sicher eher vor wie die Vertreibung aus dem Paradies. Ein Teil der Jäger zog daher den großen Herden hinterher. Seit dem Beginn der Nacheiszeit finden sich in Skandinavien Stielspitzen, wie sie auch in der Ahrensburger Kultur der Norddeutschen Tiefebene verwendet und in die Pfeile eingesetzt wurden. Sie werden als Spuren der Auswanderer gedeutet. Diejenigen, die blieben, mussten

Auf den Hund gekommen Das erste Haustier des Menschen war ein Hund. Schon am Ende des Paläolithikums hatte der Mensch den Wolf gezähmt. Den Beweis lieferte 1914 ein Grab aus Bonn-Oberkassel. Nach neuesten Radiokarbondatierungen wurde es vor 14 000 Jahren angelegt. Eine etwa 20-jährige Frau und ein ca. 50 Jahre alter Mann waren zusammen in einem Grab bestattet worden. Wie im Jungpaläolithikum üblich, hatten die Hinterbliebenen sie reichlich mit Hämatit bestreut. Man hatte ihnen verschiedene Kunstgegenstände mitgegeben und, wie eine erneute Untersuchung der Knochen ergab, darüber hinaus auch einen Hund bestattet. Sollte der Hund die Toten auf ihrer Reise ins Jenseits beschützen?

Möglicherweise wurden Hunde zuerst als Wächter für das Lager gehalten oder auch nur als lebende Fleischreserve für Notzeiten. Sicher nicht zufällig gibt es aber den ersten Hinweis auf das Haustier Hund aus dem Allerød-Interstadial, als sich in einer wärmeren Phase wieder lichte Wälder ausbreiteten. Denn der Hund konnte dem Menschen besonders im Wald gute Dienste leisten. Bei der Jagd zwischen den Bäumen waren Hunde nützlich, wenn sie ein verletztes Tier auf der Flucht in das Unterholz verfolgten, aufspürten und verbellten.

radikal umdenken, wenn sie nicht verhungern wollten. Statt großer Pferde- oder Rentierherden gab es jetzt scheues Standwild wie Auerochsen, Hirsche, Rehe oder Wildschweine im Wald. Die bewährte eiszeitliche Taktik der Treibjagd in Gruppen ließ sich nun nicht mehr erfolgreich anwenden, denn in der kleinräumigen Waldlandschaft fehlte die Fernsicht. Die Jäger mussten sich jetzt einzeln an die Tiere heranpirschen. In manchen mesolithischen Lagern zeigen die Tierreste eine Spezialisierung der Jäger. In Bedburg-Königshoven in Nordrhein-Westfalen etwa jagten sie vor allem Auerochsen. Im baden-württembergischen Rottenburg-Siebenlinden aßen die Menschen dagegen besonders gerne Biber.

Nicht nur die gewohnte Nahrung wurde mit dem Klimaumschwung knapp, die großflächige Bewaldung hatte noch einen weiteren Nachteil für den Menschen: Die Versorgung mit Feuerstein wurde immer schwieriger, da die Rohmaterialquellen zuwuchsen. Der Mensch reagierte auf diese Verknappung des Rohstoffs nicht zuletzt mit einer Verkleinerung der Steingeräte. Die Werkzeuge des Mesolithikums gehen zwar fast alle in ihrer Herstellungstechnik auf das Jungpaläolithikum zurück, insgesamt zeigt das Spektrum nun aber einen deutlichen Trend zu winzigen Formen. Um längere Schneiden für Lanzen oder Harpunen zu erhalten, setzte man diese Mikrolithen hintereinander aufgereiht in Holzschäfte ein. Eine Rotfärbung der Steine beweist, dass die Werkzeugmacher im süddeutschen Frühmesolithikum, dem Beuronien, einen Trick anwendeten, um möglichst kleine Geräten herzustellen: Sie erhitzten die Gesteinsknollen im Feuer auf etwa 300 Grad Celsius. Dadurch veränderte sich die Kristallstruktur der Steine und sie konnten noch feiner bearbeitet werden.

Innerhalb des Mesolithikums gibt es einen auffälligen Bruch im Werkzeugspektrum: Im Frühmesolithikum überwiegen dreieckige Mikrolithen, für das Spätmesolithikum ab 6800 v. Chr. sind dagegen rechteckige oder trapezförmige Einsätze charakteristisch. Die Gründe sind wiederum in den Umweltveränderungen zu suchen, mit denen der Mensch zurechtkommen musste. Schon am Ende des Paläolithikums waren Pfeil und Bogen für die Jagd auf Einzelwild erfunden worden. Pfeile mit dreieckigen Spitzen waren in den ersten Phasen der Wiederbewaldung, in den lichten Wäldern des Präboreals und Boreals, eine ideale Jagdwaffe. Während des darauffolgenden wärmeren Atlantikums wurden die Wälder aber immer dichter. Die Menschen des Spätmesolithikums waren gezwungen, ihre Jagdmethoden weiter zu verfeinern. Statt der dreieckigen Pfeilspitzen verwendeten sie jetzt häufiger trapezförmige Einsätze. Abnutzungsspuren beweisen, dass sie mit der Querseite nach vorn in den Pfeil montiert wurden. Auf den ers-

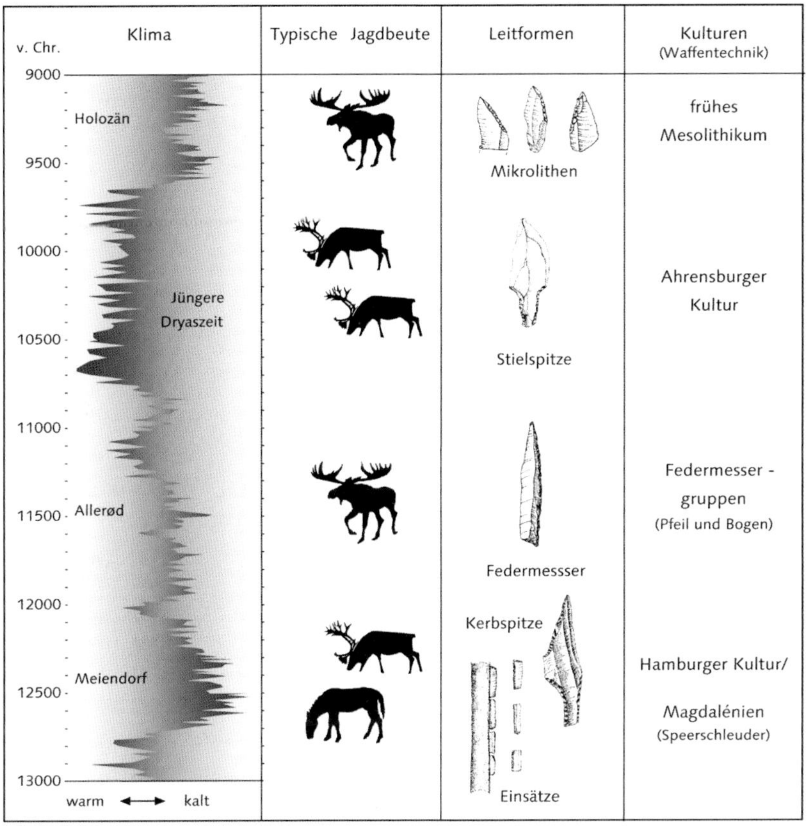

Klimawandel: An dem Eisbohrkern GRIP lässt sich die Klimakurve am Ende des Eiszeitalters verfolgen. Mit steigenden Temperaturen änderten sich auch Jagdwild und Waffen.

ten Blick scheint diese Bewehrung ungewöhnlich, doch erweist sie sich als sehr effektiv. Ein gefiederter Pfeil, der sich beim Abschuss dreht, reißt, mit einem solchen Querschneider bewehrt, eine stark blutende Wunde. Die verletzte Beute kann nicht mehr weit fliehen und hinterlässt dazu noch eine Blutspur, die der Jäger mit seinem Hund im Unterholz bestens verfolgen kann. Die neue Pfeiltechnik scheint sich so gut bewährt zu haben, dass sie bald nach ihrer Erfindung im Süden in ganz Mitteleuropa bis nach Norddeutschland und Skandinavien zu finden ist.

Jungsteinzeit – »Macht Euch die Erde untertan« (1. Mose 1,28)

Mit der Jungsteinzeit, auch Neolithikum genannt, fand ein Wandel in der Lebensweise der Menschen statt, der in seinem Ausmaß unübertroffen bleibt. Der Mensch wendete sich vom reinen Jagen und Sammeln ab und

SCHÄDELNESTER UND SCHAMANENGRÄBER

Aus der Mittelsteinzeit sind nur sehr wenige Gräber überliefert. Doch die, die bekannt sind, geben nicht selten Rätsel auf.

In der Ofnethöhle im süddeutschen Nördlinger Ries hatte man 1908 einen gruseligen Fund gemacht. Im Eingangsbereich der Höhle war man auf ein »Nest« aus 28 menschlichen Schädeln gestoßen und nur 1 m davon entfernt auf eine weitere, diesmal aus sechs Köpfen bestehende Gruppe. Schnittspuren an neun Schädeln beweisen, dass sie gezielt vom Rest des noch zusammenhängenden Körpers abgetrennt worden sein müssen. Von den Körpern fehlten in der Höhle jegliche

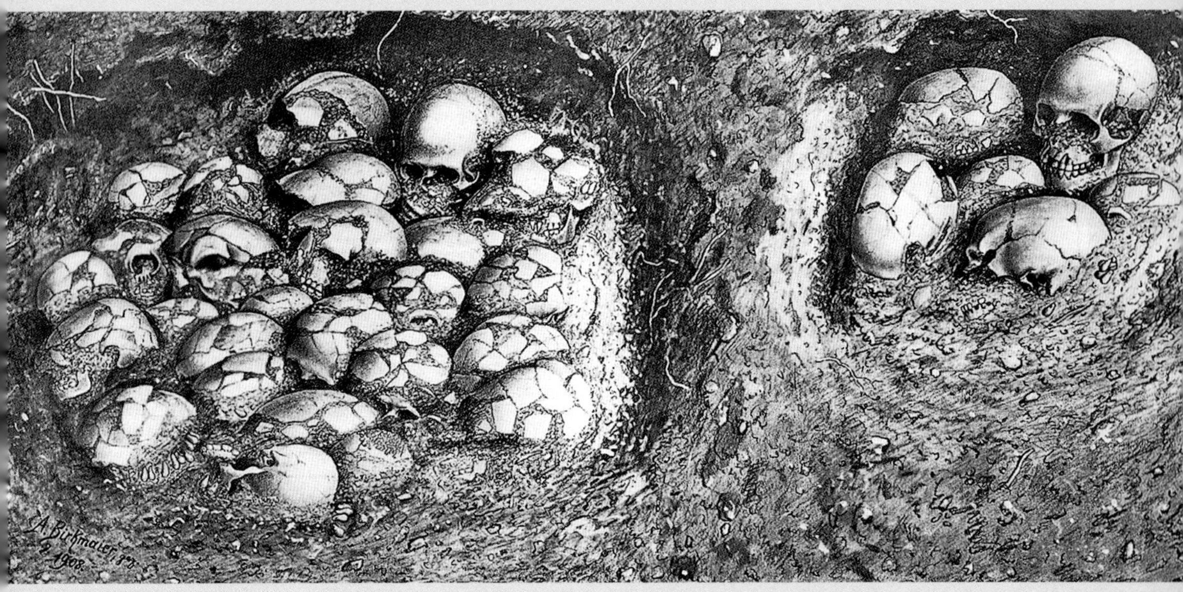

Spuren. Die Köpfe jedoch waren sorgfältig bestattet worden. Einige waren mit Hirschgrandeln und über 4000 durchbohrten Schneckenhäusern festlich geschmückt. ^{14}C-Datierungen ordneten den unheimlichen Fund in die spätmesolithische Zeit um 6300 v. Chr. ein.

Neue Knochenuntersuchungen konnten Indizien zur Todesursache liefern. An mindestens sechs Schädeln wurden Hiebverletzungen festgestellt. Es waren vor allem Männer, die durch Schläge mit beilartigen Waffen ums Leben kamen. Die Positionen der Verletzungen lassen darauf schließen, dass die Menschen von hinten, möglicherweise auf der Flucht, erschlagen worden waren. Ihre Köpfe waren

dann, als wohl wichtigster Teil des Körpers von den Hinterbliebenen in der Höhle bestattet worden. Dies war im Spätmesolithikum auch andernorts in Südwestdeutschland üblich.
In Ostdeutschland herrschten dagegen zu derselben Zeit andere Sitten. Im sachsen-anhaltinischen Bad Dürrenberg war um 6500 v. Chr. eine Frau zusammen mit einem Kleinkind mit außergewöhnlichen Beigaben beigesetzt worden. Die Hinterbliebenen hatten das Grab mit Rötel bestreut und die 25-jährige Frau reich mit Schmuck ausgestattet.
Besonders auffallend ist unter den Beigaben ein kleines geschliffenes Beil – eine Werkzeugform, die sich üblicherweise erst im Gerätespektrum der jungsteinzeitlichen Bandkeramik findet. Hier, im Grab, taucht es aber in einem weit früheren Kontext auf. Wahrscheinlich kam das Beil als Tauschobjekt aus Südosteuropa, wo man zu dieser Zeit schon eine bäuerliche Lebensweise praktizierte und solche Geräte kannte, in den Besitz der Jäger und Sammler in Bad Dürrenberg. Aufgrund seiner Herkunft und Seltenheit hatte es sicher einigen Wert für die Menschen im Norden.
Erste anthropologische Untersuchungen schienen brisante Details aufzudecken. Analog zu den Schädeln der Ofnethöhle stellte man an dem der Frau aus Bad Dürrenberg Schnittspuren am Hinterhauptsloch fest. Anthropologen deuteten diese als Beweis für eine Enthauptung. Möglicherweise hatte man ihr auch das Hirn entnommen. Eine Neuuntersuchung enttarnte die vermeintlichen Schnitte jedoch als Verbissspuren von Nagern.
Dennoch wartet die Bestattung mit außergewöhnlichen Details auf. Waren die reichen Beigaben schon Grund genug, bei der Toten an eine besondere Persönlichkeit zu denken, so brachte ein im Grab deponierter Hirschschädel samt Geweih eine neue Interpretation ins Spiel: Hirschgeweihmasken gehören bis in die Neuzeit hinein zur Tracht von Schamanen. Hatte auch die Tote aus Bad Dürrenberg zu Lebzeiten diese Funktion? ■

Schädelkult: In der Ofnethöhle im Nördlinger Ries sind vor 8500 Jahren die Schädel von 34 Männern, Frauen und Kindern ohne den restlichen Körper bestattet worden.

begann mit Ackerbau und Viehzucht. Von einer aneignenden Wirtschaftsweise, in der sich der Mensch aus der Natur nahm, was sie ihm bot und was er brauchte, wechselte er zu einer produzierenden. Er griff in die Natur ein und veränderte sie. Er säte aus, anstatt nur zu sammeln, und hielt sich Haustiere, anstatt lediglich zu jagen. Er hegte und pflegte Pflanzen wie Tiere und züchtete neue Arten.

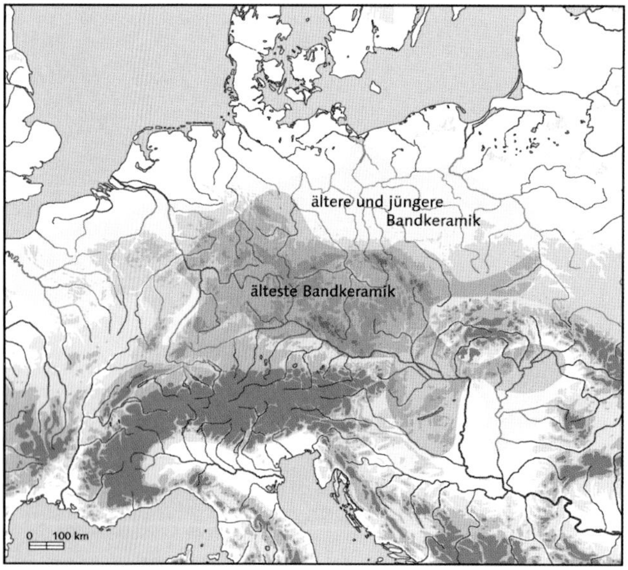

Europaweit: Mit der linearbandkeramischen Kultur breitete sich die bäuerliche Lebensweise Mitte des 6. Jtsds. von Ungarn über weite Teile Mitteleuropas aus.

Die Neuerungen Ackerbau und Viehzucht zogen weitere Veränderungen im Leben der Menschen nach sich. Die neue Wirtschaftsweise bescherte einen Überfluss an Nahrungsmitteln, der in Vorräten angelegt und für dürftigere Zeiten genutzt werden konnte. Die bessere Versorgung führte zu einem Bevölkerungsanstieg. Eine sesshafte Lebensweise an einem Ort war jetzt unumgänglich: Der Acker musste bebaut und die Vorräte mussten sicher vor Tieren und Dieben aufbewahrt werden. Da die Menschen nicht mehr umherzogen, erübrigte sich eine transportable Behausung. Feste, dauerhafte Häuser waren die Folge. Gebrannte Tongefäße sind eine weitere Erfindung des Neolithikums. Das Brennen von Ton war schon lange vorher bekannt. Mittels dieser Technik hatte man bereits am Ende der Altsteinzeit kleinere Figürchen, jedoch noch keine Gefäße hergestellt – und das aus gutem Grund: Keramikgefäße sind bei einer nicht sesshaften Lebensweise eher hinderlich. Sie sind zerbrechlich und recht schwer. Lederbeutel und Holzgefäße sind dagegen für ein Umherziehen weit besser geeignet.

Altneolithikum – der Mensch wird sesshaft

Die Umbruchphase vom wildbeuterischen Leben zur Landwirtschaft fand in Mitteleuropa im 6. vorchristlichen Jahrtausend statt. Die erste Bauernkultur in unserem Raum wird nach der Verzierung ihrer Keramik linearbandkeramische Kultur genannt. Sie ist in der Mitte des 6. Jtsds. v. Chr. von Ungarn bis an den Rhein verbreitet.

Ihre festen Häuser sind beeindruckende Bauwerke von 30 bis 40 m, manchmal sogar bis zu 50 m Länge und bis zu 10 m Breite. Die Wände bestanden aus Flechtwerk, das mit Lehm bestrichen wurde. Diesen entnahmen die Erbauer des Hauses praktischerweise gleich aus Gruben neben den Längswänden. Sobald das Haus in Benutzung war, dienten diese Gruben dann der Abfallentsorgung. Für Archäologen sind sie daher heute eine Fundgrube bandkeramischer Haushaltsabfälle wie zerbrochener Gefäße oder Speisereste. Meist sind die Häuser nordwest–südöstlich ausgerichtet. An der Nordwest-Seite zeugen Gräbchen, die die Wand außen begleiten, davon, dass das Flechtwerk an der Wetterseite zusätzlich mit Pfosten oder Spaltbohlen verstärkt worden war. In der südöstlichen Hälfte der Häuser sind im Befund häufig Doppelpfosten zu erkennen. Sie trugen möglicherweise eine Zwischendecke, einen Speicher, den die Hausbewohner zur Lagerung von Getreidevorräten nutzen konnten. In der Mitte lag eine Feuerstelle, das Zentrum des Familienlebens.

Aufgrund der Größe der Häuser hat man vermutet, dass die Linearbandkeramiker ihr Vieh mit in die eigenen vier Wände nahmen. Neue Phosphatuntersuchungen konnten allerdings keinen Nachweis für die Anwesenheit von Tieren in den Häusern erbringen. Noch dazu hat der Frankfurter Professor Jens Lüning beispielsweise in der ältestbandkeramischen Siedlung im unterfränkischen Schwanfeld festgestellt, dass in den Bauten von luxu-

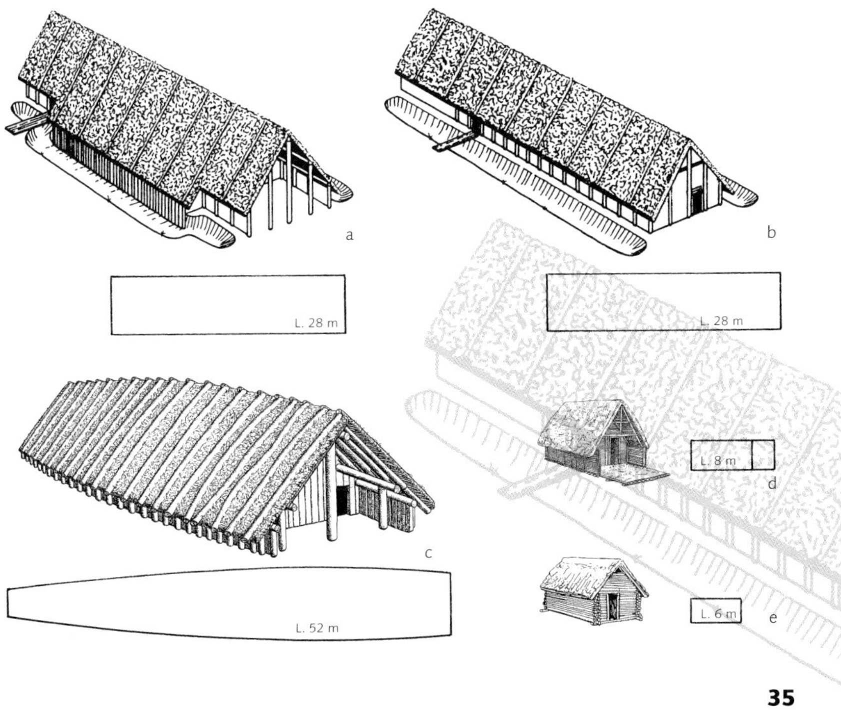

Hausbau im Wandel: Während alt- (a, b) und mittelneolithische (c) Häuser durch ihre Länge beeindrucken, ist die Größe jungneolithischer (d, e) Bauten recht beschaulich.

ANSPRUCHSVOLLE KONSUMENTEN

Zimmermannskunst: Der bandkeramische Brunnen von Erkelenz-Kückhoven ist in Blockbauweise konstruiert und aufwendig mit Moos abgedichtet worden.

Die Menschen der Bandkeramik konstruierten überraschend aufwendige Brunnen, um an frisches Trinkwasser zu gelangen. Bisweilen lag ein Gewässer gleich nebenan, und dennoch haben sie einen Brunnen gegraben und sorgfältig mit Holzbohlen verschalt.

Einen solchen Fall entdeckten Archäologen 1997 im sächsischen Eythra. Dicht am Fluss hatten die ersten Bauern Deutschlands hier zwei 5 m tiefe Brunnen angelegt. Durch eine Jahrringanalyse an den gut erhaltenen Hölzern konnte man für einen Brunnen sogar das exakte Baudatum ermitteln: Die Bandkeramiker hatten den Baum, aus dem die Bretter gefertigt wurden, im Winter des Jahres 5084 v. Chr. gefällt. Das andere Exemplar ist sogar noch älter, es wurde schon um 5200 v. Chr erbaut.

Diese beiden sind nicht die einzigen Brunnenfunde mit einem derart hohen Alter. Nur sieben Jahre zuvor hatten Archäologen im rheinischen Erkelenz-Kückhoven den ersten bandkeramischen Brunnen überhaupt entdeckt und als ältesten Brunnen Deutschlands gefeiert. Doch sein Baudatum aus dem Jahre 5090 v. Chr. wurde bald von den Funden aus Eythra übertroffen. Nun entschied ein Neufund das Kopf-an-Kopf-Rennen um diesen Titel vorerst für sich: 2002 kam in Leipzig-Plaußig ein Brunnenbau zum Vorschein, für den die Bandkeramiker schon im Frühjahr des Jahres 5258 v. Chr. die erste Eiche schlugen.

Der Brunnen aus Kückhoven bleibt dennoch unerreicht: Er besticht durch seine aufwendige Bauweise. Die ersten Bauern haben ihn weitab vom nächsten Fluss auf einer Anhöhe errichtet. Darum mussten sie den Brunnen mit 14 m deutlich tiefer in die Erde treiben als es bei den anderen Beispielen der Fall ist. Als zentrale Versorgungseinrichtung einer Siedlung scheint der Brunnen hart umkämpft gewesen zu sein: Bei einem feindlichen Überfall wurde er zerstört und Schutt hineingeworfen, um ihn unbrauchbar zu machen. Die ansässige Bevölkerung stellte aber bald darauf ihre Frischwasserquelle wieder her. Sie setzte in mühsamer Kleinarbeit einen zweiten Kasten in den zusammengebrochenen alten Brunnen und grub durch die 2 m dicke Schuttschicht wieder bis zum Grundwasser hinab. Der Brunnenkasten besteht aus insgesamt 150 Eichenbohlen und ist bis ins kleinste Detail optimiert: Sogar die Ritzen zwischen den Brettern hatten die Bandkeramiker mit Moos abgedichtet, damit kein schmutziges Wasser in den Brunnen eindringen konnte. Die ersten Bauern stellten erstaunlich hohe Ansprüche an ihr Trinkwasser. Aus Bächen und Seen trank wohl nur das Vieh. ■

riösen 400 m² Grundfläche nur eine einzige, etwa sechsköpfige Familie lebte und arbeitete. Jede neue Generation baute sich ihr eigenes Heim nebenan. So entstanden im Laufe der Zeit kleine Dörfer mit bis zu zehn Häusern.

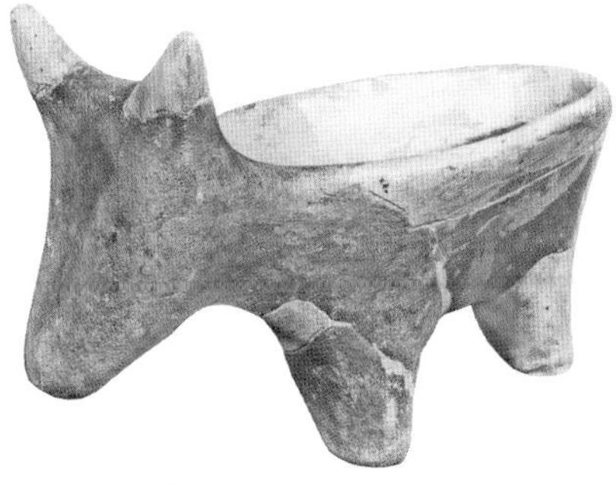

Kultfiguren oder Spielzeug? Kleine Tonfiguren wie diese Schale in Stierform aus Geiselhöring sind in bandkeramischen Siedlungen keine Seltenheit.

Eine weitere Neuerung, die sich im Neolithikum durchsetzte, sind geschliffene Steinwerkzeuge. Feuerstein wurde weiterhin wie im Mesolithikum verarbeitet. Darüber hinaus fertigten die Bandkeramiker aus Felsgestein sorgfältig überschliffene Beile an. Typische Formen sind der sogenannte Schuhleistenkeil, ein schmales, hochgewölbtes Beil, das wie eine Dechsel quer zur Schlagrichtung geschäftet wurde, sowie eine flache trapezförmige Hacke. Beide wurden in Holz- oder Geweihschäftungen eingesetzt. Mahlsteine aus grobkörnigen Gesteinen gehören zu den häufigen Indizien für den Getreideanbau.

Üblich sind in bandkeramischen Siedlungen kleine Tonfigürchen. Sie zeigen Haustiere wie Schwein und Rind oder auch Menschen. Waren sie Spielzeug für die Kinder? Wahrscheinlicher ist, dass diese Idole Zeugnisse eines einheitlichen religiösen Kultes der Bandkeramiker sind. Im hessischen Niedermörlen bei Bad Nauheim fanden Archäologen nämlich gleich Dutzende von Figürchen. Möglicherweise befand sich hier ein zentraler Kultplatz.

Zeichen der Zeit: Auch wenn in den Siedlungen andere Nachweise oft fehlen, so bezeugen Reibsteine zum Verarbeiten des Getreides zumindest indirekt dessen Anbau.

IN GRUBEN UND GRÄBEN – BANDKERAMISCHE BESTATTUNGSSITTEN

Einige größere Gräberfelder prägten lange das Bild, das Archäologen von den Bestattungssitten der Bandkeramiker zeichneten. Im bayerischen Aiterhofen-Ödmühle etwa oder im thüringischen Wandersleben hatte man Friedhöfe mit mehreren Hundert Bestattungen ausgegraben. In den meisten Gräbern war der Tote auf der Seite liegend und mit angewinkelten Beinen, sozusagen in Schlafhaltung, zur letzten Ruhe gebettet worden. Die Hinterbliebenen hatten den Verstorbenen mit Beigaben für das Jenseits ausgestattet: Tongefäße mit Lebensmitteln, Werkzeuge, Mahlsteine, aber auch persönlicher Schmuck, hübsche Gürtel aus Muscheln und beliebte Schminkfarbe wie der rote Hämatit.

Erst spät betrachteten die Archäologen die Gesamtheit aller bekannten Funde genauer, rechneten nach und stellten fest, dass es eine Unmenge bekannter Siedlungen gab, aber nur sehr wenige solcher Gräberfelder. Legte man den Siedlungen eine entsprechende Bevölkerungszahl zugrunde, so gab es erstaunlich wenig Gräber: Nur ein Fünftel der Bevölkerung wurde nach diesen Berechnungen auf einem Friedhof bestattet. Wo aber brachten die Bandkeramiker die Masse ihrer Toten unter?

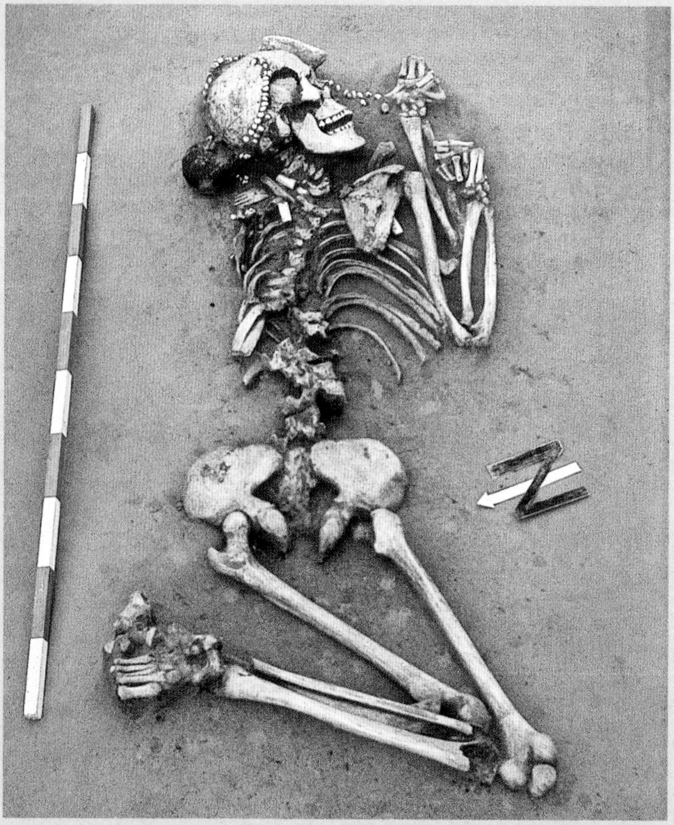

Selten: Nur wenige Bandkeramiker wurden in regelrechten Gräbern bestattet, wie sie beispielsweise aus dem Gräberfeld im bayerischen Aiterhofen bekannt geworden sind.

Ende der 1990er Jahre öffneten Ausgrabungen den Archäologen die Augen für die vielfältigen Lösungen dieses Rätsels. In der bandkeramischen Siedlung von Vaihingen an der Enz fanden sich über 100 menschliche Skelette. Die meisten davon entdeckten die Ausgräber im Dorfgraben. Die Bewohner der Siedlung hatten den Graben, als er nicht mehr benutzt wurde, als Bestattungsareal zweckentfremdet. Auf allen Verfüllungsniveaus des aufgelassenen Grabens lagen Hockerbestattungen, wie man sie von den großen Gräberfeldern kannte. Für einige Verstorbene waren sogar separate Grabgruben am Rand des Grabens angelegt worden. Bei den Gräbern kann man Gruppierungen erkennen, die auf die Tradition von Familiengrablegen deuten.

Der Dorfgraben war nicht der einzige Platz, an dem die Verstorbenen beerdigt wurden. In zahlreichen Abfallgruben fanden sich zwischen den Häusern einzelne Menschenknochen. Eine dritte Art der Bestattung lieferten zwei große Grubenkomplexe, in denen zwischen Geschirrscherben, Bruchstücken von Steinwerkzeugen und Tierresten auch menschliche Skelette auftauchten. Die Toten lagen bäuchlings in den Gruben, mit angezogenen oder gestreckten Beinen. Durch diese Positionen unterscheiden sich die Bestattungen deutlich von den regulären Begräbnissen, die im Dorfgraben vollzogen wurden.

Ebenso spektakuläre Ergebnisse lieferte eine Ausgrabung im pfälzischen Herxheim bei Landau. Aus den Gräben, von denen die bandkeramische Siedlung umgeben war, bargen die Archäologen die Reste von über 400 Menschen. Unter ihnen waren jedoch sorgfältig angelegte Hockerbestattungen die Seltenheit. Die Mehrheit der Skelette hatten die Hinterbliebenen planvoll zerlegt: Von vielen Schädeln waren die Kalotten abgetrennt worden, Unterkiefer und Gesichtsschädel hatte man halbiert und die Langknochen zerschlagen. Der Gedanke an Kannibalismus liegt nahe. Ob die Toten nun verspeist worden sind oder nicht, die Zerlegung der Leichen scheint jedenfalls einen Teil des Totenrituals widerzuspiegeln. Gleiches gilt für die Funde aus der oberfränkischen Jungfernhöhle von Tiefenellern. Dort hatten Archäologen die Knochen von 41 Menschen geborgen. Sie gelten ebenfalls als möglicher Hinweis auf Kannibalismus, da sie vielfältige Knochenbrüche und Schädelverletzungen aufweisen. Wie in Herxheim wurden die Verletzungen den Menschen erst nach dem Tod, wohl im Rahmen eines Bestattungsrituals, beigebracht. Bei den Toten aus der Jungfernhöhle handelt es sich überwiegend um Kinder und Frauen. Beide Bevölkerungsgruppen sind auf den bandkeramischen Friedhöfen unterrepräsentiert. Möglicherweise erhielten sie stattdessen diese besondere Form der Bestattung. ■

Mittelneolithikum – zerstrittene Nachbarn

Die einheitliche und mitteleuropaweit verbreitete Kultur der Bandkeramik hatte keine Nachfolger, die einen ähnlichen Anspruch für sich geltend machen könnten. Der kulturelle Zusammenhalt zerbrach nach einem halben Jahrtausend; an seine Stelle traten um 5000 v. Chr. ausschließlich kleinräumige Kulturen. Dies ist eine Tendenz, die zum Ende des Mittelneolithikums hin noch zunimmt. Gegen die zersplitterten Kleingruppen des Jungneolithikums wirken die prägenden Kulturen des Mittelneolithikums wie Rössen in Süd- und Westdeutschland oder die Stichbandkeramik in Mitteldeutschland noch großräumig verbreitet. Als Bestätigung eines Zusammenbruchs des bandkeramischen Kulturgefüges konnte Jens Lüning schon vor 20 Jahren im Siedlungsgebiet der Aldenhovener Platte einen fast vollständigen Bruch zwischen Bandkeramik und Rössen feststellen. Die alten Siedlungsplätze der Bandkeramik fielen wüst und wurden von der Rössener Bevölkerung geradezu gemieden. Die meisten der Rössener Ansiedlungen wurden ohne Vorläufer neu gegründet.

Für Archäologen äußert sich die neue politische Lage vor allem in einem veränderten kollektiven Stilempfinden. Unterschiedliche Repertoires an Keramikformen und -verzierungen zeigen Bevölkerungsgruppen an, die sich abgrenzen bzw. zugehörig fühlen wollen. Keramik wird nun in der Archäologie zu einem wichtigen Indiz, durch das sich Funde sowohl kulturell/regional als auch zeitlich einordnen lassen. Doch verbergen sich hinter den verschiedenen Geschmäckern nicht unbedingt abgegrenzte Völker mit verschiedenen Sprachen. Die Keramik ist nur ein Aspekt der gesamten Kultur. Untersuchungen haben gezeigt, dass die Verbreitung der Keramikstile nicht immer deckungsgleich ist mit der Ausbreitung anderer kultureller Phänomene wie Hausformen, Steingeräte oder landwirtschaftliche Besonderheiten.

In der Stilprovinz der stichbandkeramischen Kultur wird die linearbandkeramische Zier auf den Gefäßen in Bänder aus einzelnen Einstichen aufgelöst. Die Keramik der Rössener Kultur dagegen zeichnet sich durch eine über den ganzen Gefäß-

Üppig verziert: Keramik des Rössener Stils ist wie dieser Becher aus dem nordrhein-westfälischen Inden über und über mit Bändern und Dreiecken geschmückt.

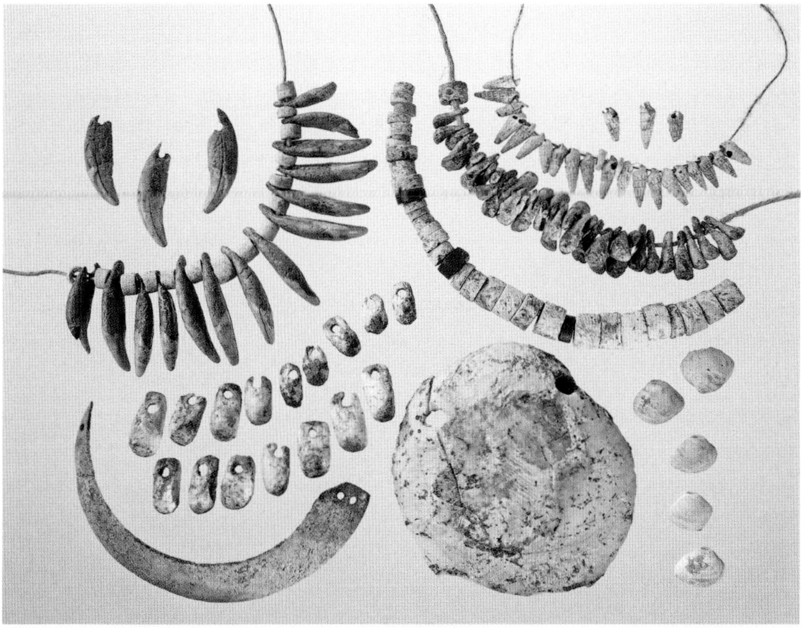

Jungsteinzeitlicher Zierrat: Frauen ließen sich in Trebur mit Schmuck aus durchbohrten Tierzähnen, Schnecken, Muscheln und Kalksteinperlen bestatten.

körper ziehende Verzierung aus waagerechten Bändern und schraffierten Dreiecken aus. Namengebend ist Keramik aus dem schon 1879 entdeckten Gräberfeld von Leuna-Rössen, Kr. Merseburg-Querfurt. Der Rössener Dekor steht am Ende einer kontinuierlichen stilistischen Entwicklung mit den vorangehenden Kulturen Hinkelstein und Großgartach.

Nicht nur im Stil der Keramikverzierungen, sondern auch in den Bestattungssitten schafften die Menschen des Mittelneolithikums eine bewusste Abgrenzung zur Linearbandkeramik. Die Hinkelsteinkultur in Rheinhessen, Südhessen und Teilen Baden-Württembergs beispielsweise bestattete ihre Toten nicht mehr in Hockerstellung mit angezogenen Beinen. In Trebur bei Darmstadt, dem größten mittelneolithischen Gräberfeld, wurden die Verstorbenen in ausgestreckter Rückenlage beigesetzt. Die Toten bekamen allerlei Beigaben mit ins Grab: Schmuck, Keramik, Mahlsteine, vor allem aber Fleisch, denn sie sollten im Jenseits keinen Hunger leiden. Teilweise lagen ganze Schafe, Schweine und Rinderhälften in den Gräbern. Interessanterweise scheint Schweinefleisch fast ausschließlich Männern vorbehalten gewesen zu sein.

Die auf Hinkelstein folgende Kultur Großgartach bestattete ihre Toten weiterhin auf diesem Friedhof. Doch auch sie wollte sich wiederum von ihrer Vorgängerin abgrenzen. Setzte die Hinkelsteinkultur ihre Verstorbenen mit dem Kopf in Richtung Südosten und den Füßen im Nordwesten bei, so wird zur Zeit der Großgartacher Kultur die Hälfte der Toten genau in entgegengesetzter Ausrichtung bestattet.

Die Menschen des Mittelneolithikums führten die linearbandkeramische Langhaustradition weiter, modifizierten aber die Bauweise. Die konstruktive Neuheit besteht darin, dass der Druck des Daches auf einer Vielzahl tragender Pfosten lastete, die nicht im Inneren des Hauses, sondern außen vor der eigentlichen Wand platziert waren. Die nordwestliche Schmalseite der Rössener Häuser war kürzer als die gegenüberliegende, was zu einem trapezförmigen Grundriss führte (s. Abb. Seite 35). Im Südosten gab es große, offene Vorhallen. Die Wetterseite wurde wie in der Bandkeramik besonders abgedichtet: Im Nordwesten bestanden die Wände aus Holzbohlen statt aus dem sonst üblichen Flechtwerk.

Das typische Steingerät der Rössener Zeit ist ein Breitkeil. Dieses schwere Gerät besitzt eine Bohrung parallel zur Schneide, durch die nur ein relativ dünner Schaft passt. So scheint es unmöglich, dass der Breitkeil wie eine Axt geschwungen wurde. Vielmehr liefern Abnutzungsspuren am Nacken Hinweise darauf, dass man mit einem zweiten Gerät auf den Keil geschlagen hat, während er selber nur mit dem Stiel an einer Stelle fixiert wurde.

Jungneolithikum – Zeit der Innovationen

Mitte des 5. Jtsds. traten an die Stelle der Rössener und der stichbandkeramischen Kultur zahlreiche, sehr kleinräumige Gruppen, die hier gar nicht alle genannt und besprochen werden können. Von Holland über Norddeutschland bis Polen und in Skandinavien wird nun auch in diesen Regionen die erste bäuerlich geprägte Kultur greifbar: die Trichterbecherkultur. Die Menschen hatten hier im Norden fast 2000 Jahre länger an einer mesolithischen Lebensweise festgehalten als ihre in den südlichen Lössgebieten siedelnden bandkeramischen Nachbarn. Namengebend für diese Gruppe sind Becher mit trichterförmiger Mündung. Die Angehörigen der Trichterbecherkultur bestatteten ihre Toten häufig in riesigen Großsteingräbern. Sie waren Kollektivgrabanlagen für bis zu mehrere Hundert Verstorbene.

Bauern im Norden: Typisch für die erste landwirtschaftliche Kultur in Norddeutschland sind trichterförmige Becher und Beilklingen aus Feuerstein.

Eine der Stilprovinzen, die neben der Trichterbecherkultur noch recht großräumig verbreitet war, ist die Michelsberger Kultur. Sie ist nach einer befestigten Siedlung auf dem Michaelsberg bei Bruchsal benannt. Die Michelsberger Kultur erstreckte sich vom Niederrhein bis an die Schwäbische Alb und von Ostfrankreich bis nach Böhmen und Mähren. Für sie sind tulpenförmige Becher mit spitzem Boden charakteristisch. Unter dem typi-

schen Michelsberger Geschirr finden sich weiterhin Schöpflöffel, flache Teller, die vielleicht zum Brotbacken geeignet waren, sowie Flaschen mit einem umlaufenden Kranz von Ösen zum Aufhängen. Nach den auffälligen Mustern des Mittelneolithikums wirkt diese Keramik durch das Fehlen von Verzierungen besonders schlicht. Die Steinbeile dieser Kultur laufen jetzt in einem charakteristischen spitzen Nacken aus.

Die Michelsberger Kultur schuf Erdwerke aus Wällen und Gräben von gewaltiger Größe. Im rheinland-pfälzischen Urmitz grenzt ein halbkreisförmiges Erdwerk an den Rhein, das mit einem Durchmesser von 1,2 km eine Fläche von 100 ha umschließt. Eine eindeutige Funktion der Erdwerke lässt sich nicht fassen. Als Befestigung können die Gräben kaum gedacht gewesen sein, denn zahlreiche Erdbrücken führen hier wie in den anderen Michelsberger Anlagen in das Innere. In Urmitz stellten Archäologen zahlreiche Abfallgruben innerhalb der Umfriedung fest. In anderen Michelsberger Erdwerken fanden sich jedoch keinerlei Spuren einer Siedlung. Manche Forscher vermuten einen Zusammenhang der Bauten mit dem Totenkult, da man in den Umfassungsgräben auf menschliche Skelette oder auch einzelne Knochen stieß. Reguläre Gräberfelder dieser Zeit wurden bisher nicht entdeckt.

Schlichte Eleganz: Die Keramik der Michelsberger Kultur ist kaum verziert. Charakteristisch sind tulpenförmige Becher, Backteller und Schöpflöffel.

Trotz dieser Befunde in den Erdwerken fehlen bisher Hausgrundrisse der Michelsberger Kultur. Aus dem gesamten Jungneolithikum kennt man aus den meisten Gebieten keine Häuser. Was war passiert? Sicher lebten die Menschen weiterhin in festen Gebäuden, aber die Pfostenbauweise der vorherigen Zeiten muss sich zu einer Bauart geändert haben, die archäologisch nicht nachzuweisen ist. Des Rätsels Lösung brachten die Untersuchungen in den Feuchtbodensiedlungen des Alpenvorlandes. Am oberschwäbischen Federseemoor etwa konnten Archäologen Fundamente von Häusern freilegen, die in Schwellbalken- und Blockhaustechnik gebaut worden waren. Beide Bauarten greifen nicht in den Boden ein und sind daher heute, wenn sich nicht die Hölzer selbst erhalten haben, auch nicht mehr durch etwaige Verfärbungen nachweisbar. Die Häuser des Jungneolithikums waren um einiges kleiner als die mittelneolithischen. Sie waren nur 7 bis 10 m lang und besaßen eine Wohnfläche von 25 bis 50 m^2. Dennoch waren es richtige Wohnhäuser mit Herdstelle und Backofen.

Das Jungneolithikum ist eine Phase wegweisender Erfindungen. Im 4. Jtsd. v. Chr. setzten die Menschen vermehrt Rinder als Arbeitstiere ein. Die Wertschätzung, die die Menschen diesen Tieren entgegenbrachten, lässt sich daran ermessen, dass sie bisweilen sogar in eigenen Gräbern bestattet wurden. Rinder mussten jetzt Transportschlitten mit schweren Lasten und Hakenpflüge ziehen. Mit der Neuerung des Pflugackerbaus konnten die Felder weit effektiver bearbeitet werden als mit Hack- oder Waldfeldbau, der im deutschen Raum noch bis zum Beginn des 4. Jtsds. vorherrschte.

Hölzerne Radfunde beweisen jetzt die Existenz von Wagen. In Großsteingräbern sind bildliche Darstellungen erhalten, die von zwei Rindern gezogene Gespanne zeigen. Diese ratterten nicht nur über Land, sondern auf kilometerlangen Bohlenwegen auch durch die Feuchtbodengebiete Nord- und Süddeutschlands. Solche verkehrstechnischen Neuerungen erleichterten den Transport von Waren über größere Strecken. Als Folge äußert sich ein intensiver Kontakt zwischen den regionalen Kulturen in zahlreichen Gemeinsamkeiten.

Ein Material, das über große Strecken transportiert wird, ist Feuerstein. In bestimmten Gegenden wird er im großen Stil und jetzt bergmännisch auch untertage abgebaut. Zu den bedeutendsten Feuersteinbergwerken der Zeit gehört Spiennes in Belgien. Das Bergbaurevier umfasst 100 ha.

Seit etwa 3000 v. Chr. wurden Schafe nicht nur als Fleischlieferanten gehalten, sondern auch wegen ihrer Wolle. Am Ende des 3. Jtsds. lassen sich besonders großwüchsige Schafe nachweisen, eigentliche Wollschafe.

WER BRACHTE DAS RAD INS ROLLEN?

Das Rad ist heute eine Selbstverständlichkeit. Wie käme man in unserer mobilen Welt ohne Auto und Zug von einem Ort zum anderen? Wem aber gebührt die Ehre, das Rad erfunden zu haben? Lange wurde ein solcher Geistesblitz nur den frühen Hochkulturen des Vorderen Orients zugetraut. Doch in den letzten Jahrzehnten mehren sich Hinweise, dass auch Europa zumindest gleichzeitig auf die bewegende Idee gekommen ist.

Die ältesten Nachweise einer Existenz von Wagen im Vorderen Orient reichen bis in die Mitte des 4. Jtsds. v. Chr. zurück. In der sumerischen Stadt Uruk entdeckten Archäologen Tontäfelchen mit bildhaften Schriftzeichen, unter denen sich vierrädrige Wagen befinden. Die Darstellungen sind deutlich verwandt mit Zeichen, die einfache Transportschlitten darstellen. Wagen und Schlitten bestehen in den Piktogrammen aus gebogenen Kufen, auf denen ein hausartiger Aufbau steht. Der einzige Unterschied an den Wagensymbolen sind Räder, die unter die Kufen montiert waren. So zeigen die frühsumerischen Bildzeichen auch gleich die technische Entwicklungsreihe vom Schlitten zum Wagen. Auf beiden werden Lasten mittels Zugkraft bewegt. Durch die Räder konnten Wagen aber je nach Untergrund mit weit weniger Kraftaufwand gezogen werden. Die neue Erfindung erfreute sich großer Beliebtheit: Am Ende des 4. Jtsds. und im 3. Jtsd. fertigte man im Vorderen Orient massenweise kleine Tonmodelle von Wagen an, die als Opfergaben Verwendung fanden.

In Europa stammen die ältesten Indizien für die Existenz von Rad und Wagen aus derselben Zeit. In einem Großsteingrab der Trichterbecherkultur in Flintbek, Kr. Rendsburg-Eckernförde, ließen sich die Fahrspuren eines einachsigen Wagens noch im Boden erkennen. Sie gehören in die Mitte des 4. Jtsds. v. Chr. Nur wenig jünger (zwischen 3300 und 3100 v. Chr.) ist ein Keramikgefäß aus Bronocice in Südostpolen, das mit der Darstellung eines vierrädrigen Wagens verziert wurde. Ebenso in die 2. Hälfte des 4. Jtsds. v. Chr. datiert das in einen Sandstein geritzte Bild eines zweirädrigen Wagens, den zwei Ochsen ziehen. Der Stein befand sich in der Kammer eines Großsteingrabes der Wartbergkultur im nordhessischen Züschen bei Fritzlar.

Neben diesen und anderen indirekten Hinweisen auf Räder sind seit Beginn des 3. Jtsds. v. Chr. die ersten echten Wagenteile überliefert. Es sind hölzerne Funde, die sich unter günstigen Bedingungen in den Mooren Nordwesteuropas und des Voralpenlandes bis heute erhalten haben. Das älteste Wagenrad haben Archäologen in Seekirch-Achwiesen am oberschwäbischen Federsee geborgen. Es ist ein Vollscheibenrad, das aus zwei mit Einschubleisten zusammengehaltenen Hälften besteht. Dieses Rad gehört als frühester direkter Nachweis eines Wagens ebenso in die Zeit um 3000 v. Chr. wie zwei hölzerne Wagenachsen, die an einem Bohlenweg durch das Große Moor bei Lohne, Lkr. Diepholz/Vechta, gefunden wurden.

An den erhaltenen Holzobjekten kann man zwei verschiedene Konstruktionsprinzipien erkennen. Während in Norddeutschland wie in Ungarn und Polen vierrädrige Wagen umherfuhren, deren Räder sich um die Achse drehten, wurde im südwestdeutsch-schweizerischen Raum ein anderer Bauplan realisiert. Die Räder besaßen hier keine runden Achslöcher, sondern viereckige. Das bedeutet, dass sich bei den zweirädrigen Karren dieses Gebietes die Räder nicht um die Achse drehen konnten, sondern unbeweglich aufgesteckt waren. Statt der Räder musste hier die Achse unter dem Wagenaufsatz rotieren. Von einer Übernahme der Wagentechnik kann daher noch nicht einmal innerhalb Mitteleuropas ausgegangen werden. Die Neufunde in Europa belegen eher, dass verschiedene, zum Teil weit voneinander entfernte Regionen das Rad jeweils neu erfanden. ■

Wegweisende Erfindung: Dieses hölzerne Vollscheibenrad aus Alleshausen-»Grundwiesen« am Federsee gehört zu den ältesten Rädern der Welt.

Und eine weitere, in Zukunft immer wichtiger werdende Innovation machte sich in dieser Zeit hierzulande bemerkbar: Mit dem ausklingenden Mittelneolithikum tauchen in Deutschland vereinzelt die ersten Kupfergegenstände auf. Zuerst waren es Stücke, die von weither importiert werden mussten, zum Ende des Neolithikums hin entwickelte sich dann jedoch eine eigenständige Kupferproduktion.

Endneolithikum – Herrschaft der Ideologien

Das 3. Jtsd. bringt wieder eine kulturelle Einheit. Nach den vielfältigen Kleingruppen des Jungneolithikums ist das Endneolithikum von zwei europaweit verbreiteten Kulturen geprägt: der schnurkeramischen Kultur und der Glockenbecherkultur. Diesmal handelt es sich nicht nur um keramische Stilprovinzen, sondern auch um Grabsittenkreise. In beiden Becherkulturen, wie sie zusammen genannt werden, herrschte ein strenges Bestattungsreglement, das in deutlichem Gegensatz zu den jungneolithischen Traditionen steht. Eine neue Ideologie, sei es religiöser, politischer oder auch wirtschaftlicher Art, verbreitete sich.

Zur Zeit der Schnurkeramik, ab etwa 2800 v. Chr., errichteten die Menschen Grabhügel, unter denen meist nur eine Person zur letzten Ruhe ge-

Straße durchs Moor: Schon im Jahr 2650 v. Chr. legten jungsteinzeitliche Siedler einen 2,5 km langen Bohlenweg durch das Große Moor bei Lohne in Niedersachsen.

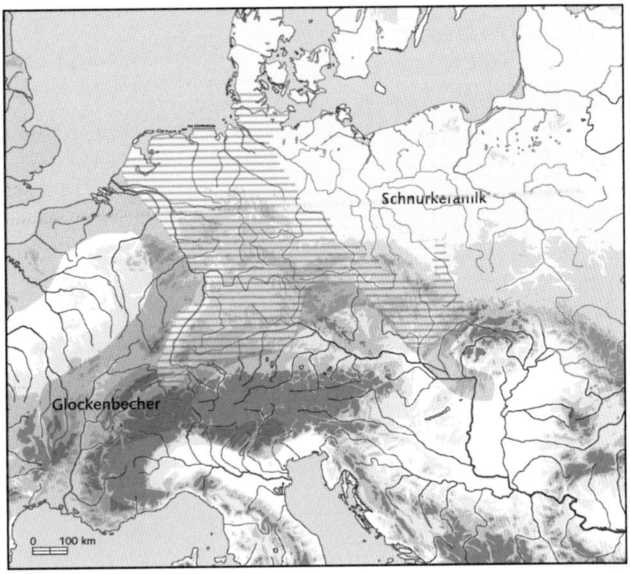

Zwei Ideologien: Die Glockenbecherkultur bildet fast eine religiöse Gegenbewegung zur etwas früher beginnenden und weiter in den Osten reichenden Schnurkeramik.

bettet wurde. Für Frauen und Männer galten verschiedene Bestattungsvorschriften. Beide ruhten mit angehockten Beinen auf der Seite und blickten nach Süden. Männer lagen aber auf ihrer rechten Seite, so dass sich der Kopf im Westen befand. Frauen bettete man stattdessen auf ihre linke Seite, den Kopf im Osten. Diese Regeln beachteten bald schon die Bewohner aller Regionen vom Elsass bis in die Ukraine und von Skandinavien bis in die Westschweiz. Nicht nur die Gräber waren einheitlich, die Menschen stellten auch formgleiches Keramikgeschirr und Steinäxte her. Typisch sind Becher mit einem trichterförmigen Hals, der mit Schnureindrücken verziert ist, sowie facettierte Äxte. Letztere sind aufwendig poliert und wurden oft einzeln, ohne weiteren Kontext aufgefunden. Daher werden sie als repräsentative Prunkäxte interpretiert und weniger als einfaches Arbeitsgerät.

Um 2600 v. Chr. tritt dann in Mitteleuropa die bereits erwähnte Glockenbecherkultur in Erscheinung. Sie bildet eine Gegenströmung zur Schnurkeramik und löst diese in manchen Gebieten ab, in anderen Regionen laufen beide Kulturen dagegen zum Teil zeitlich parallel. Die Glockenbecherkultur antwortet auf den Grabritus der Schnurkeramik mit einem ähnlich strengen Regelwerk. Dieses orientiert sich an den alten Sitten, doch wurden die Regeln absichtlich verändert. Statt der Grabhügel legten die Glockenbecherleute jetzt Flachgräber an. Nur in seltenen Fällen finden sich Gräber der Glockenbecherkultur als Nachbestattungen in schnurkeramischen Hügeln. Die Toten liegen nicht mehr in West-Ost-Richtung, sondern sind regelmäßig nord-südlich orientiert. Sie blicken statt nach Süden nun nach Osten. Aber wiederum gibt es ein geschlechtsspezifisches Ritual: Männer liegen als Hocker nun auf der linken und Frauen auf ihrer rechten Seite. Es entsteht der Eindruck, dass die Glockenbecherleute den schnurkeramischen Ritus genau kannten, sich aber bewusst von diesen Traditionen absetzen wollten: eine religiöse Gegenbewegung.

Als typische Beigaben finden sich glockenförmige Becher in den Gräbern. Häufig sind daneben Reste einer Bogenausrüstung vorhanden: Pfeilspitzen und eine Armschutzplatte, die den Unterarm des Schützen vor der zurückschnellenden Sehne des Bogens schützen sollte. Seltener wurden Dolche aus Feuerstein mitgegeben. Nicht nur in den Bestattungssitten, sondern auch in ihrer Kampfestechnik scheinen sich die Männer der Glockenbecherkultur daher deutlich von denjenigen der Schnurkeramik unterschieden zu haben.

Als Entstehungsgebiet der neuen Bewegung wird Südwesteuropa angenommen. Hinterlassenschaften der Glockenbecherkultur finden sich in der Folgezeit aber von der Iberischen Halbinsel, den Britischen Inseln und Sizilien bis nach Ungarn.

Bogenschützen: Als Rest der Bogenausrüstung findet sich in glockenbecherzeitlichen Männergräbern neben Keramikbechern oft eine steinerne Armschutzplatte.

Wie es zur Entstehung und Ausbreitung der beiden überregionalen Becherkulturen kam, ist noch nicht abschließend geklärt. Zuerst nahm die Forschung an, die Schnurkeramik hätte sich durch Wanderungsbewegungen ausgebreitet. Heute ist man jedoch der Meinung, dass nur die hinter der Kultur stehenden Wertvorstellungen weitergegeben wurden. Die starke Einheitlichkeit der Kulturen spricht dabei für eine besonders schnelle Ausbreitung der Ideen und für einen intensiven Kontakt zwischen den Regionen.

Insgesamt sind vergleichsweise wenige Gräber aus der Zeit der Becherkulturen bekannt. Nur einem relativ kleinen Anteil der Bevölkerung scheint die beschriebene Bestattungssitte vorbehalten gewesen zu sein. In der Zeit davor muss ein gesellschaftlicher Umbruch stattgefunden haben. Einer Oberschicht, bestehend aus Männern und Frauen, wurden jetzt Denkmale gesetzt, und die häufiger werdenden Kupferobjekte dienten als Statussymbole. Mit der aufkommenden Kupferproduktion bildeten sich schon im Endneolithikum gesellschaftliche Strukturen heraus, die in die starke soziale Differenzierung der Frühbronzezeit um 2200 v. Chr. mündeten.

LOCH IM KOPF

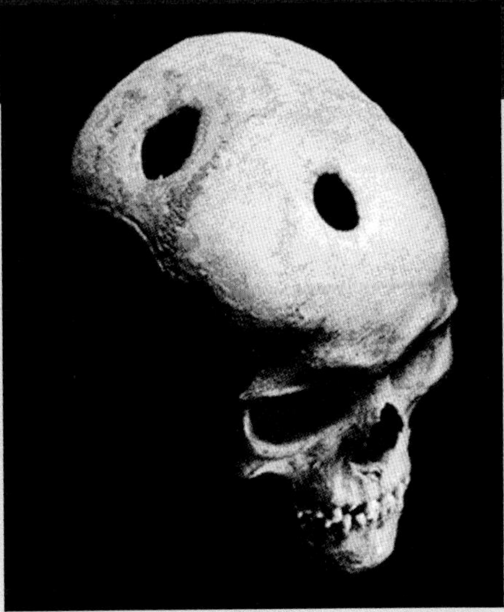

Riskante Eingriffe: Die verheilten Ränder der Löcher beweisen, dass der schnurkeramische Mann aus Pritschöna in Sachsen-Anhalt zwei Trepanationen überlebt hat.

Gleich zweimal musste sich der Mann unters Messer legen. Wohlgemerkt unters Feuersteinmesser: Vor über 7000 Jahren haben Operateure einem Mann aus Ensisheim im Elsass zweimal hintereinander den Schädel geöffnet. Mit Klingen aus Feuerstein schnitten sie die Kopfhaut weg und schabten den Knochen ab, bis ein ovales Loch entstand. Eine solche Trepanation ist mit den steinzeitlichen Hilfsmitteln nahezu unvorstellbar. Aber auch ohne Skalpell, heutige Narkose- und Desinfektionsmittel gelang den Medizinmännern der Linearbandkeramik der gefährliche Eingriff bei diesem Patienten: Beide Operationen hat der Mann viele Jahre überlebt.

Der Schädel aus Ensisheim ist das älteste Zeugnis einer Schädelöffnung, das Archäologen bisher in Mitteleuropa entdecken konnten. Die Operateure hatten dem Mann geradezu riesige Löcher in den Schädel gebohrt. Die Öffnungen besaßen Durchmesser von 6 und 9 cm! Doch er überlebte die Eingriffe so lange, dass die Wunden schon fast vollständig verheilt waren. Als er im Alter von etwa 50 Jahren starb, hatten hauchdünne Knochenschichten begonnen, die Löcher zu verschließen. Die bandkeramischen Medizinmänner verstanden augenscheinlich ihr Handwerk – hatten aber sicher auch eine gute Portion Glück.

Operative Schädelöffnungen sind in der Jungsteinzeit nicht so selten, wie man denken mag. Die Schnurkeramik gilt als eine der jungsteinzeitlichen Kulturen, deren Medizinmännern die meisten Trepanationen gelangen. Untersuchungen zufolge haben fast 90 Prozent der Patienten den Eingriff zumindest eine gewisse Zeit überlebt: Die Ränder des Loches zeigen bei den meisten Operierten Heilungsspuren. Selten geht die Genesung jedoch so weit wie bei dem bandkeramischen Mann aus Ensisheim.

Zu einem solch gefährlichen Eingriff entschlossen sich die Jungsteinzeitler sicher nicht ohne guten Grund. Möglicherweise hatte der Betroffene starke Schmerzen, die man so zu lindern versuchte. Aber auch religiöse Gründe wie etwa Dämonenaustreibungen oder Initiationsriten sind nicht auszuschließen. Oft war wahrscheinlich eine Kopfverletzung Anlass zur Operation. Die Heilungschancen des Verletzten verbesserten sich, wenn die Wunde gesäubert und von losen Knochensplittern oder scharfen Kanten befreit wurde. So sind einige Trepanationen wohl aus der Not geboren und nicht in der eigentlichen Absicht entstanden, den Schädel zu öffnen. Dennoch beweisen sie erstaunliches medizinisches Können. Zum Glück von Medizinmännern und Patienten sind frisch geschlagene Feuersteinklingen steril. ■

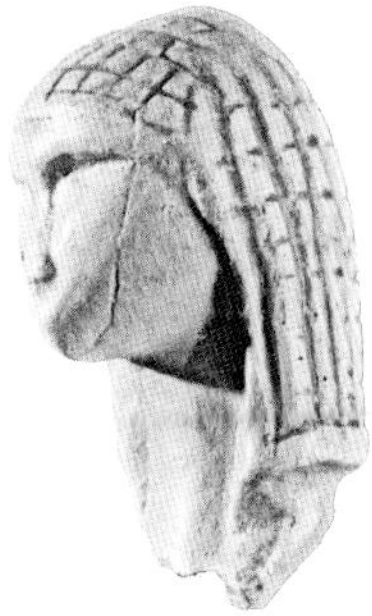

Ein Panorama der Steinzeit

Die Reste einer Elefantenjagd, Fußspuren in einem Höhlenheiligtum oder ein abgebranntes Fischerdorf: Eindrucksvolle Ausgrabungen lassen mit ihren zahlreichen Funden den Alltag der steinzeitlichen Menschen lebendig werden.

Lucy und die ersten Menschen – die Menschwerdung

Unsere Geschichte begann in Afrika. Vor 3,2 Millionen Jahren lebte im Osten dieses Kontinents Lucy: eine kleine Frau von einem knappen Meter Größe, die aufrecht durch die Welt ging. Lucy, nach einem Beatles-Song benannt, gehört zu den ältesten uns bekannten menschenähnlichen Wesen, den Australopithecinen. Donald Johanson entdeckte ihr noch zur Hälfte erhaltenes Skelett 1974 in der Region Afar in Äthiopien. Dieser Fundort gab ihrer Art den Namen: Australopithecus afarensis. Lucy verkörpert als Australopithecus afarensis wohl die Linie, aus der sich auch der Mensch entwickelte. Vor zwei bis drei Millionen Jahren spaltete sich in Afrika von den Australopithecinen unsere Gattung Homo ab. Während Letztere sich bis zum heutigen Menschen weiterentwickelte, verschwanden die Australopithecinen vor etwa 1,5 Millionen Jahren in Afrika.

Im Detail ist der Stammbaum des Menschen immer noch mit vielen Fragen und Unklarheiten behaftet. Verglichen mit der langen Entwicklungszeit der Gattung Homo über zwei bis drei Millionen von Jahren hinweg besitzen wir aus diesem Zeitraum nur sehr wenige Skelettfunde. Daher ergeben sich aus Neufunden oft Veränderungen in der Rekonstruktion des menschlichen Stammbaums.

Neuerdings ist Australopithecus afarensis als direkter Vorfahre der Menschen umstritten, da sich herausgestellt hat, dass er sowohl auf zwei

Nicht ungefährlich: Nur mit Speeren bewaffnet wagten sich die Jäger des Moustérien auch an Großwild heran – und waren erfolgreich dabei.

SPUREN IN DER ASCHE

Frühe Spuren: Der Spaziergang zweier Urahnen des Menschen blieb über 3,7 Millionen Jahre in der Vulkanasche von Laetoli in Tansania dokumentiert.

Die bedeutendsten Entdeckungen werden manchmal in den banalsten Situationen gemacht. Der Paläoanthropologe Andrew Hill duckte sich 1976 gerade vor einer Ladung Elefantendung, die ein hinterhältiger Kollege nach ihm warf, als er eine wissenschaftliche Sensation entdeckte: 3,7 Millionen Jahre alte Fußspuren.

Ein weiterer Zufall vor etwa 3,7 Millionen Jahren hatte das Zustandekommen dieser Fußspuren in Laetoli in Tansania erst möglich gemacht. Der Vulkan Sadiman hatte damals gerade die ganze Gegend mit einer dünnen Schicht Aschestaub bedeckt, als leichter Regen einsetzte. Durch diese Kombination bildete sich aus der karbonathaltigen Asche eine Art feuchter Zement, in dem alle möglichen vorbeikommenden Lebewesen ihre Spuren hinterließen. Als der Ascheschlamm wieder trocknete, härtete er aus und überlieferte uns so über die Jahrmillionen Tausende von Abdrücken von Vögeln und Säugetieren. Ein weiterer Vulkanausbruch bedeckte die Spuren danach schützend mit fast 20 cm Asche. Die Erosion legte die Abdrücke im Laufe der Zeit allmählich frei, bis die herumalbernden Wissenschaftler sie wieder entdeckten.

Unter den Tieren, die sich im Schlamm verewigt haben, sind Kleinaffen, Elefanten, Giraffen, Nashörner, dreizehige Pferde, Perlhühner und eine Katze, vielleicht auch ein Mistkäfer. Im stärkeren Niederschlag der einsetzenden Regenzeit kamen später ganze Antilopenherden auf ihren Wanderungen hier vorbei.

Ein besonderer Schatz sind die Fußstapfen von zwei frühen menschenähnlichen Wesen, die nebeneinander durch die Asche liefen: eine Spur größerer und eine Spur kleinerer Füße. Waren es ein Mann und eine Frau? Oder ein Kind? Über 25 m lässt sich ihr Spaziergang verfolgen: Sie liefen von Süden nach Norden. Einmal blieben sie stehen, schauten sich nach Westen um und zogen dann weiter in nördliche Richtung auf ihr unbekanntes Ziel hin.

Wer aber waren die Spaziergänger? Es waren auf jeden Fall aufrecht gehende Hominiden. Denn der große Zeh ist nicht abgespreizt, wie dies bei Affen der Fall ist, die sich auf allen Vieren fortbewegen. Die Fußabdrücke zeigen einen großen Zeh, der in einer Reihe mit den anderen Zehen stand. In Laetoli werden seit 1935 fossile Knochen geborgen. Als einzige Hominidenart ist Australopithecus afarensis vertreten. Daher ist es nur wahrscheinlich, dass auch die Fußspuren von Lucys Verwandten stammen. ■

Beinen ging als auch noch mit seinen langen Armen in den Bäumen kletterte. Möglicherweise ist die Bipedie der jüngeren Art Australopithecus garhi, die in derselben Region Afar vor 2,5 Millionen Jahren lebte, weiter ausgeprägt. Dies würde sie im Stammbaum näher an die Gattung Homo heranrücken. Welche Art der Australopithecinen jedoch schließlich unser Vorfahr war, bleibt bis heute unter den Wissenschaftlern umstritten.

Als älteste Menschenform galt noch bis vor kurzem Homo habilis, der »geschickte Mensch« – so getauft von Louis B. Leakey und seinen Mitarbeitern, die Anfang der 1960er Jahre in Olduvai, Tansania, die ersten Fossilien dieser Art fanden. Doch die Kategorisierung war nie unumstritten. Die dem Homo habilis zugeschriebenen Knochen unterschieden sich in einem Maße voneinander, dass einige Forscher eine weitere Unterteilung in einen älteren Homo rudolfensis und einen späteren Homo habilis im engeren Sinne vornahmen, andere Wissenschaftler die Kategorie Homo habilis gänzlich anzweifelten. Bernhard Wood und Mark Collard verglichen kürzlich an den Fossilien Merkmale wie die Größe und Form des Körpers, Unterkiefer, Zähne, die Größe des Gehirns sowie das Bewegungsmuster der Individuen und kamen zu dem Schluss, dass die Habilinen gar nicht zur Gattung Mensch gerechnet werden könnten, sondern noch den Australopithecinen angehörten.

Damit wäre heute der älteste, zweifelsfreie Vertreter der Gattung Homo erst der spätere Homo ergaster, der »Handwerker«. Den Jahrhundertfund eines Homo ergaster machte das Team von Alan Walker und Richard Leakey 1984 in Nariokotome, Kenia. Es handelt sich um ein fast vollständig erhaltenes Skelett eines ca. 1,70 m großen, 12-jährigen Jungen, nach der Fundregion »Turkana Boy« genannt. Die Fossilien sind ungefähr 1,6 Millionen Jahre alt.

Schon an dem Skelett des Jungen lässt sich ablesen, dass diese Menschenform deutlich größer gewachsen war als die vorhergehenden Arten. Im Erwachsenenalter wäre der Junge etwa 1,80 m groß geworden. Neu ist auch eine insgesamt schlankere Gestalt mit schmalen Hüften. Die Kiefer und Zähne sind kleiner, gesteigert ist aber das Volumen des Gehirns. Durch die schlanke, hohe Gestalt des Homo ergaster war das Verhältnis von Körperoberfläche zu -volumen günstiger, um auch große Hitze aushalten zu können. Darüber hinaus war der aufrechte Gang nun schon so optimiert, dass Homo ergaster ein effizienter Langstreckengeher gewesen sein wird. In seiner schlanken und hohen Gestalt ähnelte er der heutigen Savannenbevölkerung. In Analogie dürfen wir damit wohl auch von weiteren Ähn-

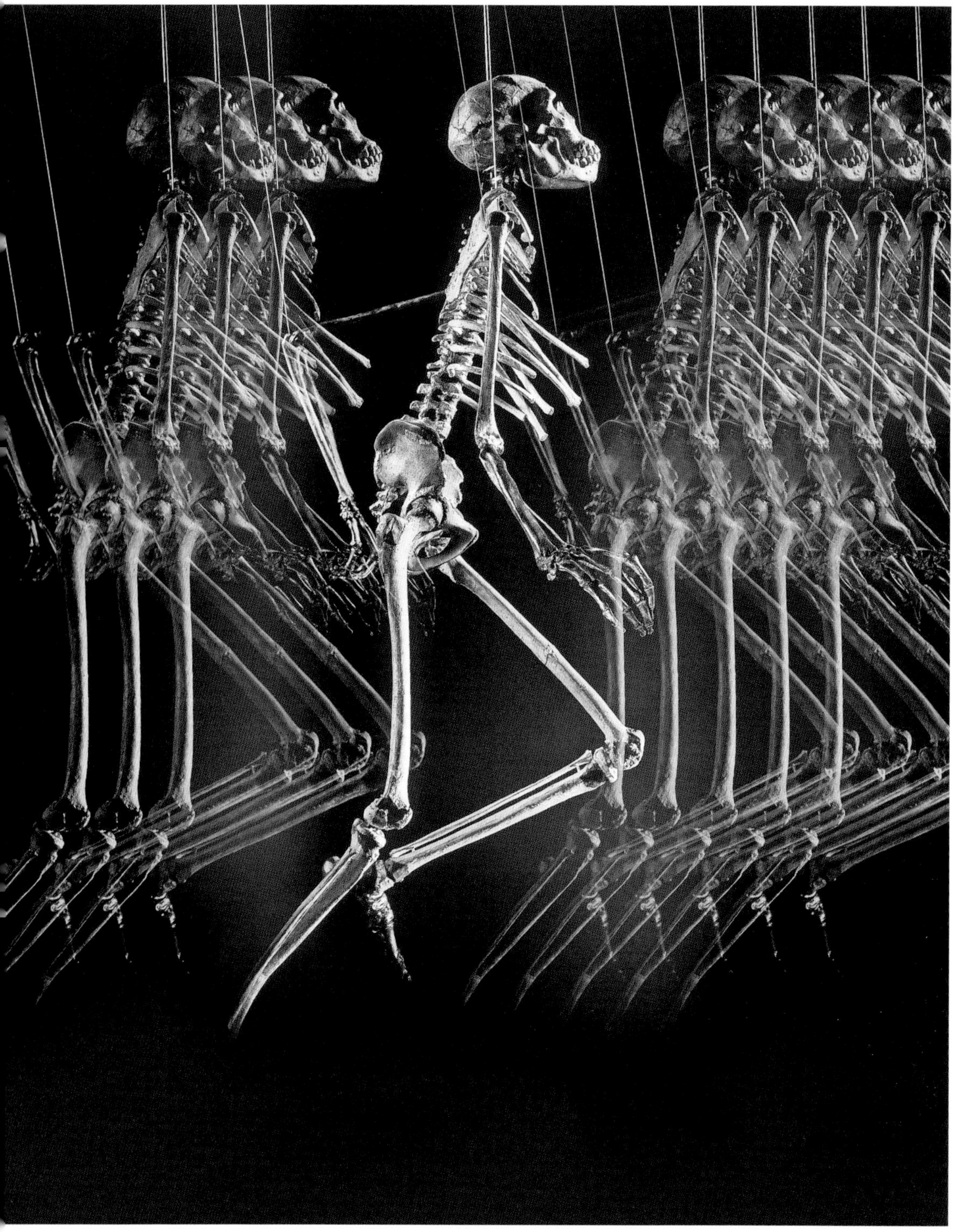

lichkeiten ausgehen, etwa einer starken Pigmentierung der Haut zum Schutz vor Hitze und starker Sonneneinstrahlung.

Der Mensch verlässt Afrika

Homo ergaster wird heute von Anthropologen meist als frühe Form des folgenden Homo erectus eingestuft. Er ist als Erster auch außerhalb von Afrika zu finden, wagte sich nach und nach bis Asien und Europa vor.

Der erste Schädel eines Homo erectus wurde schon 1890 in Trinil auf Java gefunden. Er hat ein Alter von 1,7 bis 1,8 Millionen Jahren. Inzwischen liegen allein aus Java die Reste von 40 Homo-erectus-Individuen vor. In Ubeidiya in Palästina wurden Schädelfragmente geborgen, die 1,4 Millionen Jahre alt sind. Seit 1991 förderten georgisch-deutsche Ausgrabungen in Dmanisi, Georgien, Skelettfunde zutage, die Homo erectus oder Homo ergaster zugeschrieben werden. Ihr Alter wird mit mindestens 1,75 Millionen Jahren angegeben.

Die ältesten und reichsten Menschenfunde Westeuropas stammen aus der Sierra de Atapuerca in Nordspanien. Von den beiden Hauptausgrabungsstätten Gran Dolina und Sima de los Huesos sind aus einem Zeitraum von etwa 800 000 bis 120 000 Jahren vor heute Tausende Bruchstücke von Menschenknochen überliefert – mehr als drei Viertel der weltweit aus dieser Zeit bekannten menschlichen Fossilreste. Aus der dortigen Höhle Sima del Elefante dagegen stammt ein Zahn, der mit einem Alter von 1,3 Millionen Jahren der älteste Hinweis auf Menschen in Westeuropa ist.

Bis zu diesen Neufunden kam der älteste Europäer aus Heidelberg, genauer gesagt dem nahe gelegenen Mauer. Dort hatte ein Arbeiter 1907 in einer Sandgrube in 24 m Tiefe den Unterkiefer eines Homo erectus gefunden. Mit einem Alter von 600 000 Jahren ist der Unterkiefer »Mauer I« immer noch das älteste deutsche Men-

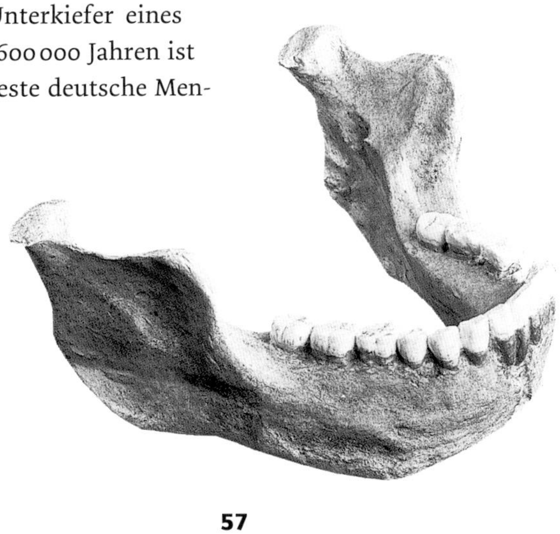

links: »Turkana Boy«: Dieser Fund aus Kenia ist das vollständigste Skelett eines Homo ergaster. Der Junge war erst ca. 12 Jahre alt, aber schon etwa 1,70 m groß.

rechts: Namengebend: Der berühmte Unterkiefer aus Mauer bei Heidelberg wurde bereits 1907 gefunden. Nach ihm ist die Menschenart Homo heidelbergensis benannt worden.

schenfossil. Der von dem Fundort abgeleitete Name Homo heidelbergensis wird auch als Bezeichnung für die europäischen Homo-erectus-Funde insgesamt verwendet.

Der Neandertaler

Aus dem europäischen Homo heidelbergensis hat sich über mehrere Hunderttausend Jahre der Neandertaler, Homo neanderthalensis, entwickelt. Im ersten Teil der letzten Kaltzeit, von etwa 100 000 bis vor 40 000 Jahren, ist der Neandertaler die einzige in Europa nachgewiesene Menschenform.

Kein Höhlenbär: Als die Schädelkalotte eines Neandertalers 1856 mit weiteren Skelettresten gefunden wurde, hielt man sie zuerst für Knochen eines Bären.

Der namengebende Fund wurde in einem Tal in der Nähe von Düsseldorf gemacht. Bei Steinbrucharbeiten waren hier 1856 Knochen geborgen worden, die die Finder zuerst für die Reste eines Bärenskelettes hielten. Erst der Lehrer und Naturforscher Johann Carl Fuhlrott erkannte, dass es sich um die Schädelkalotte und weitere Knochen einer urtümlichen Menschenform handelte. Bald darauf jedoch gehörte die Kleine Feldhofer Grotte, in der die Funde gemacht worden waren, der Vergangenheit an; ohne weitere Nachuntersuchungen war sie bei den Steinbrucharbeiten zerstört worden. Was man damals versäumt hatte, sollte vor wenigen Jahren endlich nachgeholt werden: Nach langen Archivrecherchen konnten bei Ausgrabungen 1997 und 2000 Sedimentreste der Höhlenfüllung und damit das Umfeld des einstigen Fundplatzes lokalisiert werden. Die Archäologen entdeckten über 60 weitere Knochenfragmente von zwei erwachsenen Neandertalern sowie einen Milchbackenzahn eines Neandertalerkindes. Drei der neuen Knochenstücke ließen sich sogar an das namengebende Skelett von 1856 anpassen!

Der im Durchschnitt 1,65 m große Neandertaler war besonders robust gebaut. Er hatte ein »spitzes« Gesicht und die Wangengruben waren nicht wie bei den heutigen Menschen ausgeprägt. Den breiten Schädel bestimmten eine flache Stirn und ein fliehendes Kinn sowie markante Überaugenwülste. Das Volumen seines Gehirns lag mit 1520 cm^3 im Durchschnitt über dem heutigen Wert von 1400 cm^3. Trotz der markanten Unterschiede und

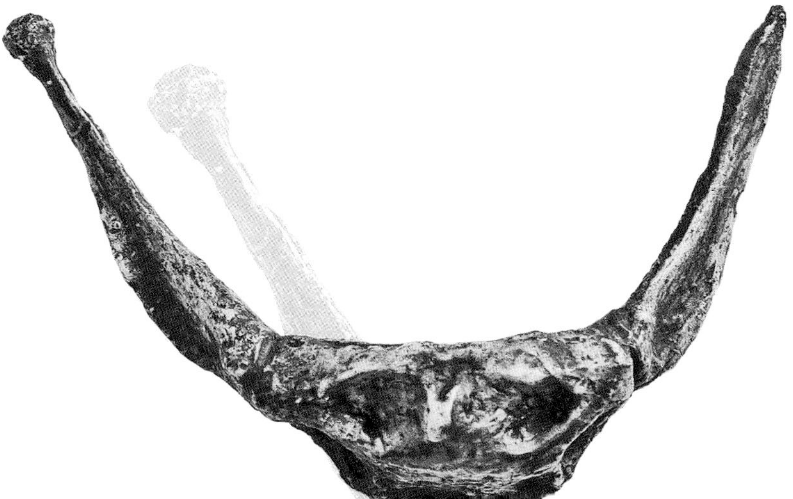

Beweis der Sprachfähigkeit: Das Zungenbein eines Neandertalers aus der Kebara-Höhle gleicht schon exakt dem des anatomisch modernen Menschen.

seines insgesamt robusteren Körperskelettes mit tonnenförmigem Brustkorb bewegen sich die Maße des Neandertalers oft innerhalb der Variationsbreite heutiger Menschen. Man darf ihn sich also sicher nicht als den vielfach beschworenen schwerfälligen Primitiven vorstellen, der kaum aufrecht gehen konnte, sondern als durchaus modernen Menschentyp.

In den letzten Jahrzehnten hat die Forschung zudem bewiesen, dass das Verhalten der Neandertaler in vielen, auch geistigen, Bereichen mit dem des anatomisch modernen Menschen vergleichbar war. Er umsorgte kranke und behinderte Mitglieder der Gemeinschaft und bestattete seine Toten. Die Entdeckung des Zungenbeines eines Neandertalers in der Kebara-Höhle in Israel beendete 1983 den Streit, ob der Neandertaler überhaupt sprechen konnte. Das Zungenbein sitzt zwischen Kehlkopf und Unterkiefer und unterstützt die Zunge bei der Bildung der Worte. Der Knochen des

Neandertalers der Kebara-Höhle war schon ebenso geformt wie unsere heutigen Zungenbeine. Genetiker haben darüber hinaus bei der Entschlüsselung des Neandertaler-Erbguts als weiteren Hinweis auf Sprachfähigkeit noch ein spezielles Gen nachgewiesen, von dem sie vermuten, dass es das Sprechen erst möglich machte. Heutige Menschen, denen dieses Gen fehlt, leiden unter Sprachstörungen.

Zwischen Homo erectus und dem klassischen Neandertaler der letzten Kaltzeit klafft eine zeitliche Lücke, aus der es in Mitteleuropa nur wenige Funde von menschlichen Knochen gibt. Ein wichtiger Fund dieser »Zwischenzeit« wurde 1933 in einer Kiesgrube bei Steinheim an der Murr in Baden-Württemberg gemacht: ein 200 000 bis 300 000 Jahre alter Schädel einer jungen Frau. Weitere Menschenreste dieser Zeit stammen aus Weimar-Ehringsdorf in Thüringen. Diese Fossilien werden in der neuesten Forschung als eine Vorform des Neandertalers, »Neandertaler in the Making«, angesehen.

Die Herkunft des Homo sapiens

Auf die Fragen, wie und wo sich der anatomisch moderne Mensch entwickelte, hält die Forschung mehrere Antworten bereit. Ein Großteil der Wissenschaftler ist der Meinung, dass nicht nur Homo ergaster, sondern auch der moderne Mensch in Afrika entstanden sei. Über den Vorderen Orient sei er spätestens vor 40 000 Jahren bis nach Europa gelangt, wo er den Neandertaler dank seiner Anpassungsfähigkeit, der technischen Innovationen des Jungpaläolithikums und vielleicht einer höheren Fruchtbarkeit verdrängen konnte. Der Neandertaler verlor langsam, aber sicher seinen Lebensraum und starb vor 30 000 Jahren aus. Diese Vorstellung trägt den Namen »Replacement Model« oder »Out-of-Africa-2-Model«. Diese Entwicklung setzt nicht zwingend ein direktes Aufeinandertreffen der beiden Menschentypen voraus. Und wenn doch – gab es dann einen Kampf oder lebten sie einfach friedlich nebeneinander?

Seit 1997 zum ersten Mal eine DNA-Sequenz aus dem Knochen eines Neandertalers isoliert werden konnte, untersuchten Wissenschaftler das Erbgut des Neandertalers und verglichen es mit demjenigen heutiger Menschen aus der ganzen Welt. Ein Wissenschaftlerteam des Max-Planck-Instituts für evolutionäre Anthropologie in Leipzig hat 2010 dadurch ein Aufeinandertreffen von Neandertalern und Homo sapiens bewiesen. Nach ihren Ergebnissen stammen ein bis vier Prozent des Erbguts heutiger Menschen noch vom Neandertaler. Die einzige Ausnahme bilden in Afrika lebende Menschen: In ihren Genen zeigte sich keine Verwandtschaft mit dem

Neandertaler. Auf Grundlage dieser Analysen entwickelten die Wissenschaftler ein Szenario, in dem sich die beiden Menschenarten erst nach der Auswanderung von Homo sapiens aus Afrika im Nahen Osten vermischten. Nach diesem Aufeinandertreffen habe sich Homo sapiens dann von dort nach Asien und Europa ausgebreitet. Aus diesem Grunde weisen heutige Menschen in Asien und Europa den gleichen Anteil an Neandertaler-DNA auf, während in Afrika keine Hinweise auf eine Verwandtschaft zu finden sind. Eine Vermischung der beiden Menschenarten in Europa hat es aber wohl nicht gegeben. Sonst hätte sich eine nähere Verwandtschaft der heutigen Europäer mit den Neandertalern ergeben, als dies bei Menschen aus Ostasien der Fall ist, wo nie Neandertalerrelikte gefunden wurden. Obwohl beide Menschenformen über Jahrtausende zusammen in Europa lebten, sieht es hier weiterhin so aus, als ob die relativ kleine Neandertalerpopulation durch den anatomisch modernen Menschen schlichtweg verdrängt wurde.

Heute existiert von der Gattung Homo nur noch eine einzige Art: Homo sapiens. Alle Menschen der Welt, wie verschieden sie auch aussehen mögen, stimmen in ihrem genetischen Erbgut zu 99,9 Prozent überein. Die Evolution des Menschen scheint bei uns zu enden. In der heutigen Zeit wird sich keine neue Spezies mehr entwickeln können, da es keine isolierten Vorkommen gibt. Nur so könnten sich Unterschiede herausbilden. Das Gegenteil ist der Fall: Wir sind mit den heutigen Transportmitteln so viel in der Welt unterwegs, dass unsere Art immer einheitlicher wird. Anders sähe dies aus, wenn es in ferner Zukunft beispielsweise zu einer Besiedlung des Mars käme und die dortige Bevölkerung den Kontakt zur Erde verlieren würde. In diesem Falle könnte sich eine neue Spezies, vielleicht Homo martius genannt, entwickeln.

»Schneller, weiter, effizienter« – die Entwicklung der Jagdwaffen in der Altsteinzeit

Schon von weitem ist die Wildpferdherde sichtbar. Sie nähert sich langsam der Wasserstelle am Seeufer. Die Jäger halten sich versteckt, lassen sie auf 10, 20 m herankommen. Dann hageln Holzspeere auf die Tiere nieder. Die Herde flieht, doch ein gutes Dutzend ist getroffen. Noch an Ort und Stelle zerlegen die Männer ihre Beute und bringen sie ins Lager. Sie sind zufrieden: Fleisch und Felle werden ihre Familien über den Winter bringen.

Eine solche Jagdszene hat sich im niedersächsischen Schöningen ganz zu Beginn des Mittelpaläolithikums abgespielt. Der Braunkohletagebau

DER EISZEITLICHE LEBENSRAUM

Weite baumlose Steppen erstreckten sich bis zum Horizont. Der Westwind pfiff ungehindert über das Land. Die Luft war bitterkalt, der Himmel wolkenlos. Nicht nur Kälte, sondern auch extreme Trockenheit bestimmten das Klima des Eiszeitalters. Die Ozeane verdunsteten bei den herrschenden niedrigen Temperaturen nicht. Es gab keine Wolken oder Niederschläge. Die damaligen Verhältnisse sind daher nicht einfach mit dem kalten Klima der heutigen subarktischen Zonen zu vergleichen. Im Gegensatz zu diesen Gebieten gab es in den eiszeitlichen Steppen auch im Winter keinen Schneefall.

Durch die Kombination aus Kälte und Trockenheit trafen in den eiszeitlichen Lösssteppen Tiere aufeinander, deren Vorkommen heute weit voneinander entfernt liegen. Das Rentier etwa, das jetzt in der Subarktis lebt, konnte während der Eiszeit der Saigaantilope begegnen, die heutzutage in den Trockengebieten am Kaspischen Meer beheimatet ist.

In den baumlosen Landschaften der Eiszeit gab es reichlich Futter für allerlei Tierarten. In den Kaltzeiten bevölkerten Mammuts, Wollhaarige Nashörner und Moschusochsen die Landschaft nördlich der Alpen. Während Moschusochsen heute noch in der Tundra Nordamerikas vorkommen, starben Wollhaarige Nashörner und Mammuts am Ende der letzten Eiszeit aus. Daneben gab es Eisfüchse und Schneehasen, die von den Menschen wegen ihrer warmen Pelze gejagt wurden.

Die wechselnden klimatischen Verhältnisse der Eiszeiten boten nicht nur diesen kälteliebenden Tieren einen Lebensraum. Pferdeherden waren in den gemäßigten Kaltphasen der Eiszeit ein beliebtes Ziel der paläolithischen Jäger. Gleiches gilt für den europäischen Verwandten des Büffels, den Wisent. Wurde es noch wärmer, zogen sich die kältelieben-

den Tiere nach Norden zurück. Dafür breiteten sich in den milderen Abschnitten nun Auerochsen, Rothirsche, Rehe, Wildschweine, Bären, Waldelefanten, Waldnashörner und Flusspferde aus.
Ein hautnahes Dokument einer kaltzeitlichen Fauna wurde in Bottrop entdeckt. Bei einem Hochwasser der Emscher war vor 35 000 Jahren eine Lehmschicht in die Aue gespült worden, in der sich die Spuren der Tiere, die zur Tränke kamen, eingedrückt haben. Noch ehe die Spuren verwischt werden konnten, war die Lehmschicht von Sand überlagert worden und ist so bis heute erhalten geblieben. In wenigen Tagen kamen hier zahlreiche Rentiere, Rinder und Pferde zum Trinken. Auch ein Löwe und ein Wolf schauten auf der Suche nach Beutetieren vorbei – zum Glück für die Pflanzenfresser taten sie das zu einem anderen Zeitpunkt. ■

Hochbetrieb: Im Abguss ist zu sehen, dass Rinder, Pferde, Rentiere, Löwen und Wölfe vor 35 000 Jahren ihre Spuren im Schlamm der Emscher in Bottrop hinterließen.

förderte hier die Spuren eines Jagdlagers zutage, das Archäologen von 1994 bis 2000 untersuchten. Ihre Ergebnisse revolutionierten unser Bild des frühen Menschen.

Die ältesten Jagdwaffen der Menschheit

Neben einer Reihe von Feuerstellen und zahlreichen Steinwerkzeugen fanden sich Tausende von Großsäugerknochen als Zeugen ausgedehnter Jagdaktivität. Doch die eigentliche Sensation waren sieben Speere aus Fichtenholz, die inmitten von anderthalb Dutzend geschlachteten Wildpferden lagen. Sie sind nach neuesten Erkenntnissen etwa 270.000 Jahre alt und damit die ältesten erhaltenen Jagdwaffen der Menschheit.

Es handelt sich um 1,82 m bis 2,50 m lange Wurfspeere. Im Gegensatz zu Lanzen, die aus nächster Nähe in das Opfer gestoßen werden, liegt der Schwerpunkt dieser Waffen im vorderen Teil. Daher eignen sie sich für einen Wurf von über 10 m Weite. Die Waffen sind technisch ausgereift und ausbalanciert. Ihre Wurfeigenschaften entsprechen denjenigen moderner Damenwettkampfspeere. Die Auswahl des Holzes und die Anfertigung der Spitze aus dem härteren Basisholz zeugen von technischem Wissen. Der Ausgräber der Fundstelle, Hartmut Thieme, vermutet daher schon zu diesem frühen Zeitpunkt der Menschheitsentwicklung eine längere Tradition in der Herstellung der Waffen. Diese Einschätzung ist neu. Bevor die Schöninger Funde ans Tageslicht kamen, galt als Lehrmeinung, dass sich die frühen Menschen vor allem von Aas ernährten. Allenfalls die Jagd auf ungefährliches Kleinwild trauten die Wissenschaftler ihnen zu. Erst Homo sapiens, der anatomisch moderne Mensch, sei im Jungpaläolithikum zu systematischer Großwildjagd fähig gewesen.

Doch nun strafen sie die Befunde aus Schöningen Lügen. Der frühe Neandertaler tritt hier als spezialisierter und kenntnisreicher Jäger auf, der seine Fernwaffen gezielt auf schnelles Herdenwild richtete. Auch Homo erectus darf man bereits getrost Großwildjäger nennen. Im altpaläolithischen Jagdlager Bilzingsleben gehören 60 Prozent der erjagten Tiere zum Großwild. Es fanden sich dort neben den Knochen von Wildrindern und Wildpferden auch solche von Nashörnern, Bären und Elefantenkälbern.

Elefantenjagd in Niedersachsen

Lange nahm die Wissenschaft an, dass die frühen Menschen nur die einfachste und für den Jäger ungefährlichste Methode anwendeten, um solch große Tiere zu erlegen: Fallgruben. Das Gegenteil beweist aber ein weiterer paläolithischer Befund. Im niedersächsischen Lehringen steckte im Brustkorb eines Waldelefantenskelettes noch eine 2,38 m lange Eibenholzlanze. Hier war es der mittelpaläolithische Mensch, der Neandertaler, der den Dickhäuter im direkten Angriff zur Strecke gebracht hatte. Der erste Bearbeiter der Funde, Karl Dietrich Adam, hielt 1951 einen solchen Kraftakt des frühen Menschen noch für so unwahrscheinlich, dass er vermutete, der Elefant sei eigentlich an Gift gestorben. Hierfür gibt es allerdings keine Beweise. Stattdessen zeigen rezente Jäger und Sammler, dass auch Großwild mit Nahwaffen wie solchen Lanzen erjagt werden kann. Aus zoologischer Sicht ist es durchaus möglich, Lunge und Herz mit einem gezielten Stoß einer Holzlanze zwischen zwei Rippen des Elefanten so zu verletzen, dass er relativ schnell stirbt. Allerdings sind zwei bis drei Männer nötig, um einem Dickhäuter auf diese Weise mit der Lanze den Todesstoß zu geben. Besonders Erfolg versprechend ist diese Jagdmethode, wenn der Elefant in seinen Bewegungen eingeschränkt, wenn er zum Beispiel bis zum Bauch in sumpfigen Grund eingesunken ist.

Älteste Jagdwaffen: Einer der altpaläolithischen Wurfspeere aus Fichtenholz wird im Braunkohletagebau im niedersächsischen Schöningen vorsichtig geborgen.

Genau in eine solche Situation haben die mittelpaläolithischen Jäger nach Meinung des jüngsten Bearbeiters Hartmut Thieme den Lehringer Elefanten gebracht. Die Fundstelle befand sich vor 120 000 Jahren am Rand eines Sees. Der Neandertaler hat den Dickhäuter vermutlich im Bereich des Uferschlammes lebensgefährlich verletzt. Unglücklicherweise konnte sich das Tier aber noch weiter in den See schleppen und machte es den Jägern damit schwerer, ihre Beute waidgerecht zu zerlegen.

Das Pech der Jäger ist das Glück der Archäologen. Aufgrund der ungewöhnlichen Fundsituation ist ein deutlicheres Bild der Jagdsituation überliefert, als es in der Regel der Fall ist. Da die altsteinzeitlichen Jäger ihre Beute normalerweise an Ort und Stelle vollständig in transportable Stücke zerlegten, bieten ihre Hinterlassenschaften meist nur wenige Einblicke in die Jagdtechnik. Da der Elefant in Lehringen aber im Wasser lag, konnten die Jäger wohl nur die obere Körperhälfte des Tieres zerteilen und mitnehmen. Der Rest des Kadavers verblieb samt der Holzlanze im Wasser und wurde uns eingebettet in die Seesedimente überliefert.

Experimente an verendeten Zirkuselefanten haben gezeigt, dass schon drei Männer ausreichten, um mit mittelpaläolithischen Steinwerkzeugen ein Tier in kürzester Zeit zu zerlegen. Gebrauchsspuren an den Steingeräten in Lehringen lassen eine Arbeitszeit von nur anderthalb Stunden vermuten. Dafür wurden die Jäger mit 500 bis 1000 kg Fleisch belohnt. Mit dieser Menge Nahrung konnte beispielsweise eine zehnköpfige Gruppe über mehrere Wochen auskommen.

Todesmutige Jäger

Eine Untersuchung an Neandertalerskeletten ergab, dass die Menschen damals überproportional oft am Kopf und an den Armen verletzt wurden. Ein ähnliches Spektrum an Knochenbrüchen weisen unter archäologischen wie rezenten Vergleichsgruppen nur noch amerikanische Rodeoreiter auf. Dieses Ergebnis bedeutet nun nicht, dass der Neandertaler geritten wäre. Die größte Verletzungsgefahr bei Rodeoreitern birgt auch nicht der Sturz vom Reittier, sondern geht von den Hufen der Tiere aus. Dies war eine Gefahr, welcher auch der Neandertaler ausgeliefert war, wenn er aus nächster Nähe größere Tiere jagte.

Schon 1911 bewies der Fund einer Holzlanzenspitze im englischen Clacton-on-Sea, dass der altpaläolithische Mensch mit diesen Nahwaffen jagte. Dort fehlten allerdings Hinweise auf die Jagdbeute. Nun wissen wir, dass sich der frühe Mensch an Großwild heranwagte. Nur eine Gruppe von Jägern und nicht ein einzelner Mann konnte hoffen, das Großwild zu besiegen. Voraussetzung für eine erfolgreiche Jagd war aber, dass die Jäger die Verhaltensweisen eines Elefanten beispielsweise genau kannten. Die Lehringer Jagdmethode hätte bei Nashörnern etwa, dem »Lieblingsziel« der altpaläolithischen Menschen in Bilzingsleben, keine Aussicht auf Erfolg gehabt.

Großwildjäger: Eine neue Rekonstruktion aus den Knochen des namengebenden Fundortes zeigt einen Neandertaler, der sich zufrieden auf seine Jagdwaffe stützt.

DAS MAMMUTBABY DIMA

Sie war gerade einmal sieben Monate alt, als sie im Sumpf ums Leben kam. Das Mammutbaby war stark unterernährt und wahrscheinlich zu schwach, um sich wie seine Mutter und der Rest der Herde ans Ufer zu retten. Es ertrank und sank auf den Grund. Als Goldgräber 1977 im sibirischen Magadan auf den Körper stießen, lag das kleine Mammut auf der Seite, den Kopf eingezogen und den Rüssel eingerollt. Sie tauften es Dima.

Im Dauerfrostboden hatte das Mammutbaby 35 000 Jahre tiefgefroren überdauert. Nicht nur Knochen sind daher erhalten, sondern auch Weichteile wie Muskeln, Haut und Haare. Zwar sind in Sibirien schon andere Reste von Mammutkadavern ans Tageslicht gekommen, keines ist aber so gut erhalten wie Dima. An ihren Füßen ist sogar heute noch etwas vom flauschigen Fell der Eiszeitriesen zu sehen. Obwohl sie erst wenige Monate alt war, wog Dima schon 225 kg und war 90 cm groß.

Da Mammuts am Ende der Eiszeit ausgestorben sind, haben uns erst die Funde aus den Dauerfrostböden gezeigt, wie wir uns ein solches Tier vorzustellen haben. Als 1663 am Zeunickenberg bei Quedlinburg ein Mammutskelett ausgegraben wurde, wusste man dies noch nicht. Einer der Finder rekonstruierte aus den Knochen deshalb ein fossiles Einhorn. Dann aber fanden Elfenbeinsammler im Delta der Lena 1799 den vollständigen Kadaver eines Mammuts. Sie brachen die Stoßzähne heraus und verkauften sie, ließen den Rest jedoch liegen. Mit den Jahren taute der Boden weiter auf, Aasfresser machten sich über das Fleisch her. Erst 1806 erfuhr die Akademie der Wissenschaften in Sankt Petersburg von dem Fund. Trotz des fortgeschrittenen Verwesungszustandes konnte der Botaniker Michail Iwanowitsch Adams zumindest die Knochen noch vollständig bergen. Als weltweit erstes, in natürlicher Haltung zusammengesetztes Mammutskelett wurde es in der kaiserlichen »Kunstkammer« in Sankt Petersburg gezeigt und vermittelte nun einen Eindruck von dem wirklichen Aussehen der Eiszeittiere.
Wie das Mammut und weitere Tiere der Kältesteppe ist auch das Wollnashorn am Ende der letzten Eiszeit ausgestorben. Doch auch in diesem Fall helfen Funde aus den Dauerfrostböden, sich ein lebendiges Bild der Tiere zu machen. Im Jana-Fluss in Jakutien wurde beispielsweise ein 33 000 Jahre alter Kopf eines Wollnashorns mit Haut und Haaren geborgen. Erhalten ist sogar noch ein Büschel Gras, welches das Tier gerade im Maul hatte, als der Tod es überraschte. ■

Mammutbaby: Der 35 000 Jahre alte Körper des kleinen Mammutkalbs Dima ist aufgrund seiner exzellenten Erhaltung der Star vieler Ausstellungen.

Die Frühmenschen: verkannte Organisationstalente

Alles in allem zeugt die Großwildjagd des frühen Menschen von einem Planungs- und Organisationstalent, das die Forschung ihm zuvor nicht zugetraut hatte. Doch Befunde wie diejenigen von Schöningen und Lehringen verdeutlichen, dass schon der Homo erectus des Altpaläolithikums, und umso mehr der Neandertaler des Mittelpaläolithikums, vorausschauendes und planendes Denken beherrschte.

Lebensecht: In der Kunst des Magdalénien spiegelt sich die den Menschen umgebende Tierwelt. Hier duckt sich eine aus Elfenbein geschnitzte Hyäne.

Obwohl Homo erectus nur während der Warmzeiten in den nördlichen Breiten lebte, musste er hier dennoch lange Winter überstehen. Die Wissenschaft hat sich vielfach gefragt, ob der Urmensch schon fähig war, für diese Zeiten mit ausreichend Vorräten vorzusorgen. Doch durch den Fundplatz Schöningen, an dem der Homo erectus Jagd auf Wildpferdherden machte, ist die Antwort gegeben. Nach Thiemes Analysen des Fundmaterials kamen die Frühmenschen gerade im Herbst an den See im nördlichen Harzvorland, um sich die Vorräte für den Winter zu beschaffen.

Erst der mittelpaläolithische Neandertaler lebte dann auch in Kaltzeiten in Mitteleuropa. Der Wildreichtum der Lösssteppen, die während der Kaltzeiten in weiten Teilen Europas verbreitet waren, hatte ihn nach Norden gelockt. Obwohl es bisher kaum für möglich gehalten wurde, zeichnet sich schon bei den mittelpaläolithischen Jägern ein gewisser Grad an Spezialisierung ab. In Neumark-Nord, einem Jagdplatz in Sachsen-Anhalt, galt das Interesse des Neandertalers vor allem Hirschen, im rheinhessischen Wallertheim oder im französischen Mauran am Fuße der Pyrenäen waren dagegen Wisentherden die geschätzte Beute.

Taktische Herdenjagd im Jungpaläolithikum

Die spezialisierte Jagd auf eine bestimmte Tierart wurde aber erst im Jungpaläolithikum perfektioniert. Der Mensch richtete seine Jagdstrategien jetzt immer mehr auf die Verfolgung wandernder Herden aus. Die offenen Lösssteppen am Ende der Eiszeit boten genügend Futter für große Pferde- und Rentierherden. Der strahlend blaue und wolkenlose Himmel des trockenen Eiszeitklimas führte zu großen Temperaturunterschieden zwischen Tag und Nacht, aber auch zwischen Sommern, in denen es bisweilen wärmer als heute war, und eiskalten Wintern. Die Tiere reagierten in weiten, jahreszeitlichen Wanderungen auf die unterschiedlichen Witterungsverhältnisse. Sie durchzogen Europa auf immergleichen Wegen, was den jungpaläolithischen Jägern erlaubte, die Herden an geeigneten Stellen abzupassen. Es wurden spezielle Jagdlager an den Wanderwegen der Herden angelegt, die jeweils nur einer einzigen Tierart galten.

Wie effektiv dieses Jagdsystem funktionierte, zeigen Jagdlager wie Amvrosievka in der östlichen Ukraine. Dort haben Archäologen die Knochen von 1000 erjagten Wisenten gefunden. Ein weiteres beeindruckendes Beispiel ist der Felsen von Solutré bei Mâcon in Frankreich. An einer Engstelle passten die Jäger Pferdeherden ab, die alljährlich von den Sommer-

Perfekter Jagdplatz: An diesem markanten Felsen von Solutré (rechts) in Burgund brachten die jungpaläolithischen Jäger unzählige Wildpferde zur Strecke.

weiden im Bergland von Mâcon zur Überwinterung in das breite Tal der Saône zurückkehrten. Die Massen von Knochen unzähliger Pferde am Fuße des Felsens sind beredte Zeugen des Jagdglücks der jungpaläolithischen Menschen.

Die Speerschleuder: der verlängerte Arm des Menschen

Für die Herdenjagd erfand der anatomisch moderne Mensch in der ausgehenden letzten Eiszeit eine geniale und besonders effektive Waffe. Der bisher verwendete Wurfspeer hatte nur eine Reichweite von 15 m. Dazu musste man nahe genug an die fliehenden Tiere herankommen. Um sich die Arbeit zu erleichtern, entwickelten die Jäger im Laufe des Jungpaläolithikums einen Stock mit Widerhaken, von dem der Speer abgeschleudert wurde. Durch diesen zusätzlichen Hebel konnte der Speer doppelt so weit geworfen werden und besaß eine größere Durchschlagskraft. Von diesen Holzwaffen sind nur wenige Hakenenden erhalten geblieben, die gesondert aus Rengeweih geschnitzt waren. Bisweilen kunstvoll verziert, zeigen diese Haken vor allem Pferdeköpfe als wichtigste Jagdtiere der Zeit. Aber auch Mammuts, Wisente, Steinböcke oder Hyänen (s. Abb. Seite 70) sind anschauliche Beispiele dafür, wie der jungpaläolithische Jäger es verstand, Kunst und Funktionalität miteinander zu verbinden.

Effektive Entwicklung: Die Hebelwirkung der Speerschleuder verstärkte die Durchschlagskraft und verdoppelte die Reichweite der geworfenen Waffen.

Das Glück der letzten Eiszeitjäger hätte angedauert, wäre nicht eine drastische Klimaveränderung eingetreten. Um 11 900 v. Chr. beginnt eine wärmere, feuchtere Klimaphase, die den Wald nach Mitteleuropa zurückbringt. Damit wird den großen Wildpferd- und Rentierherden ihr Lebensraum, die weiten Steppen, entzogen. Die neue Fauna wird von Elch und Rothirsch beherrscht, bei denen es sich im Gegensatz zu Ren und Pferd um scheues Einzelwild handelt. Die alten Jagdmethoden greifen nicht mehr. Doch Not macht erfinderisch. Jetzt etabliert sich eine neue, die Jahrtausende überdauernde Waffe, mit der man zielgenau über weite Distanzen schießen kann: Pfeil und Bogen.

Zeit für die Muse – Kunst und Religion in der Altsteinzeit

Das flackernde Licht der Talglampen lässt die Tiere fast lebendig erscheinen. Hunderte von Pferden, Auerochsen und Hirschen schauen von den Wänden auf die Jugendlichen herunter. Auf nackten Füßen stapfen sie immer tiefer in die Höhle hinein. Sie müssen auf allen Vieren durch einen Engpass krabbeln, dann stehen sie im Innersten des Heiligtums: beim sterbenden Vogelmann.

Die Höhle von Lascaux in Frankreich, Dép. Dordogne, wurde den Grabungsbefunden zufolge am Ende des Jungpaläolithikums mindestens ein Dutzend Mal aufgesucht. Immer wieder wurden Malereien an den Wänden der Höhle angebracht. Sie zeigen vor allem die typischen Jagdtiere der Zeit, aber auch Fabelwesen einer unbekannten Mythologie. Die Zeichnung eines sterbenden Mannes mit Vogelkopf beherrscht in Lascaux die Szenerie in einem schwer zugänglichen Bereich der Höhle. Nach dem Saal der Stiere gelangt man durch einen engen Gang in eine kleinere Apsis, von der ein 8 m tiefer Schacht abzweigt. In diesem Schacht ist ein von einem Speer durchbohrter Bison dargestellt, dem die Gedärme aus dem Bauch quellen. Rasend vor Schmerz stürzt er auf einen spindeldürren Mann mit Vogelgesicht zu. Der Mann fällt, wohl tödlich getroffen, rücklings um. Die Darstellung wirkt so realistisch, dass sich die ersten Ausgräber 1947 zum Ziel gesetzt hatten, das Grab des getöteten Vogelmannes zu finden!

Rätselhafte Kulthandlungen

Der Schacht kann heutzutage nur kurz und mit großer Vorsicht betreten werden, weil sich hier periodisch giftiges Kohlendioxid sammelt. War dies möglicherweise auch früher der Fall? Dieser Bereich ist in Lascaux jedoch die archäologisch ergiebigste Fundstelle. Die Ausgräber fanden unzählige

Kultschacht: In Lascaux beherrscht die Szene eines verwundeten Bisons, der auf einen dünnen Mann zustürzt, einen besonders fundreichen Schacht.

Der erste Bumerang Der Bumerang ist keineswegs eine australische Erfindung. Schon im Jungpaläolithikum gab es diesen Waffentyp in Europa. In der Oblazowa-Höhle in den polnischen Karpaten haben Archäologen einen etwa 20000 Jahre alten Bumerang aus Mammutelfenbein ausgegraben. Das Wurfgerät stammt aus dem Pavlovien, einer östlichen Variante des Gravettien. Es gehört zu einem Typ Bumerang, der nicht zum Werfer zurückkehrt. Vergleichbare Bumerangs finden sich auch in den folgenden Steinzeitepochen. Ein mesolithisches Exemplar stammt aus dem Braband-See bei Aarhus in Dänemark. Das Stück war aus Ahornholz gefertigt und hat sich nur aufgrund des feuchten Bodens erhalten. Gleiches gilt für einen Holzbumerang aus Egolzwil im Schweizer Kanton Luzern, der um 4500 bis 3000 v. Chr. hergestellt wurde. Waffen dieser Art sind auch den australischen Aborigines bekannt. Sie werden vor allem bei der Jagd auf Vögel und Kleinsäuger eingesetzt.

Feuersteinklingen und Kohlestücke, drei durchbohrte Muscheln von Schmuckstücken, Bruchstücke von verzierten Speeren sowie zahlreiche Rentierknochen. Spiegeln die Funde rituelle Handlungen wider, die hier im Schacht vollzogen wurden?

Ein besonderer Fund ist eine vollständig erhaltene Lampenschale aus rosafarbenem Sandstein, die vor 17000 Jahren den Schacht erhellte. In der kreisrunden Eintiefung der Lampe hatten sich sogar noch alte Brennstoffreste erhalten. Eine Analyse ergab, dass die Lampe mit Talg und einem Docht aus Wacholder brannte. Über 130 Fragmente solcher Lampenschalen wurden in Lascaux geborgen, fast die Hälfte stammt aus dem Schacht.

In einigen Höhlen haben sich Fußabdrücke von Jugendlichen erhalten, die über den matschigen Boden gingen. In der französischen Höhle Tuc d'Audoubert, Dép. Ariège, beispielsweise stellten Archäologen bei zwei aus Lehm modellierten Bisonfiguren, die sich dem Betrachter erst nach 700 m Wegstrecke tief im Berginneren zeigten, 50 Fersenabdrücke eines Jugendlichen fest. Die Spuren sprechen dafür, dass in den Höhlenheiligtümern auch Initiationsriten zum Übergang in das Erwachsenendasein stattfanden.

Wer hat die Kunst erfunden?

Das Magdalénien ist die Blütezeit der paläolithischen Kunst, die sich in den opulenten Bilderhöhlen Frankreichs und Spaniens besonders beeindruckend manifestiert. Die Entstehung eines solch reichen Kunstschaffens wurde wohl auch von den Lebensumständen der Jäger am Ende der Altsteinzeit begünstigt. In den eiszeitlichen Grassteppen gab es reichlich Jagdbeute, die mit einer geschickten Jagdtechnik an geeigneten Stellen abgepasst wurde. Mit der Speerschleuder konnte das Wild dazu besonders effektiv und sicher erlegt werden. Die Menschen lebten in einer Überflussgesellschaft, die offensichtlich auch Tätigkeiten außerhalb des direkt Notwendigen zuließ.

Die Anfänge des Kunstschaffens reichen bis an den Beginn des Jungpaläolithikums zurück. Damals lebten in Europa zwei verschiedene Menschenformen: Neandertaler und anatomisch moderner Mensch. Wie wir uns das Zusammenleben und die spätere Ablösung einer Art durch die andere vorzustellen haben, ist noch nicht bis ins Detail geklärt. Auffallend ist aber, dass in dieser Phase bei beiden Menschenformen ein gesteigertes Maß an Kreativität festzustellen ist. Sprunghaft vermehren sich Schmuck- und Kunstgegenstände. Fundstellen wie die Höhle von Arcy-sur-Cure in Nordburgund zeigen, dass die letzten Neandertaler einen zuvor nicht gekannten Reichtum an Schmuckgegenständen produzierten. Die ältesten Kunstwerke sind dagegen nach dem derzeitigen Stand der Forschung mit dem anatomisch modernen Menschen zu verbinden.

Die älteste Kunst Europas

Die ersten uns überlieferten Kunstgegenstände stammen aus der Höhle Geißenklösterle bei Blaubeuren auf der Schwäbischen Alb. Es sind kleine vollplastische Figürchen aus Mammutelfenbein. Sie gehören in die erste Kulturstufe des Jungpaläolithikums, das Aurignacien. Nach neuesten Untersuchungen sind sie zwischen 33 000 und 38 000 Jahre alt. Die Schwäbische Alb scheint ein kulturelles Zentrum dieser

»Der Löwenmensch«: Eine außergewöhnliche Elfenbeinfigur mit menschlichen Beinen und Löwenkopf stammt aus dem Hohlenstein-Stadel im Lonetal.

Zeit zu sein: Aus den nahe gelegenen Höhlen Vogelherd und Hohlenstein-Stadel im Lonetal stammen weitere, nur wenig jüngere Figuren. Meist zeigen die Schnitzereien das Hauptjagdtier der damaligen Menschen, das Mammut. Andere Tiere wie Bison, Pferd oder Löwe sind seltener.

In eine Vorstellungswelt jenseits des Realen führt eine Elfenbeinplastik aus dem Hohlenstein-Stadel: der so genannte Löwenmensch. Die rund 30 cm große Figur weist Merkmale sowohl eines Menschen als auch von Tieren auf. Sie steht wie ein Mensch auf zwei Beinen, hat aber den Kopf eines Löwen und statt Armen tierische Pranken. Die ältesten Kunstwerke von der Schwäbischen Alb sind von erstaunlich hoher Qualität. Zu vermuten ist, dass diese geschnitzten Figuren nicht die ersten künstlerischen Gehversuche des Menschen darstellen. Möglicherweise gab es Vorgänger, erste Versuche aus vergänglichen Materialien wie ungebranntem Lehm oder Holz, die uns nicht überliefert sind.

Im Südwesten Europas äußerte sich die künstlerische Schaffenskraft des Menschen im Aurignacien dagegen auf andere Art. Im Abri von La Ferrassie im Tal der Dordogne beispielsweise wurden auf Kalksteinblöcken abstrakte Zeichen oder auch Vulven eingepickt.

Die Venus der Altsteinzeit

Im folgenden mittleren Jungpaläolithikum sind in einer erstaunlich weiten Verbreitung vom Don bis an die Pyrenäen stilisierte Frauenstatuetten zu finden. Typischerweise werden Kopf, Arme und Beine nur schematisch und verkürzt, Brust und Gesäß dagegen übertrieben füllig dargestellt. Selten sind neben dieser abstrakten Darstellung der Weiblichkeit Figuren mit individuellen Zügen. Die Frauendarstellungen nach immergleichem Prinzip beweisen eine Kommunikation und eine identische Vorstellungswelt der Menschen im jüngeren Gravettien über riesige Entfernungen hinweg.

Gleiches Ideal: Frauenstatuetten wie diese »Venus von Willendorf« sind im jüngeren Gravettien in Fundorten von den Pyrenäen bis an den Don zu finden.

Die Figuren wurden vor allem aus weichen Gesteinen und Elfenbein hergestellt. Im mährischen Pavlovien, einer regionalen Ausprägung des Gravettien, wurden Tierfiguren häufig aus Ton geformt und gebrannt. In der Mammutjägerstation Dolní Vestoniče in Südmähren fand sich ein überkuppelter Brennofen, der noch Hunderte von Tonfiguren enthielt. Dies ist mit 30 000 Jahren die älteste Keramik, lange vor der Erfindung des Tongeschirrs im Neolithikum.

Bilderhöhlen in Südwesteuropa

Außer den besprochenen Kleinkunstwerken tauchen in Westeuropa vor allem im Gravettien, und nach neuen Funden wie der Grotte Chauvet im französischen Ardèchetal zu urteilen auch schon im Aurignacien, die ersten Höhlenmalereien auf.

In der Höhle Pech Merle, Dép. Lot, stellten die Maler des Gravettien bisweilen merkwürdig anmutende Tiere wie Pferde mit gepunktetem Fell oder abstrakte Zeichen an den Wänden dar. Es gibt von Speeren durchbohrte

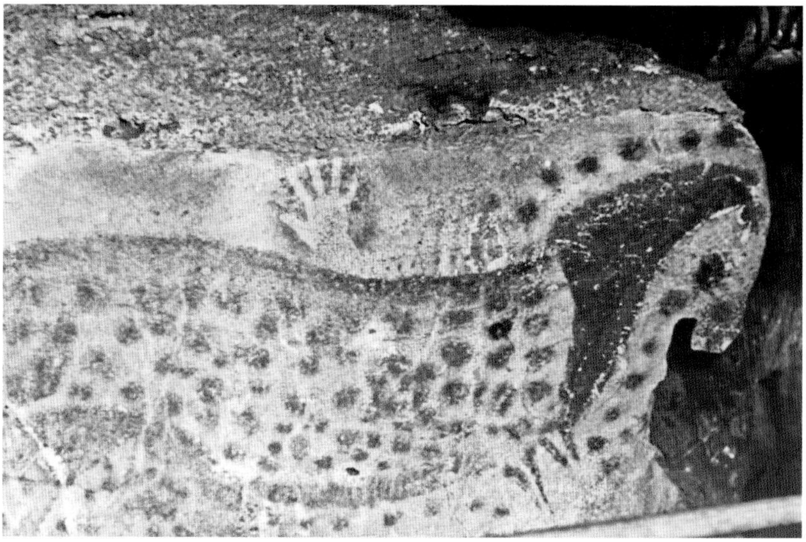

Handzeichen: Im Gravettien blüht die Kunst der Höhlenmalerei auf. Zwischen Phantasietieren wie gepunkteten Pferden verewigten sich Maler mit Abbildungen ihrer Hände.

Menschen und Negativabbildungen von Händen. Experimente haben gezeigt, dass die Maler hierbei ihre Hand auf die Wand gelegt und dann mit einem Blasrohr Farbe darüber geblasen haben. Einige Handnegative scheinen verstümmelt, Finger fehlen. Des Rätsels Lösung ist ganz einfach: Knickt man bestimmte Finger beim Auftragen der Farbe ein, so entstehen eben diese Abbildungen. Haben wir hier verschiedene Gesten vor uns, die Nachrichten übermitteln sollten?

Kleinkunst in Mitteleuropa

Zum Ende des Jungpaläolithikums hin werden plastische Figuren seltener, es überwiegen zweidimensionale Darstellungen. Auf die reich ausgemalten Bilderhöhlen des Magdalénien in Südwesteuropa wurde schon eingegangen. In Mitteleuropa sind in dieser Zeit stattdessen Gravierungen auf

KUNST IN TRANCE

Weder Mensch noch Tier: Mischwesen wie diese Malerei aus der Höhle Les Trois Frères, Dép Ariège, könnten im Zusammenhang mit altsteinzeitlichen Trancepraktiken stehen.

Ein Vogelmann, gepunktete Pferde und geheimnisvolle Zeichen: Was bedeuten die Malereien an den Wänden der paläolithischen Höhlenheiligtümer? Eine mögliche Deutung liefert die Ethnologie: Schamanismus.

Ethnologische Untersuchungen haben gezeigt, dass es unabhängig vom kulturellen Hintergrund zu gleichen Vorstellungen kommt, wenn Schamanen in Trance fallen. Dies ist mit bestimmten physiologischen Prozessen zu erklären, die während einer Trance im menschlichen Gehirn ablaufen. Und diese Prozesse sind bei jedem Menschen gleich. Zu Beginn der Trance erzeugt das Gehirn geometrische Muster wie Spiralen, Punkte, Zickzacklinien oder Schachbrettmuster. Der Schamane meint, diese so genannten entoptischen Zeichen zu sehen. Fällt er tiefer in Trance, gaukelt ihm das Gehirn Gegenstände vor, die sich auch mit den Zeichen verbinden können. In der tiefsten Phase der Trance hat der Schamane die Halluzination einer phantastischen, aber sehr real erscheinenden Welt. In ihr können sich die Lebewesen miteinander vermischen. Der Schamane glaubt sogar, sich selbst in Tiere oder Pflanzen verwandeln zu können.

Viele der abstrakten Symbole der paläolithischen Kunst sind entoptischen Zeichen ähnlich: Waben, Gitter, Zickzacklinien oder Punkte. Verlockend ist auch die Idee, die unwirklichen gepunkteten Pferde aus der Höhle Pech Merle als Produkte einer Halluzination aus der zweiten Trancephase zu interpretieren, in der Zeichen und Tiere verschmelzen können. Mischwesen wie der Vogelmann im Schacht von Lascaux oder die Darstellung eines menschenähnlichen Wesens mit dem Geweih eines Hirschen, dem Schnabel eines Raubvogels und dem Schweif eines Pferdes in der Höhle Les Trois Frères könnten die phantastische Welt der tiefsten Stufe der Trance widerspiegeln.

Schamanismus ist sicher nicht das einzig mögliche Erklärungsmodell für die Darstellungen des Paläolithikums, jedoch durchaus lohnend, genauer betrachtet zu werden. Und das ist es gerade auch deshalb, weil sich von einigen wenig späteren Siedlungsstellen weitere Indizien schamanistischer Praktiken erhalten haben. Vom mesolithischen Wohnplatz von Bedburg-Königshoven am Niederrhein beispielsweise stammen zwei Hirschgeweihmasken, die an den Mann mit Hirschgeweih aus der Höhle Les Trois Frères errinnern. Ein ganz entsprechender Kopfschmuck konnte auch bei sibirischen Schamanen der Neuzeit beobachtet werden. ■

Steinplatten, Elfenbein oder Knochen üblich. Sie zeigen neben abstrakten Zeichen sehr realistische Tiere und noch weiter stilisierte Frauenfiguren, die wie Tanzende hintereinander aufgereiht sind.

Die Freilandstation Gönnersdorf im Rheinland hat 500 solcher Gravierungen geliefert. Die Bilder befinden sich auf Schieferplatten, die als Abdeckung des Fußbodens verwendet wurden. Eine Entzifferung der Darstellungen ist für den Archäologen schwierig: Oft überlagern sich verschiedene Bilder, die nacheinander auf dieselbe Platte graviert wurden. Für den paläolithischen Künstler gab es diese Schwierigkeit nicht. Das jeweils aktuell gezeichnete Bild hob sich durch hellen Staub, der beim Ritzen der Schieferplatte entstand, vom Hintergrund ab. Das Kunstwerk war jedoch, anders als die Malereien an den Höhlenwänden, vergänglich. Ein solches Schieferbild konnte einfach weggewischt werden. Dagegen waren Ritzungen und Einschnitte auf Knochen oder Geweih, wie sie ebenfalls oft in Mitteleuropa vorkommen, dauerhaft sichtbar. Doch war das auch hier möglicherweise nicht gewünscht. Am Petersfels auf der Schwäbischen Alb wurden unzählige gravierte Knochen zerschlagen oder weiterverarbeitet. Die Gravierungen waren wohl Kunstwerke auf Zeit.

Spuren von Malereien an Höhlenwänden wie in Frankreich oder Spanien sind in Mitteleuropa sehr selten – ein Umstand, der möglicherweise

Wie Tanzende: In Gönnersdorf wurden 500 Gravierungen auf Schieferplatten ausgegraben. Sie zeigen neben Tieren häufig auch stark abstrahierte Frauendarstellungen.

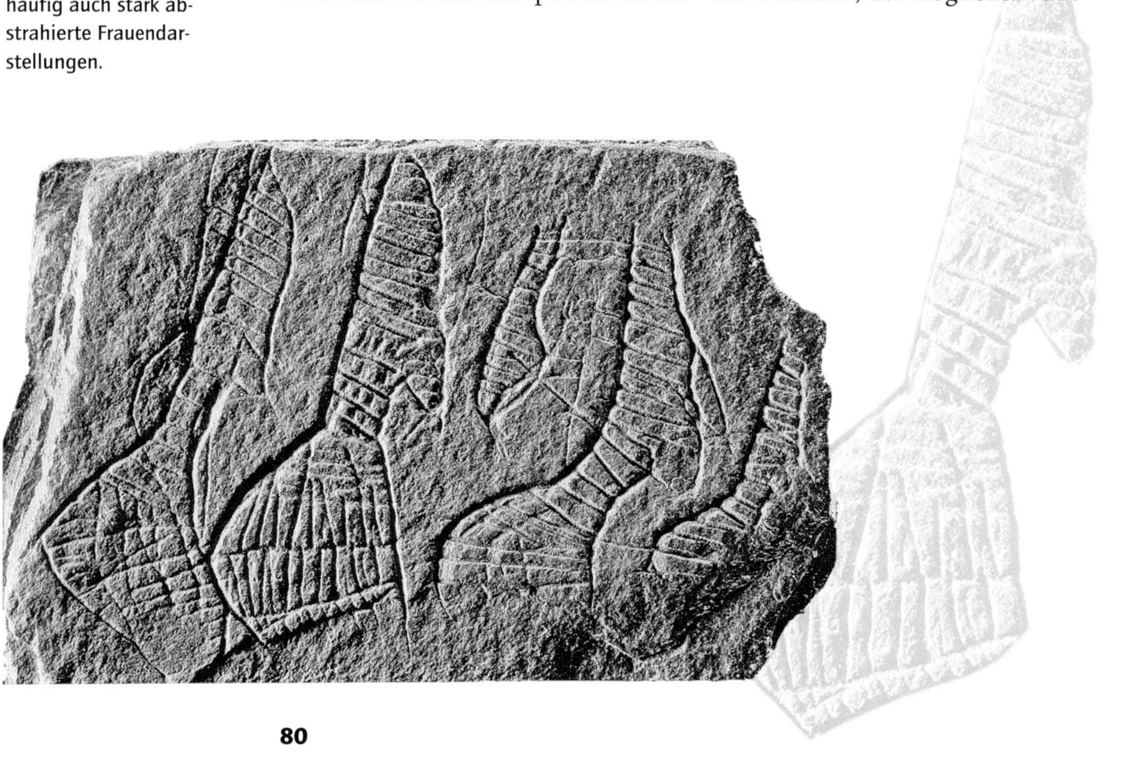

aus der häufig nicht mehr original erhaltenen Wandoberfläche resultiert. In den ausgegrabenen Schichten vom Ende der Eiszeit finden sich als Beweis unzählige Frostscherben, die von den Höhlenwänden abgeplatzt sind.

1998 entdeckten Archäologen im Hohle Fels bei Schelklingen auf der Schwäbischen Alb einen bemalten Kalkstein, der die Frage nach Höhlenmalereien in Süddeutschland erneut aufwarf. Die Vorderseite ist mit einer Doppelreihe roter Punkte bemalt, die Rückseite ist eine Bruchkante, was Anlass zu der Vermutung gibt, dass es sich bei dem Stein um ein Stück der ehemaligen Höhlenwand handelt.

Kleinkunst und Wandmalerei im Zusammenspiel

Mobile, vergängliche Kleinkunst hier, dauerhafte Höhlenmalerei dort – hatten diese beiden Seiten künstlerischer Schaffenskraft unterschiedliche Funktionen? In einigen Gebieten scheint die Kleinkunst die Wandkunst ersetzt zu haben. So liegen besonders reiche Fundorte wie etwa Gönnersdorf oder auch der »Superfundort« Parpallo in Spanien mit 60 000 gravierten Platten am Rand des Verbreitungsgebietes der Wandkunst. Henri Breuil sah in diesen Fundorten mit reichen Gravierungen kulturelle Zentren und mobile Heiligtümer, die wie die Höhlenheiligtümer als Versammlungsorte genutzt wurden.

Bisweilen treffen sich Kleinkunst und Wandmalereien aber auch an ein und demselben Fundort. Der Fluss Volp hat in den französischen Pyrenäen ein System aus mehreren Höhlen ausgewaschen. In der äußersten Höhle, der Grotte Enlène, kamen zahlreiche Funde des mittleren Magdalénien zutage, darunter über 1000 gravierte, seltener auch bemalte Plaketten. Durch die Grotte Enlène führt der Weg in die tiefer im Berg liegende Höhle Les Trois Frères. Diese Höhle wartet mit Malereien auf, die zu einem der reichsten paläolithischen Bildprogramme Europas gehören. Auf den gravierten Plaketten wie auf den Höhlenwänden werden dieselben Themen dargestellt. Eine Pigmentanalyse ergab, dass für beide Kunstarten dieselbe Farbrezeptur mit demselben pflanzlichen Bindemittel verwendet worden war. Auch ein stilistischer Vergleich unterstreicht die Gleichzeitigkeit von Gravierungen und Malereien. Allein in der Ausführung unterscheiden sich beide Kunstformen. Die Kleinkunst ist weniger standardisiert und oberflächlicher gearbeitet. Wahrscheinlich waren verschiedene Künstler am Werk. Die Wandkunst dagegen scheint von »Meistern« ausgeführt worden zu sein. Es waren sicher nicht dieselben Menschen, die die Plaketten im Eingangsbereich und die Wände der Höhle Les Trois Frères gestaltet haben.

SCHWANENGESÄNGE

Der anatomisch moderne Mensch erfand nicht nur die Kunst, sondern auch die Musik. Im Aurignacien tauchen die ersten sicheren Musikinstrumente auf. Es sind Flöten, die aus den Röhrenknochen von Säugetieren oder aus Vogelknochen hergestellt wurden.

Aus dem Geißenklösterle bei Blaubeuren, das die ersten mobilen Kunstwerke des Menschen erbracht hat, sind auch die ältesten Flöten überliefert. Die Bruchstücke von insgesamt drei Instrumenten sind etwa 38 000 Jahre alt. Zwei wurden aus Knochen von Singschwänen und eine weitere aus Mammutelfenbein geschnitzt. Wie bei einer heutigen Flöte sind die Löcher in einer Reihe hintereinander angeordnet. Fragmente vergleichbarer Knochenflöten konnten auch an anderen Fundstationen ausgegraben werden, so beispielsweise in der Höhle von Isturitz im französischen Pyrenäenvorland.

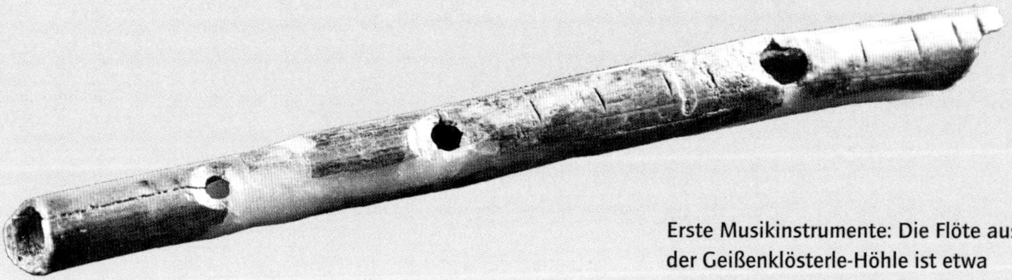

Erste Musikinstrumente: Die Flöte aus der Geißenklösterle-Höhle ist etwa 38 000 Jahre alt. Sie wurde aus einem Schwanenknochen geschnitzt.

Einmal entdeckt wird sich die jungpaläolithische Musik wahrscheinlich nicht auf Flötentöne beschränkt haben. Denkbar ist eine Vielzahl von Instrumenten, die aus vergänglichen Materialien gefertigt wurden und uns nicht mehr überliefert sind: Trommeln aus Holz und Fell etwa, Holzklappern oder die von der Ethnologie oft beobachteten Schwirrhölzer, die an Schnüren durch die Luft gewirbelt werden und so einen Brummton erzeugen. ■

Wiederum zeigt sich in der Grotte Enlène, dass die Kleinkunst nur für den Moment hergestellt wurde. Danach wurden die gravierten Plaketten zerbrochen, weggeworfen oder sekundär als Pflasterung für die Feuerstellen verwendet. In der Höhle von Isturitz im französischen Pyrenäenvorland wurden während eines einzigen »Rituals« 137 aus Sandstein gefertigte Tierfiguren zerschlagen.

Ethnologische Parallelen erhellen das Verhältnis von vergänglicher und dauerhafter Kunst. In Arnhemland in Australien werden bemalte Rindenstücke des Eukalyptusbaumes bei Initiationsriten verwendet. Den Einzuweihenden wird anhand der Bilder auf den Rindenstücken die Bedeutung der Dinge erklärt. Nach der Zeremonie werden die Kunstwerke verbrannt oder einfach liegen gelassen und verrotten. In derselben Gegend gibt es aber auch Malereien an den Wänden von Abris, die jedes Jahr erneuert werden, um ihre magische Kraft zu erhalten.

Mit der Nacheiszeit erlischt die Magie der jungpaläolithischen Bilderwelt. Die Waldjäger des Mesolithikums führen das opulente Kunstschaffen kaum in Ansätzen fort. Schon in der bewaldeten Phase des Allerød im Spätglazial gibt es kaum noch verzierte Objekte. Wahrscheinlich erforderte die Nahrungsbeschaffung der Jäger und Sammler im Wald jetzt zu viel Zeit, als dass ihnen Spielraum für große künstlerische Tätigkeiten geblieben wäre.

Versunkener Alltag – Überraschungsfunde aus mittelsteinzeitlichen Ufersiedlungen

Der Lagerplatz bot alles, was das mesolithische Herz begehrte. Kleine Seen wechselten sich mit Kiefernwäldchen ab. An den seichten Ufern wuchsen Birken, Weiden und Haselsträucher. In den Sumpflandschaften wimmelte es von allerlei Getier. Neben Bibern, Fischottern und Wasservögeln schauten hier auch Elche, Hirsche, Rehe und Wildschweine vorbei.

Friesack, 35 km nordwestlich von Berlin gelegen, ist einer der wichtigsten Fundplätze des Mesolithikums. Von 1977 bis 1986 fanden hier Ausgrabungen statt; aus der Stratigraphie lassen sich etwa 60 mittelsteinzeitliche Aufenthalte des Menschen ablesen. Das abwechslungsreiche Nahrungspotential zog die mesolithischen Menschen immer wieder für einige Monate nach Friesack. Entsprechend groß sind auch die Fundmengen: 100 000 Feuersteinartefakte und 20 000 Tierknochen sprechen eine deutliche Sprache. Doch die eigentliche Sensation sind etwa 100 Artefakte aus Holz und Baumrinde, die einen seltenen Einblick in den mesolithischen Alltag ermöglichen.

Wie viele mittelsteinzeitliche Lagerplätze befand sich auch Friesack direkt am Wasser. Einige Schichten der Siedlung liegen heute unterhalb des Grundwasserspiegels. Diesem Umstand verdanken die Ausgräber eine außergewöhnlich gute Erhaltung organischer Materialien. In der Regel sind Archäologen auf die unvergänglicheren »Rohstoffe« wie Stein, Geweih oder Knochen angewiesen, um ein steinzeitliches Szenario zu rekonstruieren. Hier aber breitete sich das mesolithische Leben mit seiner ganzen Vielfalt an Geräten vor ihnen aus.

Mit der Umwelt ändern sich die Werkstoffe

So schwer dem nacheiszeitlichen Menschen die Umstellung von den weiten Steppen auf ein Leben im Wald gefallen sein muss, an den Friesacker Fundstücken wird augenfällig, dass er die neue Umwelt der Warmzeit schon bald virtuos zu nutzen wusste. Neben Stein, Knochen und Geweih hatte der mesolithische Mensch durch die Ausbreitung der Wälder jetzt erstmals den Werkstoff Holz in Hülle und Fülle zur Verfügung. Aus Kiefernästen stellte er verschiedene Speere und Pfeile her. Jagdtechnische Finesse beweist ein Klumppfeil mit verdicktem Ende, der zur Vogel- oder Pelztierjagd eingesetzt wurde. Ein solcher Pfeil verletzt das Tier nicht, es stirbt allein durch den Schock des Aufpralls.

Von den verwendeten Steingeräten haben sich im Grundwasser die Holzschäfte erhalten. Dadurch ergeben sich Datierungsmöglichkeiten, die auch ein neues Licht auf die Steinwerkzeuge werfen können. Im Fall einer Keule aus Felsgestein ergab die ^{14}C-Analyse des Schaftes ein überraschendes Ergebnis: Die Keule ist durchbohrt und überschliffen und bezeugt damit zwei Techniken, die gemeinhin erst mit der bandkeramischen Kultur der Jungsteinzeit in Verbindung gebracht werden. Die ^{14}C-Datierung aber beweist, dass die Keule schon im fortgeschrittenen Mesolithikum, um 7000 v. Chr. hergestellt wurde!

Ein Glücksfall ist die Erhaltung eines zarten Behälters, der aus Birkenrinde gefaltet worden war. Er lag in einer Grube am ehemaligen Ufer und diente wahrscheinlich zum Wasserschöpfen. Birkenrinde war vielseitig verwendbar. Aus ihr destillierten die Menschen auch das Pech, mit dem die mikrolithischen Steinwerkzeuge in Schäftungen eingeklebt wurden. Mehr als 30 Stücke von Birkenpech sind in Friesack ans Tageslicht gekommen. Auf einigen Pechbrocken sind Zahnabdrücke zu sehen. Vielleicht haben wir hier den ersten Kaugummi der Menschheitsgeschichte vor uns.

Leben in der Mittelsteinzeit: Die Siedlungen liegen in dieser Zeit oft an einem See, denn der Fischfang spielte eine große Rolle in der Ernährung.

Fischfang vom Land aus und zu Wasser

Um Seile und Fischernetze zu fertigen, benutzten die mesolithischen Menschen Weidenbast. In Friesack sind verschiedene Arten der Herstellung von Netzen und Seilen belegt. Seile waren entweder aus Bast gedreht oder geflochten, Fischernetze wurden damals aus Bastgarn geknotet. Technisch anspruchsvoll sind Netze, die ohne Knoten auskommen und nur aus ineinandergreifenden Schlaufen bestehen. Die australischen Aborigines verwenden solche Netze als Tragenetze. Interessanterweise schließen sich die unterschiedlichen Techniken in Friesack zeitlich aus: Im jüngeren Präboreal wurden Seile aus Bast gedreht und geknotete Fischernetze hergestellt. Vorher aber und auch danach wieder benutzte man Seile, die aus geflochtenen Bastschnüren bestanden. Die Netze waren in dieser Zeit ungeknotet. Neben anderen Abweichungen im Kulturgut lassen diese Unterschiede in der technischen Tradition den Ausgräber Bernhard Gramsch vermuten, dass zwei verschiedene ethnische Gruppen abwechselnd ihren Lagerplatz im beliebten Friesack aufschlugen.

Dem Wasser sei Dank: Selten haben sich organische Funde erhalten. In Friesack hat im Grundwasser sogar ein gedrehtes Seil aus Weidenbast die Zeit überdauert.

Angelhaken, Harpunen und gezähnte Widerhakenspitzen für Fischspeere aus Knochen und Geweih unterstreichen an den mesolithischen Fundplätzen, dass sich der Mensch nicht von ungefähr bevorzugt in der Nähe des Wassers niederließ. Neben der Jagd auf die scheuen Tiere des Waldes spielte nun der Fischfang eine bedeutende Rolle bei der Nahrungsbeschaffung.

Im Uferschlamm des Fundplatzes haben sich die Fußabdrücke eines Menschen mit Schuhgröße 36 erhalten, der hier in 1,20 m Wassertiefe entlangwatete. Ein Angler? Der mittelsteinzeitliche Mensch nutzte die Gewässer nicht nur vom Ufer aus. Er wagte sich auch aufs Wasser hinaus. Schon 1923 war in Duvensee in Schleswig-Holstein ein Holzpaddel ausgegraben worden, das erstmals den Beweis für eine mesolithische Fortbewegung auf dem Wasser lieferte. Auch in Friesack hat sich ein Paddel aus Eberesche erhalten. Als Boote dienten im Mesolithikum Einbäume. Eines der ältesten Beispiele wird in die Zeit von 7000 bis 6700 v. Chr. datiert: ein 3 m langer Einbaum aus einer Rotkiefer, geborgen in einem Moor bei Pesse in der niederländischen Provinz Drenthe.

Neue Leckerbissen: geröstete Haselnüsse

Der Fischfang und die Jagd auf die Tiere des Waldes wurden ergänzt durch das Sammeln pflanzlicher Nahrung. Aber auch in diesem Bereich musste der Mensch in der Nacheiszeit erst dazulernen. Zwar gediehen in den sich zunehmend ausbreitenden Wäldern Pflanzen in Hülle und Fülle, doch war ein Großteil davon für den Menschen ungenießbar. Zum Verzehr geeignete Kost gab es dagegen nur an wenigen Stellen. In der ersten Phase der Wiederbewaldung, dem Präboreal, dominierten Kiefernwälder mit Birken. Im folgenden Boreal breiteten sich Haselsträucher im Unterholz aus. Das Sammeln der reifen Haselnüsse im Herbst leistete nun einen wichtigen Beitrag zur Sicherung der Nahrungsreserven. In Duvensee konnten Archäologen sogar einen hierauf spezialisierten Lagerplatz dokumentieren. Im Spät-

Haselnussernte: Rindenmatten hielten in Duvensee die Arbeitsplätze trocken. Auf der hinteren ist noch ein als Nussknacker verwendeter Ambossstein zu sehen.

sommer kamen die Menschen des frühen Mesolithikums für eine kurze Rast hierher, um Haselnussvorräte für den Winter anzulegen.

Duvensee ist wiederum eine Feuchtbodenfundstelle. Daher sind hier selbst zarte Matten aus Birkenrinde erhalten geblieben, mit denen die Menschen der Mittelsteinzeit ihre Arbeitsplätze vor Feuchtigkeit schützten. Auf einer der Rindenmatten lag noch ein als Nussknacker benutzter Steinamboss. An großen Röststellen aus aufgeheizten Lehmplatten wurden die Haselnüsse für den Winter haltbar gemacht.

Doch schon bald musste der Mensch wiederum auf Umweltveränderungen reagieren. Im Atlantikum entstanden ab 6800 v. Chr. dichte Eichenmischwälder, aus denen die Haselnuss langsam verschwand. Andere Früchte mussten diese vorher üppige Nahrungsquelle ersetzen.

Ein versunkener Wald vom Ende der Eiszeit

Einen einzigartigen Einblick in die Kulisse, vor der sich dieser Anpassungskampf am Ende der Eiszeit abspielte, gewährt ein Fundplatz in der Oberlausitz. Beim Braunkohletagebau vor Reichwalde deckten die Bagger 1997 einen rund 13 000 Jahre alten Wald auf. Unzählige, bestens konservierte Baumstämme lagen in einem Moor: der bislang älteste erhaltene Wald Europas.

Hier in Reichwalde säumte am Ende der Eiszeit ein lichter Kiefernwald mit ein paar eingestreuten Birken das Ufer eines Flusses. Nicht nur dieser Wald selbst hat sich erhalten, sondern auch Siedlungsspuren sind überliefert. Direkt am Fluss haben Menschen damals Rast gemacht. Zwei Feuerstellen konnten von den Archäologen ausgegraben werden, an denen die altsteinzeitlichen Jäger ihre Pfeile reparierten. Einige unbrauchbare Pfeilspitzen haben sie als Abfall zurückgelassen. Sie zeugen von der Jagd mit Pfeil und Bogen schon in diesen lichten Wäldern des Spätpaläolithikums.

Wenige Jahrtausende später stieg dann jedoch der Wasserspiegel an; der Wald starb in dem zunehmend feuchten Boden langsam ab. Ursächlich für den erhöhten Wasserstand war entweder eine Wanderdüne oder ein umgestürzter Baum, der den Fluss aufstaute. Denkbar ist ebenso, dass ein genereller Grundwasseranstieg aufgrund feuchteren Klimas zu dieser Veränderung des Lebensraumes führte.

Doch was auch immer der Grund gewesen sein mag, ein einmaliges Szenario blieb dadurch bis in unsere Tage erhalten. Durch den Luftabschluss unter Wasser wurden die 10 bis 20 m langen Kiefern- und Birkenstämme vorzüglich konserviert.

Bestens konserviert: Der Tagebau hat bei Reichwalde einen Wald vom Ende der Eiszeit freigelegt. Nur unter Luftabschluss konnten die Stämme 13 Jahrtausende überdauern.

Nach dem Anstieg des Wasserspiegels ließen sich die Menschen in Reichwalde auf einer höher gelegenen Sanddüne nieder. Vor 8500 Jahren kamen sie einige Male an den nun entstandenen See. Leider lagen die Fundstellen jetzt oberhalb des Grundwasserspiegels, so dass sich hier im Gegensatz zu Friesack oder Duvensee keinerlei organisches Material erhalten hat. Unter den Steingeräten aber zeigen Querschneider, dass die Menschen für die Jagd in den dichter werdenden Wäldern bestens gerüstet waren. Trapezförmige Pfeilspitzen waren gezielt für diese Jagdbedingungen entwickelt worden: Sie reißen kräftige Wunden, mit denen die verletzte Beute nicht mehr weit ins Unterholz fliehen kann.

Die Baumstämme aus Reichwalde haben die Jahrtausende so gut überdauert, dass Dendrochronologen heute noch das jährliche Wachstum der Bäume an ihren Jahrringen ablesen können. Sie können anhand der Ringbreite das Klima jahrgenau rekonstruieren. In Zeiträumen von nur 20 bis 40 Jahren stiegen die mittleren Jahrestemperaturen um sechs Grad Celsius. Aber die Erwärmung am Ende der Eiszeit verlief nicht gradlinig. Die Jahrringe zeigen wiederholte Klimawechsel. Mehrmals musste sich der Mensch auf die schnellen und starken Temperaturschwankungen einstellen und aufs Neue ums Überleben kämpfen.

Das Schlangenhaus – frühjungsteinzeitliche Tempel auf dem Göbekli Tepe

Übermannshohe T-Kopf-Pfeiler bilden den ältesten Tempel der Welt. Er wird bewacht von furchteinflößenden Tieren, die in den Stein gemeißelt sind. Einen Pfeiler zieren fünf Giftschlangen, die an ihm entlangkriechen. Auf einem anderen sind ein kampfbereiter Stier, ein Fuchs und ein Kranich übereinander angeordnet – fast so wie die Bremer Stadtmusikanten.

Beinahe wäre die 11 000 Jahre alte Kultstätte auf dem Göbekli Tepe in der Südosttürkei zerstört worden, ohne dass wir von ihr erfahren hätten. Einzig die Köpfe der Pfeiler waren bis vor kurzem zu sehen. Sie ragten aus einem Acker heraus und haben den Bauern beim Pflügen behindert. Ärgerlich hatte er die Steine schon freigelegt, um sie zu zerschlagen, als Klaus Schmidt vom Deutschen Archäologischen Institut dies in letzter Minute verhindern konnte. Eigentlich war der Archäologe durch zahlreiche Feuersteinwerkzeuge auf den 800 m hohen Berg im Norden der Harranebene aufmerksam geworden. Doch der hier anstehende Feuerstein und die reiche Produktion von Werkzeugen traten schnell hinter den mächtigen Kultgebäuden zurück, die nun ans Tageslicht kamen.

Ein Tempel ohnegleichen

Als Erstes wurde 1996 das »Schlangenpfeilergebäude« ausgegraben. Riesige, zum Teil über 3 m hohe Pfeiler lassen sich zu einem annähernd kreisförmigen Grundriss von fast 10 m Durchmesser rekonstruieren. Klaus Schmidt glaubt jedoch nicht, dass es sich um die Reste eines richtigen, ehemals überdachten Gebäudes handelt. Die unregelmäßige Positionierung der Pfeiler und deren unterschiedliche Höhe sprechen vielmehr für einen offenen Steinkreis – ein anatolisches Stonehenge, das aber mindestens sechs Jahrtausende früher gebaut worden ist! Eine religiöse Funktion der monumentalen Anlage kann kaum bezweifelt werden.

Die Kultstätte ist nach den Funden und ^{14}C-Daten noch an den Beginn des Frühneolithikums zu setzen, in die Jahrhunderte zwischen 9500 und 8800 v. Chr. Zu dieser Zeit steckte der Ackerbau noch in den Kinderschuhen. Statt von Viehzucht lebte der Mensch von der Jagd. So wurden auf dem Göbekli Tepe nur die Knochen von Wildtieren gefunden, jedoch keine Zuchtformen. Die Erbauer der monumentalen Kultanlage waren offensichtlich keine sesshaften Bauern, sondern Jäger und Sammler. Der Mensch schuf den Tempel, bevor er Dörfer oder Städte anlegte.

Tierreich: Auf dem Göbekli Tepe schmückten Tierreliefs wie diese Gruppe aus Kranich, Fuchs und Stier die Pfeiler im ältesten Tempel der Welt.

Füchse und Löwen als Wächter

Zu der überraschenden Feststellung, dass Jäger und Sammler diese Bauten einst errichteten, gesellt sich für die Archäologen ein weiteres Problem: Zu dem Schlangenpfeilergebäude gibt es bislang keine vergleichbaren Funde aus dem Frühneolithikum Anatoliens. Gerade die Höhe der Pfeiler übertrifft alles bisher Dagewesene. Noch dazu blieb es bei den Ausgrabungen auf dem Göbekli Tepe nicht bei diesem einen Tempel: Zwei weitere Pfeilerkreise kamen zutage. Das Repertoire der Wächterfiguren erweiterten schnatternde Enten, Füchse und ein Eber mit imposanten Hauern. Für die Tempelbauten ist ein zentrales Pfeilerpaar charakteristisch, das von den übrigen, mit Mauern verbundenen Pfeilern umgeben wird. An einem Tempel wird besonders deutlich, dass die Anlagen längere Zeit in Gebrauch waren: Hier hatte man aufwendige Umbauten vorgenommen, die einem völlig anderen Bauplan folgten. In einen äußeren Mauerring hatten die Jäger und Sammler einen zweiten konzentrischen Ring gesetzt, der aber nun die Tempelfläche um einiges reduzierte. Auch die Wirkung der in den Himmel ragenden Pfeiler wurde geschmälert. Eine Art Terrazzoboden aus Kalksplitt und Mörtel wurde auf einer höheren Ebene so eingezogen, dass dadurch ein Fuchsrelief angeschnitten wurde.

Im Rahmen der Ausgrabungen auf dem Göbekli Tepe konnten sogar die zu den Tempeln gehörigen Steinbrüche und Werkstätten lokalisiert werden. Die Tempelarchitekten gewannen die riesigen Pfeiler aus rund um den Berg gelegenen Felsflächen. An einer Stelle lag in einem Steinbruch noch das 7 m lange Rohstück eines T-Kopf-Pfeilers. Auf dem Bergplateau stießen die Wissenschaftler auf das Fragment eines Pfeilers mit einem Löwenrelief, daneben eine große Menge Kalksteinabfall und Feuersteinwerkzeuge. Nach Schmidts Meinung könnte es sich hierbei um eine »Bildhauerwerkstatt« handeln.

Erstaunlicherweise konnten die Ausgräber in keiner der Anlagen eine natürliche Sedimentation feststellen. Stattdessen waren die Kultstätten

Ohnegleichen: Riesige Pfeiler bildeten eine kreisförmige Kultanlage. Das »Schlangenpfeilergebäude« findet keine Parallele im Frühneolithikum Anatoliens.

noch während des Frühneolithikums absichtlich zugeschüttet worden. Dennoch erinnerte man sich weiterhin der ursprünglichen Bedeutung der Anlagen. So hat man bei späteren Baumaßnahmen auf dem Göbekli Tepe die Zonen der ehemaligen Kultanlagen ausgespart.

Zu dieser späteren Bebauungsphase im mittleren Frühneolithikum (8200–7600 v. Chr.) gehört das »Löwenpfeilergebäude«, das auf der höchsten Stelle des Berges entdeckt wurde. Diesmal haben wir ein rechteckiges Gebäude vor uns, bei dem herabgestürzte Steinplatten vermuten lassen,

Tempelwächter: Zähnefletschende Raubtiere gaben dem »Löwenpfeilergebäude« seinen Namen. Die Respekt einflößenden Gestalten scheinen es zu beschützen.

dass die Pfeiler zumindest teilweise ein steinernes Dach stützten. Die Mauern sind an manchen Stellen noch bis zu 2 m Höhe erhalten. Auf den Köpfen der wiederum T-förmigen Pfeiler fletschen zwei sprungbereite Löwen ihre Zähne. Eine Treppe führt von einer etwas erhöhten Bank zum Terrazzofußboden des fenster- und türenlosen Kultraums hinunter.

Auf der Suche nach Parallelen zu den Reliefdarstellungen auf den Pfeilern zitiert Klaus Schmidt die jungpaläolithischen Felsreliefs aus Südwest-Frankreich. In Roc-de-Sers in der Charente beispielsweise haben Künstler des Solutréen Reliefs in Kalksteinblöcke geritzt, die wie zu einem halbrunden Kultraum entlang der Felswand aufgestellt waren. Dargestellt sind vor allem Jagdtiere wie Pferd, Auerochse, Bison oder Steinbock. Menschendarstellungen sind hier wie in Göbekli Tepe selten. Was zugegebenermaßen ein Vergleich auf räumliche und zeitliche Distanz ist, verdeutlicht doch, dass in beiden Fällen eine jägerische Gesellschaft mit großem Aufwand monumentale Anlagen schuf, deren Dekor maßgeblich von Tierdarstellungen bestimmt wurde.

Eine Geisterstadt

Zur Steinarchitektur der Tempel existieren auf dem Göbekli Tepe keine profanen Gegenstücke. Wohngebäude fehlen, es gibt auf dem gesamten Hügel keine Feuer- oder Herdstellen. Klaus Schmidt ist im Zweifel, ob man

Fortschrittlich: Die Erbauer dieses Kultgebäudes in Nevalı Çori betrieben im Gegensatz zu den Jägern und Sammlern auf dem Göbekli Tepe schon Ackerbau.

hier überhaupt gewohnt hat. Ein typisches jungsteinzeitliches Dorf sieht anders aus. Ein solches Bauerndorf des Frühneolithikums fanden Archäologen in Gürcütepe, das in der Harranebene selbst liegt. Hier gibt es Wohngebäude mit Stampflehmmauern, aber auch besondere Gebäude, denen eine rituelle Funktion zugeschrieben wird. Sie sind jedoch lange nicht so reich mit Bildern geschmückt wie das sogenannte Schlangenhaus oder das Löwenpfeilergebäude. Die Ansiedlung wurde etwas später als die Kultanlagen auf dem Göbekli Tepe gegründet. Die Bewohner dort lebten schon vom Ackerbau und hielten Schafe und Ziegen. Daher achteten sie bei der Wahl des Standortes darauf, dass in unmittelbarer Nähe ausreichend fruchtbare Böden zur Verfügung standen und eine gute Wasserversorgung garantiert war.

Den 800 m hohen Göbekli Tepe hatten sich die Menschen dagegen aus anderen Gründen ausgesucht, denn hier gab es weder fruchtbare Böden noch Wasser. Hier zählte vielmehr die große Vielfalt an Jagdwild, die sich den Menschen aufgrund der Lage des Berges an der Grenze des waldreichen Taurus und der Steppe der Harranebene bot. Unter der Jagdbeute befanden sich zum Beispiel Gazellen, Auerochsen, Wildschafe, Halbesel und Wildschweine. Daneben gewährleistete die Lage eine gesicherte Versorgung mit dem damals wichtigsten Rohmaterial zur Herstellung von Werkzeugen, dem Feuerstein. Die Erbauer der Tempel auf dem Göbekli Tepe hatten zu ihrer Zeit durch die Feuersteingewinnung, die Produktion von Werkzeugen im großen Stil und die Kontrolle der Wildtierherden sicherlich eine gewisse »Vormachtstellung« in ihrem Umfeld inne. Dass der Berg die Rolle eines Zentralortes für eine größere Menschengruppe spielte, wird nicht zuletzt durch die monumentalen Kultanlagen selbst offensichtlich. Der Bau dieser megalithischen Tempel stellt eine beispiellose Ingenieursleistung dar, die nur durch die Zusammenarbeit vieler Menschen vollbracht werden konnte. Möglicherweise gab es neben dem Bergheiligtum Siedlungen im Tal, die von diesem Zentralort abhängig waren. Vielleicht waren diese sogar in der neolithischen Wirtschaftsweise fortschrittlicher als die Jäger und Sammler auf dem Göbekli Tepe selbst.

Eine zeitliche und kulturelle Stellung zwischen Göbekli Tepe und Gürcütepe nimmt der Fundort Nevalı Çori ein. Die frühneolithische Siedlung aus der Mitte des 9. Jtsds. v. Chr. lag in einem Seitental des mittleren Euphrat, das 1992 vom Atatürk-Stausee überflutet wurde. Von 1983 bis 1991 konnte sie jedoch fast vollständig ausgegraben werden. Hier gibt es einen Kultbau, der in seiner rechteckigen Form und der Ausstattung mit monolithischen Pfeilern, Terrazzoboden und Reliefs Vergleiche zu dem so genannten Löwenpfeilergebäude des Göbekli Tepe zulässt. Die früheren polygonalen Anlagen der Bergsiedlung finden aber auch in Nevalı Çori keine Gegenstücke.

Vergleichbar ist jedoch die Wahl des Siedlungsplatzes nach jagdstrategischen Gesichtspunkten. Hier steht ebenfalls Feuerstein für eine Werkzeugproduktion an. Im Unterschied zum Göbekli Tepe ist Nevalı Çori aber von fruchtbarem Ackerland umgeben. Die Bewohner nutzten dieses schon intensiv für Ackerbau und als Weide für Schafe und Ziegen. Sie besaßen eine breitere wirtschaftliche Basis als die Jäger und Sammler vom Göbekli Tepe.

Während Nevalı Çori eine planvoll gestaltete Dorfanlage mit parallel angeordneten Wohn- und Vorratshäusern war, fehlen am Göbekli Tepe Hin-

MEERSCHWEINCHEN STATT SCHAFE

Unsere Neolithische Revolution, zu deren Beginn Schaf und Ziege sowie Gerste und Weizen domestiziert wurden, war nicht die einzige. Neben dem Gebiet des Fruchtbaren Halbmonds, in dem diese Züchtungen ihren Ausgang nahmen, gibt es noch mindestens vier andere neolithische Zentren auf der Welt, die zwischen 11 000 und 3000 v. Chr. ähnliches leisteten.

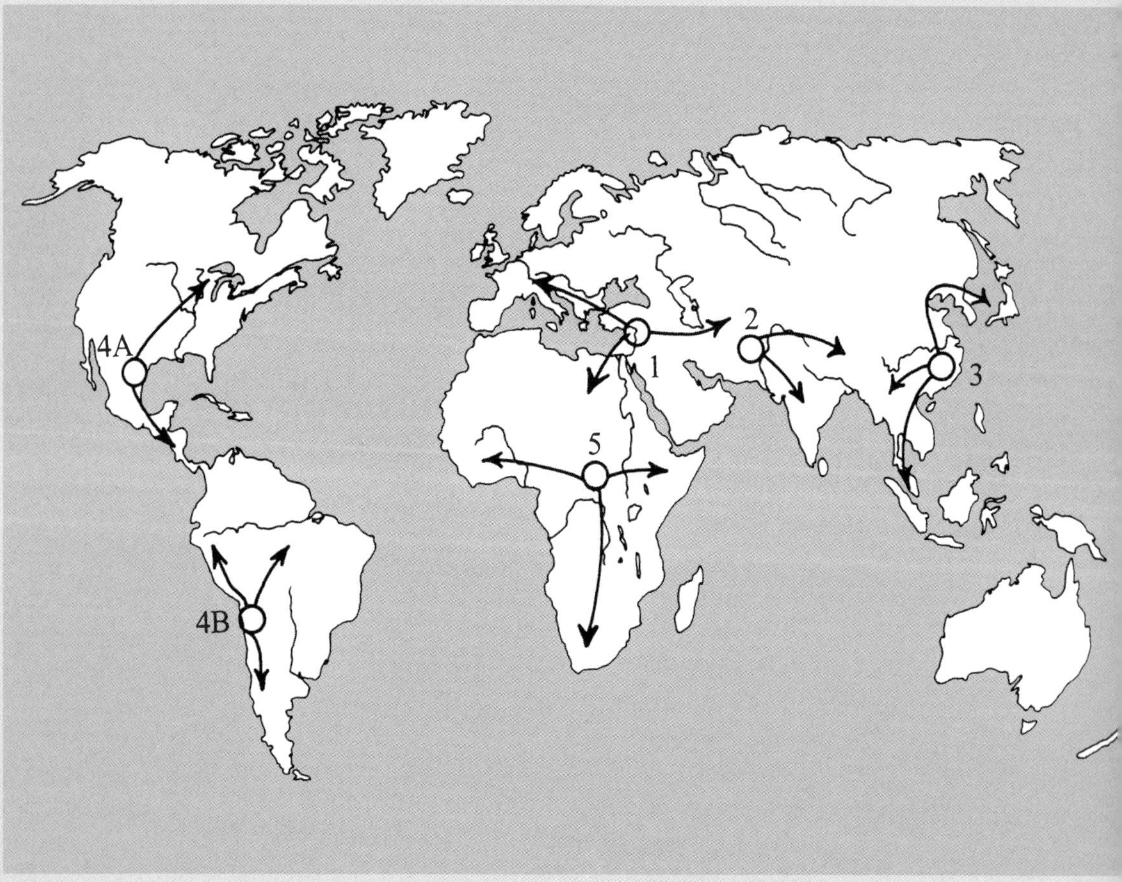

1 Weizen/Gerste/Schaf/Ziege im Vorderen Orient, 2 Gerste/Baumwolle/Rinder im Westindischen Hochland, 3 Hirse/Reis und Schweine in China, 4 A Mais/Kürbisse/Truthühner im Hochland von Mexiko, 4 B Bohnen/Kartoffeln/Meerschweinchen im Andengebiet, 5 Hirse/Yams/Rinder im östlichen Mittelafrika

In allen diesen Zonen herrschten für die Erfindung der Landwirtschaft besonders günstige Umweltbedingungen. Die Landstriche bekamen ausreichend Niederschläge und waren nicht zu dicht bewaldet. Jedoch hatte jede Gegend für die ersten Züchtungsversuche unterschiedliche Wildformen von Pflanzen und Tieren zur Verfügung.

In Ostasien pflanzten die Menschen deshalb zuerst Hirse und Reis an und hielten Schweine. Auch Hunde dienten als Nahrung. Weizen und Gerste kommen hier erst durch Kontakte zum Westen auf den Tisch. Am Indus entwickelte sich eine Landwirtschaft mit Gerste, Baumwolle und domestizierten Zeburindern. Im östlichen Mittelafrika waren stattdessen Hirse, Yams und Rinder die Erzeugnisse der ersten Bauern.

Im Hochland von Mexiko bauten die jungsteinzeitlichen Menschen Mais, Kürbis und Chilipfeffer an und domestizierten Truthühner. Auch Baumwolle ist hier bereits zwischen 7000 und 5000 v. Chr. als Kulturpflanze nachweisbar. In den Anden züchtete man dagegen Bohnen, Kartoffeln und Meerschweinchen. Lamas und Alpakas wurden hier schon früh als Fleisch- und Wolllieferanten sowie als Tragetiere gehalten.

Das züchtende Eingreifen des Menschen hat Spuren hinterlassen und die Natur nachhaltig verändert. Der seit 7000 Jahren angebaute Mais beispielsweise hat seine Wildform heute beinahe vollständig verdrängt, und in den Anden haben sich die domestizierten Meerschweinchen so schnell vermehrt und verbreitet, dass dort fast nur noch verwilderte Hausmeerschweinchen anstelle der verschiedenen Wildformen anzutreffen sind.

Erstaunlich ist die Präsenz der Steinzeit: Alle Pflanzen und Tiere der ersten Domestikationsversuche stehen auch heute noch auf dem Speiseplan der Menschheit. In manchen Fällen scheinen sich sogar Ernährungstraditionen über die Jahrtausende am Ort erhalten zu haben. ■

Kein Monopol: Es gab mindestens fünf Zentren, in denen zwischen 11 000 und 3000 v. Chr. die Landwirtschaft erfunden wurde. Jede Region züchtete ihre eigenen Pflanzen und Tiere.

weise auf Wohngebäude. Darüber hinaus vermissen die Archäologen zwei weitere Elemente auf dem Berg, die sonst in frühneolithischen Siedlungen häufig vorkommen: Die Reliefs zeigen keine Darstellungen von Frauen, und auch die geläufigen Tonfigürchen, die ebenfalls oft Frauen abbilden, finden sich hier nicht. Der Ausgräber Klaus Schmidt interpretiert solche Beobachtungen als generelles Fehlen dieses gesellschaftlichen Aspektes auf dem Berg. War der Göbekli Tepe also möglicherweise gar kein Platz des alltäglichen Lebens, sondern ein Ort der Toten?

Menschen in den Fängen von Raubtieren

In Nevalı Çori wie auf dem Göbekli Tepe finden sich ergänzend zu den Reliefdarstellungen Skulpturen. Sie wurden aus einem weichen Kalkstein geformt, der mit den zur Verfügung stehenden Werkzeugen aus Feuerstein gut zu bearbeiten war. Eine Zusammensetzung von vier Fragmenten, die an verschiedenen Stellen in den Kultbau in Nevalı Çori verbaut worden waren, offenbarte eine für das Neolithikum einzigartige Anordnung der Figuren: Wie auf einem steinernen Totempfahl waren sie säulenartig übereinander angeordnet. Im Gegensatz zu den in die Mauern eingelassenen T-Kopf-Pfeilern standen diese rundherum verzierten Säulen wohl frei im Raum.

Eine Vogelskulptur sitzt über zwei weiblichen, wahrscheinlich gebärenden Figuren, die Rücken an Rücken zueinander stehen. Die langen Haare der Frauen werden durch Haarnetze oder komplizierte Frisuren zusammengehalten. Ein anderes Säulenfragment zeigt einen großen weiblichen Kopf, wiederum mit Haarnetz, der von einem Vogel mit den Füßen ergriffen wird. Zu einer der Vogelskulpturen aus Nevalı Çori findet sich eine Parallele auf dem Göbekli Tepe: Diese etwas kleinere Figur ist so

Wie steinerne Totempfähle: In Nevalı Çori fanden sich säulenartig übereinander angeordnete Skulpturen. Auf dieser greift ein Vogel nach den Haaren von zwei Frauen.

gut erhalten, dass man den Vogel deutlich als Geier identifizieren kann. Das Thema Mensch bzw. menschlicher Kopf und Tier begegnet uns auf den Bildsäulen häufig. Auf einer Säule vom Göbekli Tepe hält ein Bär oder ein Löwe einen menschlichen Kopf zwischen seinen Pranken.

Leider wurde keine der Figuren in originaler Fundlage angetroffen. Zur ursprünglichen Verwendung der Skulpturen lässt sich daher wenig sagen. Möglicherweise aber stehen die häufigen Kopfdarstellungen auf den Bildsäulen mit dem Schädelkult in Verbindung, der in den frühneolithischen Siedlungen Südwestasiens nicht selten belegt ist. Schädel wurden vom restlichen Skelett abgetrennt und gesondert aufbewahrt. Es gibt regelrechte Schädelgebäude, in denen die Knochen deponiert wurden. In Jericho in Palästina hat man unter den Funden aus dem Beginn des Frühneolithikums Menschenschädel entdeckt, die mit Gips überzogen waren. Die Hinterbliebenen hatten so das Gesicht des Verstorbenen nachmodelliert, die Augen mit Muscheln dargestellt. Die Ahnen sollten den Lebenden gegenwärtig bleiben.

An den Tempeln auf dem Göbekli Tepe wurde ab dem 8. Jtsd. v. Chr. nicht mehr gebaut. Offensichtlich endete auch die Nutzung der Kultstätten. Der Grund ist schnell gefunden. Die Anlagen auf dem Göbekli Tepe waren von einer jägerischen Kultur geschaffen worden. Für sie war der Berg mit seinem Wildreichtum und dem anstehenden Feuerstein ideal. Jetzt jedoch hatte die Gesellschaft eine bäuerlich geprägte Lebensweise angenommen. Die Siedlungen der nun sesshaften Bevölkerung liegen nicht auf dem Berg, sondern wie Gürcütepe im Tal, wo es fruchtbare Böden und Wasservorkommen gibt. In einer Gesellschaft von Ackerbauern und Viehzüchtern hatte der Jäger seinen Platz verloren. Mit ihm verblassten seine religiösen Praktiken. Die Tempel auf dem Göbekli Tepe hatten keine Besucher mehr.

Unter Geiern – die jungsteinzeitliche Stadt Çatal Hüyük

Die Geier kreisen am Himmel. Außerhalb der Stadt ist ein Leichnam aufgebahrt. Ein Vogel stößt herab und reißt ein Stück Fleisch aus dem leblosen Körper. Dann folgen ein zweiter Geier und bald darauf der Rest der Meute, bis nur noch die blanken Knochen übrig sind. Erst wenn die Aasfresser ihre Arbeit getan haben, wird die Familie des Toten wiederkommen und die Knochen einsammeln. Ihre letzte Ruhestätte finden die Reste des Verstorbenen zu Hause unter dem Bett der Angehörigen.

Mit den Ahnen unter einem Dach

Die Ausgrabungen in der jungsteinzeitlichen Stadt Çatal Hüyük im südanatolischen Hochland offenbarten grausige Details eines 9000 Jahre alten Totenrituals. Als James Mellaart zwischen 1961 und 1965 die ersten Untersuchungen in Çatal Hüyük vornahm, fand er in fast allen Wohnhäusern menschliche Skelette. Die Bestattungen lagen unter Lehmpodesten geschützt, die eigentlich wohl zum Schlafen oder Sitzen dienten. In manchen Häusern waren knapp 30 Tote auf diese Weise begraben worden.

Die verstorbenen Familienangehörigen wurden zu Hause gut versorgt. Sie bekamen Holzschüsseln mit Lebensmitteln ins Grab, damit sie im Jenseits nicht darben mussten. Bei den Ausgrabungen fanden sich unter den Lehmpodesten die Reste von Beeren, Linsen und Getreide, aber auch von Fleisch und Eiern. Einige wenige Tote waren besonders reich ausgestattet worden: Sie waren geschmückt mit prächtigem Zierrat aus Perlen und durchbohrten Tierzähnen. Vor allem in den Gräbern von Frauen und Mädchen ließen sich zudem noch Spuren von geriebenem Ocker nachweisen. Einigen Männern hatte man ihre Waffen – Pfeilspitzen, Keulen, Dolche oder Obsidianklingen – mit ins Jenseits gegeben, Frauen dagegen Schminkutensilien und Obsidianspiegel.

Nur selten handelt es sich bei den Bestatteten um Menschen, die die Angehörigen sofort nach ihrem Tod unter den Podesten zur letzten Ruhe gebettet haben. Häufiger sind Sekundärbestattungen, bei denen die Knochen nicht mehr im anatomischen Verband ruhten, sondern die Einzelteile des Skeletts sorgfältig zusammengelegt vorgefunden wurden. Hier gehen Archäologen von einem Szenario aus, in dem die Hinterbliebenen den Leichnam zunächst einige Zeit den Aasfressern überließen und die Knochen erst anschließend einsammelten und begruben. Die Skelette scheinen in unterschiedlich stark entfleischtem Zustand vergraben worden zu sein: Einige sind vollständig erhalten, bei anderen fehlen schon Zehen oder Finger. Mussten vielleicht einige Tote länger aufgebahrt bleiben, da die feierliche Sekundärbestattung nur zu festgelegten Terminen im Jahr stattfand?

Geierkult: Ein riesengroßer Geier umkreist auf einem Wandgemälde in Çatal Hüyük zwei winzige kopflose Menschengestalten. Es ist Zeugnis eines besonderen Totenrituals.

Schädelkult

Oft fehlt bei den Sekundärbestattungen der Schädel. Der Kopf spielte offensichtlich in diesem Begräbnisritual eine besondere Rolle und bekam eine Sonderbehandlung. Mellaart fand in zwei Häusern auf Sockel gestellte menschliche Schädel. Auch Ian Hodder, der seit 1993 erneut Grabungen auf dem Siedlungshügel vornimmt, stellte immer wieder einzeln begrabene Schädel in den Häusern fest. Ein weiterer Beweis eines ganz speziellen

Schädelkultes gelang ihm 2004: Eine Frau war unter einem der Podeste begraben worden und hielt einen weiteren menschlichen Schädel in ihren Armen. Das Gesicht dieses Kopfes hatte man von den Brauen bis zum Kinn mit Gips nachmodelliert und mit roter Farbe bemalt. Ein verehrter Urahn?

Möglicherweise wurde der Schädel der Toten schon vom Rest des Körpers abgetrennt, noch bevor man den Leichnam den Aasfressern überließ. An manchen kopflosen Skeletten zeugen Schnittspuren an der Wirbelsäule von einer solchen Praxis. Ähnliches erzählen Gemälde, die sich an den Wänden der Häuser von Çatal Hüyük befanden. Im sogenannten Geierheiligtum umkreisten in roter Farbe auf der weiß verputzten Wand lebensgroße Geier von 1,50 m Flügelspannweite winzig kleine kopflose Menschen. Nach Mellaarts Interpretation stellt ein weiteres Gemälde das zugehörige Leichenhaus dar, in dem die Toten für die Aasfresser aufgebahrt lagen. Es zeigt ein Bauwerk aus Schilfmatten, unter dem Schädel und Knochen liegen. Den Aasfressern vertrauten die Menschen der frühen Jungsteinzeit nicht nur ihre Toten an, sie holten sie sich auch in ihre Häuser: Die Schädel von Wieseln, Geiern und Füchsen waren bisweilen in die Hauswände eingebaut.

Die älteste Stadt der Welt

Die Bauern hatten sich wegen der Fruchtbarkeit des Bodens in der Konya-Ebene niedergelassen. Erste Siedlungsspuren stammen schon aus dem 10. Jtsd. v. Chr. Gegen Ende des 8. Jtsds. aber begann die Blütezeit Çatal Hüyüks. Jetzt zählte die Stadt bis zu 10 000 Einwohner. Als James Mellaart auf dem 13 ha großen Hügel die ersten Ausgrabungen unternahm, war er nicht nur von den Wandgemälden beeindruckt, sondern auch von der Dichte und Anordnung der Häuser. Fast 150 Häuser hat er auf seiner Grabungsfläche entdeckt, und das, obwohl sie gerade einmal etwa ein Dreißigstel des Hügels ausmachte. Kein Wunder, dass Çatal Hüyük bald als eine der ältesten Städte der Welt galt. Wand an Wand standen Gebäude mit einer durchschnittlichen Grundfläche von knapp 30 m² dicht gedrängt nebeneinander. Keine Gassen sind auf dem Stadtplan zu sehen, nur manchmal unterbrechen offene Höfe die Häuserzeilen. Die dichte Bebauung ohne Wegenetz bot Schutz vor ungebetenen Eindringlingen, seien es wilde Tiere oder Feinde. Vielleicht führten die Wege durch die Stadt stattdessen über die terrassenartig angeordneten Dächer. Jedenfalls wurden sie als Wohnraum mit einbezogen: Auf einigen Dächern fanden sich Spuren von Feuerstellen.

Alle Gebäude bestanden aus luftgetrockneten Lehmziegeln. Im Inneren trugen vor die Lehmwände gesetzte Holzpfosten die Dachkonstruktion.

Wände und Pfosten hatten die Bewohner sorgfältig verputzt, Weiß und Rot dominierten. Überraschenderweise konnte Mellaart keine Türen in den Außenwänden feststellen – ein Befund, der die Vermutung nahe legt, dass der Zugang zu den Häusern über eine Holztreppe und eine Luke im 3 m hohen Flachdach erfolgte. Entlang der Innenwände befanden sich die Lehmplattformen, die mit Binsenmatten bedeckt zum Sitzen oder Schlafen dienten. Gleichzeitig ruhten mit den Lebenden hier auch die Ahnen. Unterhalb des Dacheinstiegs lag im Innenraum des Hauses ein Backofen; meist gab es dazu noch kleinere Nebenräume mit großen Vorratsgefäßen aus Keramik. Aus der Anzahl der bestatteten Skelette in den Häusern können Archäologen Rückschlüsse auf die Größe des Haushalts ziehen: Demnach wurde ein Gebäude im Durchschnitt von einer nur kleinen, vierköpfigen Familie bewohnt.

Reihenhäuser mit opulenter Innenausstattung

Ein Haus gleicht dem anderen. Es gibt keine Großbauten, die man als öffentliche Gebäude ansprechen könnte. Nur in der Ausstattung stechen

Dicht gedrängt: Die Häuser von Çatal Hüyük standen Wand an Wand. Es gab keine Straßen zwischen ihnen. Vielleicht verliefen die Wege über die Dächer der Häuser.

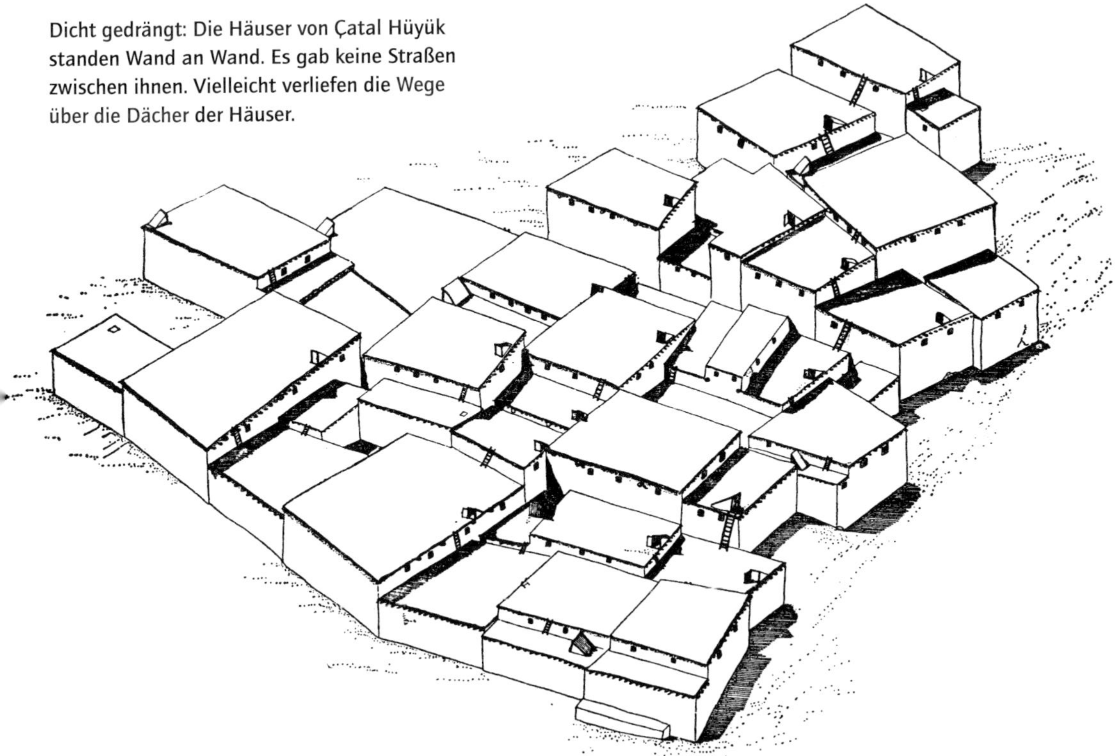

einige Bauten durch ihre besondere Pracht hervor. Zigfach erneuerte Malereien schmücken in diesen Häusern die Wände. Schätzt man die Lebensdauer eines solchen Lehmhauses auf etwa 100 Jahre, so könnten diese unzähligen Putzschichten von jährlichen Renovierungsaktionen stammen. Neben den besprochenen Szenen aus dem Totenritual waren lebhafte Jagddarstellungen beliebte Motive. Im Vorraum des sogenannten Jagdheiligtums ist eine Gruppe von Männern dargestellt, die eine Herde Hirsche angreift. Zwei Jäger haben schon eines der Tiere erlegt. Im Hauptraum zeigt der Wandputz einen riesigen Stier, umzingelt von winzigen Männern, die mit Bögen bewaffnet und mit einem wallenden Leopardenfellschurz bekleidet sind. Am Rande einer Hirschjagd vollführen dort Akrobaten und Trommler einen rituellen Tanz.

Besonders realistisch wirkt ein Wandgemälde, das augenscheinlich den Grundriss der neolithischen Stadt wiedergibt: Haus reiht sich an Haus. Zwei feuerspeiende Berggipfel, die dem von Çatal Hüyük aus sichtbaren Vulkan Hasan Dag ähneln, unterstützen den Realismus des jungsteinzeitlichen Gemäldes. Dieser Vulkan ist erst im 2. vorchristlichen Jahrtausend erloschen. Für die Bewohner Çatal Hüyüks spielte der Berg wegen der dortigen Obsidianvorkommen eine große Rolle. Das vulkanische Gesteinsglas kann noch besser als Feuerstein zu scharfen Klingen geschlagen werden. Diese Eigenschaft haben die jungsteinzeitlichen Menschen geschätzt und genutzt. Es gibt sogar einige Horte von Obsidianklingen in den Häusern, die als Schätze unter dem Fußboden vergraben wurden.

Ältester Stadtplan: Ein Wandgemälde zeigt den Grundriss von Çatal Hüyük mit dem Vulkan Hasan Dag im Hintergrund. Hier konnte man den begehrten Obsidian finden.

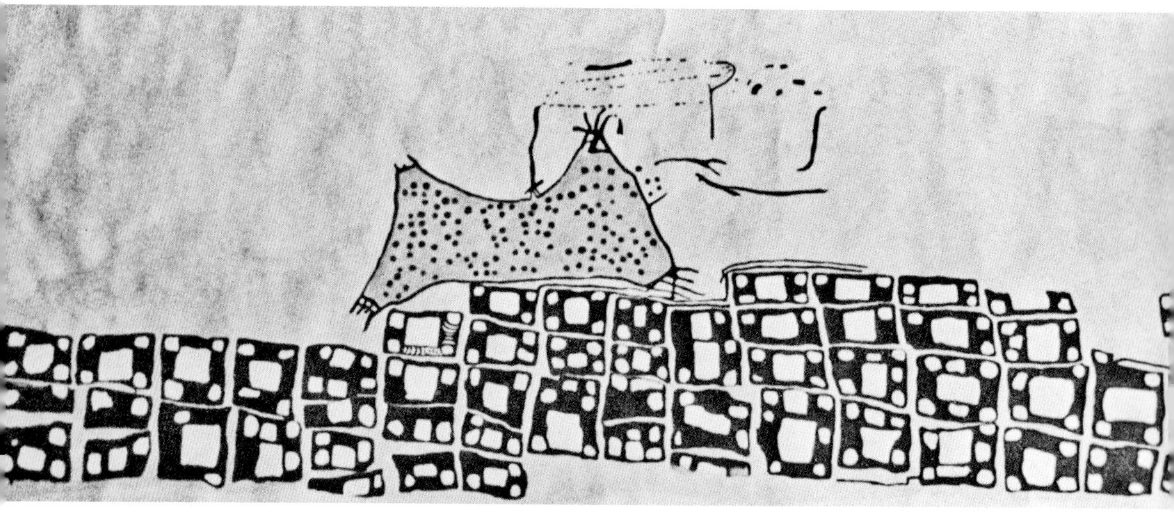

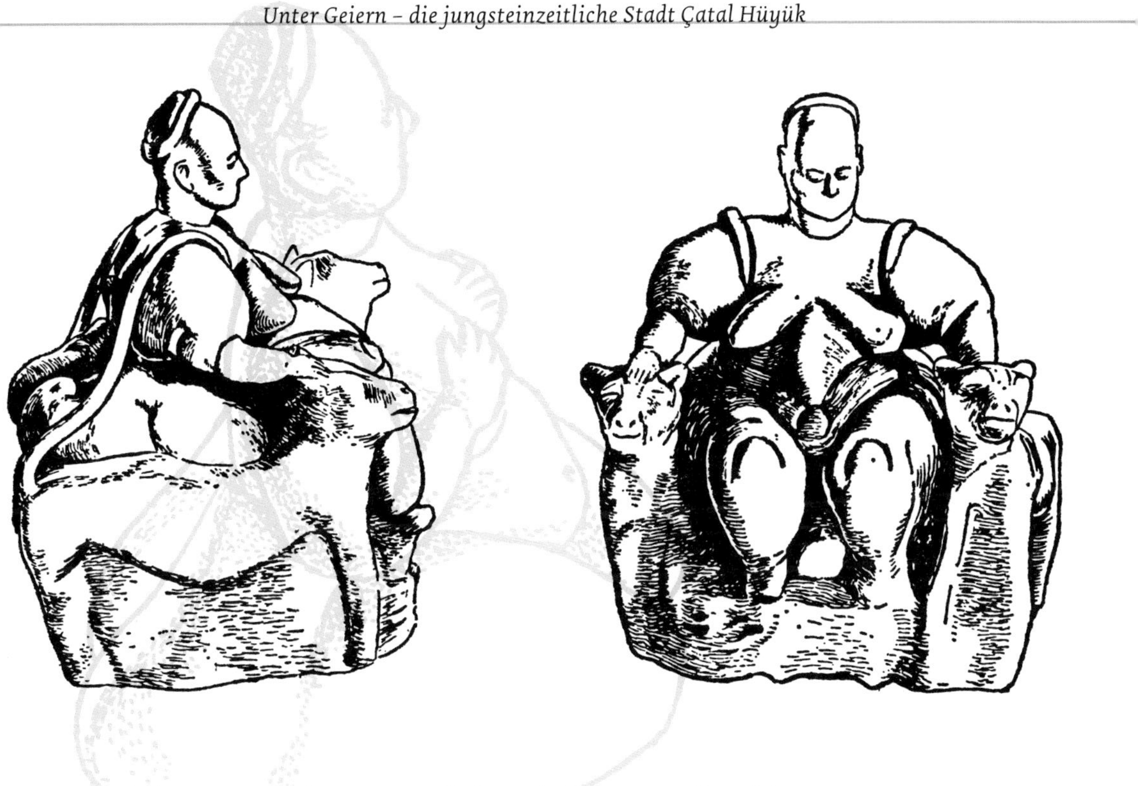

»Göttin auf dem Leopardenthron«: Nicht nur in der späten Altsteinzeit, auch nach Ausbreitung der Landwirtschaft galten üppige Formen als Ideal.

Neben den Malereien schmücken Reliefs und Skulpturen die reicher ausgestatteten Häuser. Unter anderem begegnen uns Gipsreliefs von menschlichen Figuren mit abgespreizten Armen und Beinen. Mellaart deutete sie als gebärende Göttinnen. Es gibt jedoch keinerlei Geschlechtsmerkmale, die diese Interpretation rechtfertigen. Unter den Kleinplastiken aus Ton, die in Çatal Hüyük wie in anderen frühneolithischen Siedlungen von Palästina bis Anatolien üblich sind, dominieren dagegen Frauendarstellungen. Eine 20 cm große Figur zeigt eine üppig gebaute Frau, die auf einem Sessel mit zwei Leoparden als Armlehnen thront.

Häufig sind Tierkopfreliefs. Bisweilen wurden sie über einen echten Schädel modelliert und mit einem Gehörn versehen, was die Figuren besonders naturgetreu aussehen lässt. Analog zu den Wandgemälden ist der Stier das vorherrschende Motiv, das in zahlreichen Gestaltungsformen gezeigt wird: als Flachrelief, modellierter Stierkopf oder auch stilisiert als einfacher Hocker mit aufgesetzten Hörnern. In einem der Häuser hatten die Bewohner echte Auerochsenschädel aufgetürmt. In anderen fanden sich in den Wänden eingemauerte Tierfigürchen. Der Schmuck der Häuser wechselte mit den Renovierungsarbeiten. Stierköpfe wurden entfernt, stattdessen wurde eine ganze Reihe von Unterkiefern wilder Eber in die

Wand eingelassen. Diese wurden dann in einer nächsten Bauphase des Hauses wiederum mit Ton übermodelliert.

Eine Stadt der Priester?

Die reich mit Malereien und Reliefs ausgestatteten Häuser bezeichnete Mellaart als Heiligtümer. Die Szenen aus dem Totenritual, aus Jagd und Tanz schienen zusammen mit Reliefs und Skulpturen dafür zu sprechen. Überraschend war nur die hohe Dichte solcher Heiligtümer: Fast jedes dritte Haus wäre demnach ein Tempel gewesen. Mellaart entwarf daher die Theorie, dass sein Grabungsbereich, der ja nur einen Bruchteil des Hügels einnahm, eben gerade das Priesterviertel gewesen sei.

Aber schon Mellaart selbst fiel es bisweilen schwer, zwischen einfachem Wohnhaus und Heiligtum zu unterscheiden, denn abgesehen von den Malereien und Reliefs besaßen alle Häuser eine Standardeinrichtung mit Ofen, Schlafstätten und Vorratsräumen. Sie waren mit gewöhnlichen Baumaterialien errichtet worden und hatten nur eine ganz durchschnittliche Größe. Von Kulturschicht zu Kulturschicht wechselte die Einordnung der Gebäude als heilig oder profan dazu noch auffällig oft. Ehemalige Tempel wurden später scheinbar häufig zu Wohnhäusern umfunktioniert und anders herum. Auch die Theorie eines besonderen Priesterviertels, das bei den ersten Grabungen angeschnitten worden wäre, ließ sich nicht aufrechterhalten: Ian Hodder traf bei den jüngsten Ausgrabungen auch an anderer Stelle auf dem Hügel wieder auf die schon bekannten Standardhäuser.

Genau darum ist nun die Bezeichnung Çatal Hüyüks als Stadt in die Kritik geraten. Mellaart hatte schon die Dichte der Häuser und die Größe der besiedelten Fläche gereicht, um in der frühneolithischen Ansiedlung eine der ersten Städte der Welt zu sehen. Kritiker bemängeln aber, dass über die reine Einwohnerzahl hinaus keine Merkmale einer städtischen Struktur zu verzeichnen sind: Es fehlen bislang gewerbliche Betriebe, Anzeichen für spezialisiertes Handwerk, ein Verwaltungssitz oder öffentliche Gebäude. Darüber hinaus wird es die Aufgabe weiterer Grabungen sein, festzustellen, ob sich die beobachteten zwölf Siedlungsschichten über die gesamten 13 ha erstrecken. Möglicherweise war nur ein kleinerer Teil der Fläche gleichzeitig besiedelt. Die geschätzte Zahl von 10 000 Einwohnern wäre dann eindeutig zu hoch angesetzt. Vielmehr würde Çatal Hüyük zu einer Siedlung schrumpfen, die zwar dicht besiedelt und mit kunstvollem Baudekor ausgestattet war, die aber dennoch wohl eher als Dorf denn als Stadt bezeichnet werden müsste.

DIE MAUERN VON JERICHO

»Und beim siebenten Mal, als die Priester die Posaunen bliesen, sprach Josua zum Volk: Macht ein Kriegsgeschrei! Denn der Herr hat euch die Stadt gegeben. (...) Da fiel die Mauer um, und das Volk stieg zur Stadt hinauf, ein jeder stracks vor sich hin. So eroberten sie die Stadt.« (Jos 6,16.20)

Neuerdings wird der biblische Bericht über die Landnahme der Israeliten angezweifelt: »Keine Posaunen vor Jericho« ist das Fazit der Wissenschaftler. Nach den jüngsten Ergebnissen hatte Jericho im 13. Jh. v. Chr. gar keine Befestigung. Die Archäologen stellten zu jener Zeit nicht einmal eine Besiedlung an diesem Ort fest. Ganz anders im frühen Neolithikum: Jericho macht mit seinen Befunden aus dem 9. vorchristlichen Jahrtausend Çatal Hüyük den Rang der ältesten Stadt der Welt streitig. Die Siedlung im Jordantal verdankt diesen Ruf jedoch nicht wie Çatal Hüyük ihrer großen Einwohnerzahl – wahrscheinlich lebten hier nicht einmal 600 Menschen. Vielmehr ist es die mächtige Befestigung, die eine Bezeichnung als Stadt rechtfertigt. In ihrer Art einzigartig für die damalige Zeit schützte eine 3 m breite Steinmauer mit vorgelagertem Graben und stützender Erdanschüttung die Bewohner der runden Lehmziegelhäuser. Eine solche Mauer kann nur als gemeinschaftliches Werk entstanden sein.

Was aber war so schützenswert, dass es dieser Mauern bedurfte? Der Grund für Jerichos blühende Gemeinschaft war die Lage der Stadt an einer wichtigen Fernhandelsroute, die nördlich des Toten Meeres von West nach Ost verlief. Obsidian aus der Südtürkei, Türkis von der Sinai-Halbinsel und Muscheln aus dem Roten Meer sind nur einige der Handelswaren, die in Jericho während des Frühneolitikums Reichtum in die Stadt brachten. ■

Einzigartig: Schon im 9. Jtsd. v. Chr. hatten die Bewohner von Jericho ihre Stadt mit einer 3 m breiten Steinmauer befestigt.

Entwicklungshelfer aus dem Osten – die ersten Bauern Mitteleuropas

Neuigkeiten: Vom Vorderen Orient breitete sich die bäuerliche Wirtschaftsweise über die Türkei und Griechenland nach Mitteleuropa und entlang der Mittelmeerküsten aus.

Es begann vor 11 000 Jahren im Vorderen Orient. In einer vom Klima begünstigten Region, die vom Persischen Golf über das Zweistromland entlang des Fußes der türkisch-iranischen Gebirgskette bis ans Tote Meer reichte, wurde zu dieser Zeit die Landwirtschaft erfunden. Im Fruchtbaren Halbmond, wie dieses Gebiet genannt wird, pflanzten die Menschen um 9000 v. Chr. die ersten Getreidesorten Einkorn und Emmer, aber auch Lein und Hülsenfrüchte an. Ein Jahrtausend später züchteten die ersten Bauern dort aus den Wildformen Schaf und Ziege Haustiere. Um 7000 v. Chr. fertigten dieselben Menschen das erste Tongeschirr. Eine wirtschaftliche Revolution begann, die sich im Eiltempo über die Lande verbreitete.

Warum aber gaben die altsteinzeitlichen Menschen ihr Dasein als Jäger und Sammler überhaupt auf? Sicher ist eine landwirtschaftliche Existenz nicht mit weniger Arbeit verbunden als ein wildbeuterisches Leben. Die

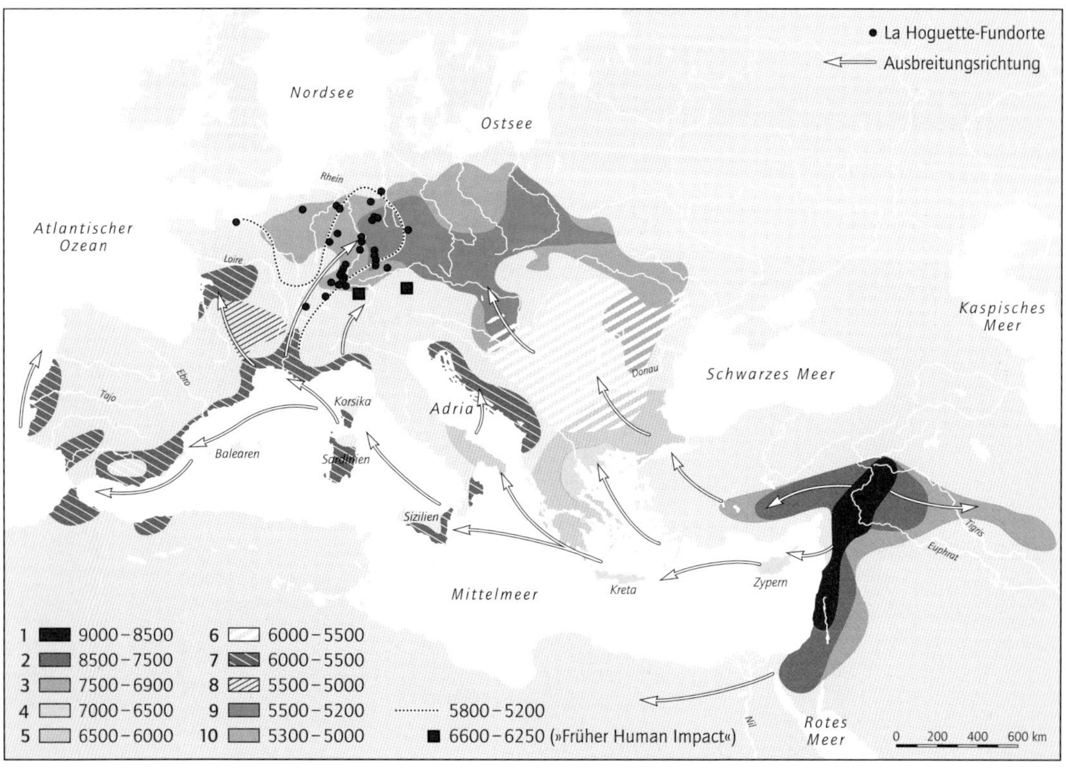

Gründe müssen anderswo gesucht werden. Wahrscheinlich spielte das Klima eine entscheidende Rolle. Am Ende der letzten Eiszeit mussten sich auch die Bewohner des Fruchtbaren Halbmonds auf ein Klima einstellen, das von schnell wechselnden Kalt- und Warmphasen geprägt war. Mit jedem Klimaumschwung änderte sich die Vegetation und damit eine wichtige Nahrungsgrundlage für Mensch und Tier. Während vorher Kältesteppen mit Kräuterpflanzen vorherrschten, breiteten sich in den wärmeren Zeiten Grassteppen aus.

Die Menschen lernten, die Gräser und ihre Früchte, das Getreide, zu nutzen. Wurde das Klima wieder kälter, verschwanden jedoch die nun dringend benötigten Graspflanzen. Der Mensch musste sich ein ums andere Mal umstellen. Er wird nach einem Konzept gesucht haben, wie sich das ständige Auf und Ab besser meistern ließe. Die Vermutung liegt nahe, dass er bei einem wiederholten Kälterückschlag auf die Idee kam, der Natur nachzuhelfen. Er begann das weniger werdende Wildgetreide anzubauen und zu pflegen, um sich diese Nahrungsquelle zu erhalten. Der Anfang des Ackerbaus war gemacht.

Tiere hielten sich die Menschen zuerst nur als Nahrungsreserve für schlechte Zeiten. Manche Arten wie Wolf und Schakal fügten sich problemlos in das »menschliche Rudel« ein, nahm man sie nur jung genug in dieses auf. Ziegen und Schafe zu halten ist schon mit mehr Arbeit verbunden, da sie zum Streunen neigen und gehütet werden müssen. Andere Tiere wie etwa Gazellen hielt der Mensch zwar als lebende Fleischreserve, sie wurden jedoch nie domestiziert, weil sie sich in Gefangenschaft nicht vermehren.

Ackerbau, Viehzucht und Keramikgeschirr, die im Zuge der Neolithischen Revolution im Vorderen Orient erfunden worden sind, breiteten sich wie ein Lauffeuer über die Türkei, Griechenland und Ungarn nach Mitteleuropa aus. Im Grenzgebiet zwischen Ungarn, Österreich und der Slowakei entwickelte sich um 5700 v. Chr. die erste bäuerliche Kultur Mitteleuropas. Sie wird nach der Verzierung ihres Geschirrs als linearbandkeramische Kultur bezeichnet.

Orientalische Rinder

Wie konnten sich die neuen Errungenschaften so schnell verbreiten? Wanderten Bauern aus dem Osten zuhauf in Mitteleuropa ein und verdrängten die einheimischen Jäger und Sammler? Oder lernten letztere nur die neuen Ideen kennen und änderten überzeugt von den Innovationen ihre Lebensweise? Über diese Fragen wird bis heute gestritten.

Das gleiche Problem stellt sich auch für die ersten Haustiere der mitteleuropäischen Bauern. Schaf, Ziege, Schwein und Rind tauchen als Haustiere gleich zu Anfang in allen Siedlungen der Bandkeramiker auf. Haben die Einwanderer diese Tiere mitgebracht, oder sind es Neuzüchtungen nach dem Vorbild des Vorderen Orients?

Für Schaf und Ziege ist dies leicht zu beantworten: Sie hatten in Mitteleuropa keine wilden Verwandten, aus denen man sie hätte züchten können. Diese Wildformen gab es nur im Vorderen Orient. Die domestizierten Tiere müssen von dort mitgebracht worden sein.

Für Schwein und Rind ist die Lage nicht so eindeutig. Sie könnten Neuzüchtungen aus heimischen Wildschweinen und Auerochsen sein. Mit genetischen Untersuchungen konnte das »Rinderdilemma« kürzlich an der Universität Mainz gelöst werden. Der mitteleuropäische Auerochse und das Hausrind unterscheiden sich in ihren Genen deutlich voneinander. Wie Schafe und Ziegen wurden demnach auch die Hausrinder zu Beginn der Jungsteinzeit nach Mitteleuropa gebracht. Ein weiteres Indiz für einen Import des Hausrindes sehen die Genetiker darin, dass die neolithischen Rinder Europas in ihrer DNS eine sehr homogene Gruppe bilden – und das ist

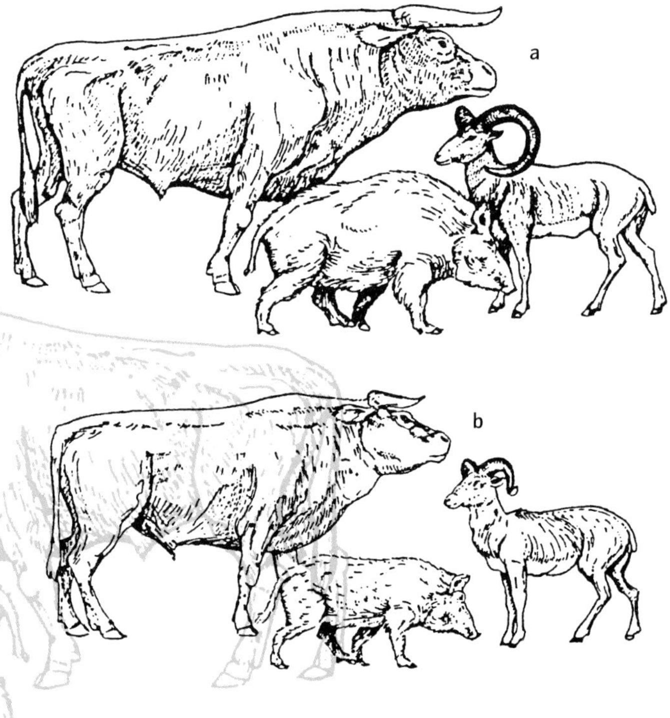

Klein gezüchtet: Die wilden Verwandten Ur, Wildschwein und Wildschaf (a) sind noch deutlich größer als die Zuchtformen von Rind, Schwein und Schaf (b).

nur dann der Fall, wenn die gesamte Population auf wenige Individuen gründet. Hier kommt nun der Mensch ins Spiel. Mindestens zweimal selektierte er den Genpool der Rinder: einmal, als er sich einige Wildtiere aussuchte, die er domestizierte, und ein anderes Mal, als er nur bestimmte Individuen auf die Reise gen Westen mitnahm.

Die Vorfahren der Mitteleuropäer

Indirekt ist durch die Einfuhr von Schafen, Ziegen und Rindern auch die Einwanderung von Menschen aus dem Vorderen Orient bewiesen, denn irgendjemand muss die Haustierherden ja in den Westen gebracht haben. Nur, wie viele fremde Bauern kamen ins Land? Gab es einen regelrechten Treck nach Westen, der die einheimische Bevölkerung ins Abseits drängte?

Ein internationales Team von Wissenschaftlern aus Deutschland, England und Estland konnte 2005 auf diesem Gebiet einen Teilerfolg verbuchen. Bisher kamen genetische Untersuchungen an der DNS moderner Menschen zu ganz widersprüchlichen Ergebnissen, was die Herkunft der Europäer anbelangt. Bei der Beantwortung der Frage, wie groß der Anteil der Gene der ersten Bauern an unserem heutigen Genpool ist, reichte die Spanne von 20 bis 100 Prozent. Wolfgang Haak von der Universität Mainz hat nun mit seinen Kollegen einen anderen Weg beschritten: Sie extrahierten DNS aus neolithischen Skeletten und verglichen diese mit dem heutigen Erbgut. Es gelang ihnen, aus 24 Skeletten der Zeit von 5500 bis 5000 v. Chr. mütterlicherseits vererbtes mitochondriales Erbgut zu isolieren. Überraschenderweise besaß ein Viertel der untersuchten Skelette einen DNS-Typ, der unter den heutigen Europäern kaum vertreten ist. Dass dieser Gentyp im Neolithikum kein lokales Phänomen war, beweist sein Vorkommen bei Skeletten nicht nur aus Deutschland, sondern auch aus Ungarn. Auch heute ist dieser Typ noch weit verbreitet. Er findet sich in Europa, Asien und Nordafrika – nur ist er jetzt 150 Mal seltener als damals. Das Fazit dieser Ergebnisse: Die heutigen Europäer können in der mütterlichen Linie nicht von den ersten Bauern abstammen.

Ein wahrscheinliches Szenario ist deshalb, dass sich die erste Bauernkultur nicht durch massive Einwanderung in Europa verbreitete, sondern dass nur wenige Menschen mit neuen Ideen ins Land kamen. In dieser Theorie würde der heute seltene DNS-Typ von den eingewanderten Bauern stammen, während er unter den einheimischen Wildbeutern rar oder nicht vorhanden war. Da die Jäger und Sammler in der Überzahl waren, ist der spezielle DNS-Typ der ersten Bauern heute kaum noch im Genpool nachweisbar. Nach dieser Annahme stammen die heutigen Europäer also vor allem von der einheimischen mesolithischen Bevölkerung ab. Weitere Ergebnisse der Genforschung, die 2009 veröffentlicht wurden, stützen die Theorie einer Einwanderung von fremden Bauern. Die Wissenschaftler hatten als nächsten Schritt mitochondriale DNS der allerersten Bauern Mitteleuropas mit derjenigen von 22 der letzten Jäger und Sammler unserer Region verglichen. In der Genanalyse zeigte sich, dass die einheimischen Mittelsteinzeitler nicht die Vorfahren der ersten Bauern gewesen sein können. Bei Letzteren muss es sich wirklich um Einwanderer gehandelt haben, vermutlich eben aus dem Entstehungsgebiet der linearbandkeramischen Kultur.

Friedliches Zusammenleben

Diese Ergebnisse passen zu den Erkenntnissen der Archäologie. Denn im Fundmaterial kann ebenfalls keine massive Einwanderung zu Beginn des Neolithikums ausgemacht werden. Eine Kontinuität in der Feuersteinverarbeitung beweist, dass die wildbeuterische Bevölkerung nicht mit der Bandkeramik ausgestorben ist. Sowohl in der Technik der Klingenproduktion als auch in der Trapezform von Pfeilspitzen treten in bandkeramischen Siedlungen mesolithische Traditionen offen zutage. Jens Lüning, langjähriger Leiter von Forschungsprojekten zur ältesten Bandkeramik, plädiert daher auch von archäologischer Seite für das Modell »Entwicklungshelfer«: Wenige eingewanderte Bauern brachten der einheimischen Bevölkerung die landwirtschaftlichen Kenntnisse nahe. In Schwanfeld in Unterfranken, einer Siedlung der ältesten Bandkeramik, deuten Funde auf eine Gemeinschaft von Zugezogenen und Einheimischen. Vier Familien lebten dort über mehrere Generationen in einem Weiler zusammen. In allen Häusern schlugen die Bauern ihre Werkzeuge aus baltischem Feuerstein zurecht, wie es hier gebräuchlich war. Nur in einem Haushalt fand sich ein leuchtend roter Feuerstein: Radiolarit. Er stammt aus Bergwerken in Ungarn, nördlich des Plattensees. In dieser Familie glaubt Lüning nun die bäuerlichen Einwanderer zu erkennen, die noch Kontakte zu ihren Verwandten im Osten pflegten, während die anderen Familien Einheimische waren.

La Hoguette bremst die Bandkeramik

Obwohl nur wenige Bauern aus dem Osten einwanderten, breitete sich die bandkeramische Kultur von ihrem Entstehungsgebiet in kürzester Zeit, innerhalb von nur 100 Jahren, bis an den Rhein aus. Die Jäger und Sammler scheinen der neuen Lebensweise kaum Widerstand entgegengesetzt zu haben. Doch am Rhein stockte das Fortschreiten der Bandkeramik mehrere

Jahrhunderte lang, bis sie weiter in den Westen, ins Pariser Becken, vorrückte. Augenscheinlich traf sie hier nun auf eine andere Bevölkerung, die sich nicht so leicht überzeugen und »bandkeramisieren« ließ. Westlich einer Linie Hannover–Regensburg lebte schon seit 5800 v. Chr. eine Konkurrenz, die eine andere Wirtschaftsform als die Bandkeramiker praktizierte. Woher aber kam sie?

Der Weg über die Ägäis und den Balkan, den die neolithischen Bauern und Ideen genommen hatten, bis sie ihren Ausdruck in der bandkeramischen Kultur fanden, war nicht der einzige in den Westen. Es gab eine zweite Ausbreitungsroute, die die Landwirtschaft nach Europa brachte: Sie führte entlang der nordafrikanischen Küste und der Mittelmeerküste Spaniens und Frankreichs. Mitte des 6. Jtsds. trafen sich beide Kulturströme am Rhein. Nach einem nordfranzösischen Fundort wird die Kultur, die der Bandkeramik die Stirn bot, La Hoguette genannt. Lange wurde die Linearbandkeramik als erste Kultur dieses Raumes angesehen, die Landwirtschaft betrieb und Keramik besaß. Doch in den letzten Jahrzehnten mehren sich die Hinweise auf eine andere, teilweise sogar noch etwas früher auftretende Keramiktradition. Die typische La-Hoguette-Keramik ist mit geschwungenen plastischen Leisten verziert, die von Einstichen begleitet werden. Sie ist in Nordfrankreich sowie an Oberrhein und Neckar verbreitet.

Nachbarschaft: Vielleicht hüteten La-Hoguette-Hirten im Sommer neben ihren eigenen auch die Herden der Bandkeramiker und tauschten Getreide für diese Dienste ein.

Diese spezielle Keramik findet sich vor allem in Südwestdeutschland in den Siedlungen der ältesten Bandkeramik. Eine eigenständige, längerfristig bewohnte Siedlung der La-Hoguette-Kultur konnte bisher jedoch noch nicht ausgegraben werden. Vielleicht waren es Viehzüchter, die mobiler als die Bandkeramiker lebten. Unter den Tierknochen an La-Hoguette-Fundstellen sind neben den Haustieren Schaf und Ziege auch Wildtiere belegt – und dies zu einem weit höheren Anteil als es in bandkeramischen Siedlungen der Fall ist. Demnach sicherten die Hirten einen größeren Teil ihrer Ernährung noch in mesolithischer Tradition durch Jagen und Sammeln.

Keramik der Hirten: Die typischen spitzbodigen Gefäße der La-Hoguette-Kultur sind wie dieser Topf aus Dautenheim mit wellenförmigen Wülsten und Einstichen verziert.

Bei den Ausgrabungen in der ältestbandkeramischen Siedlung Friedberg-Bruchenbrücken in Hessen tauchten in allen Häusern auch Scherben von La-Hoguette-Keramik auf. Offensichtlich gab es einen regen Kontakt zwischen den beiden Kulturen. Die Siedlung bestand über sechs Generationen hinweg, alle hatten Kontakt zu den La-Hoguette-Menschen. Über mehrere Jahrhunderte lebten Bandkeramiker und La-Hoguette-Menschen nebeneinander. Möglicherweise entwickelte sich eine beständige Zusammenarbeit, wie sie von afrikanischen Völkern bekannt ist. Für Ausgräber Lüning ist gut vorstellbar, dass sich die La-Hoguette-Hirten im Sommerhalbjahr neben ihren eigenen auch um die Herden der Bandkeramiker kümmerten und im Gegenzug Getreide, Rinder und Schweine bekamen.

Widerstand im Norden

Spiegelt sich in der Unterbrechung der Ausbreitung nach Westen also der Widerstand von Trägern einer anderen Kultur gegen die bandkeramische Bewegung, so gilt dies noch in größerem Maße für Norddeutschland. Hier widerstanden Jäger und Sammler weitaus länger der Neolithisierung. Erst mit dem Ende des 5. Jtsds. v. Chr. halten hier die Menschen der Trichterbecherkultur die ersten Haustiere und unternehmen in bescheidenem Umfang einen Anbau von Feldfrüchten. In diesen Gegenden findet ein langsamer Wechsel von wildbeuterischer zu produzierender Wirtschaftsweise statt: Die Wildtieranteile in den Siedlungen nehmen kontinuierlich ab und die Hinweise auf Getreideanbau zu.

Betrachtet man dagegen, wie die bandkeramische Kultur erstmals in Erscheinung tritt, so zeigt sich hier ein deutlich anderes Bild: In Mitteleuropa gibt es zu dieser Zeit keinen kontinuierlichen Übergang mit einer langsamen Abnahme der wildbeuterischen Tätigkeit, sondern einen auffälligen Bruch. Schon deshalb hatte man eine massive Einwanderung von Bauern nach Mitteleuropa als Basis für die bandkeramische Kultur vermutet. Die neuen Ergebnisse von Genetik und Archäologie sprechen jetzt jedoch stattdessen für »überzeugende Entwicklungshelfer«. In Kontakt mit den ersten eingewanderten Bauern hielten Jäger und Sammler Mitteleuropas nicht mehr lange an den althergebrachten Gewohnheiten fest. Der Norden scheint aus bestimmten Gründen konservativer gewesen zu sein. Möglicherweise spielte eine Rolle, dass es im Norden keine fruchtbaren Lössböden gab, die die ersten Bauern bevorzugten. Oder vielleicht waren die nächsten Generationen der Bauern für die norddeutschen Wildbeuter einfach weniger überzeugend.

Beziehungskrise – das Ende der Bandkeramik

Von der Ukraine bis ins Pariser Becken herrschte Einheitlichkeit. Alle Menschen wohnten in den gleichen Häusern und aßen von dem gleichen Geschirr. Die bandkeramische Kultur einte Menschen über riesige Entfernun-

Rekonstruiert: Dieses 18 m lange Haus der Trichterbecherkultur ist im Steinzeit-Museumsdorf »Albersdorf« nach Ausgrabungsbefunden errichtet worden.

DIE JÄGER UND DIE ZIEGE

Unter einem Felsüberhang am Bettenroder Berg bei Göttingen wohnte vor etwa 7500 Jahren eine Gruppe mesolithischer Jäger und Sammler. Drei Familien verbrachten einige Wochen im Herbst an diesem sonnigen Hang. Am Eingang der Höhle befanden sich Feuerstellen, die die Höhle warm hielten, den Rauch aber abziehen ließen. In zwei Gruben rösteten die Mittelsteinzeitler Haselnüsse. Die Knochenreste in der Höhle zeugen von der Jagd auf die Tiere des Waldes, Reh, Hirsch, Ur und Wildschwein.

Eine ähnliche Szenerie ist von vielen mittelsteinzeitlichen Plätzen bekannt, nichts scheint bis hierhin ungewöhnlich. Doch dann entdeckten die Archäologen unter den Tierresten auch Knochen, die zu Schaf oder Ziege gehörten. Das war eine Sensation, denn Ziegen und Schafe kommen in Mitteleuropa nicht wild vor. Die Jäger und Sammler konnten sie unter normalen Umständen nicht erjagt haben. Beide Tierarten sind erst mit den einwandernden Bauern zu Beginn des Neolithikums aus dem Vorderen Orient nach Mitteleuropa gelangt.

Als sich Schaf oder Ziege um 5500 v. Chr. in der Umgebung des Felsdaches bei Göttingen aufhielten, siedelten sich gerade die ersten Bandkeramiker mit ihren Haustieren in Mitteleuropa an. Und nur im Kontakt mit diesen Bauern können die Wildbeuter in den Besitz der Tiere gekommen sein. Vielleicht ist ein Tier aus der Herde entwischt, und die mesolithischen Nachbarn haben es im Wald erlegt? Oder war es ein Geschenk der Bauern an die Jäger? Es gibt weitere Indizien für eine Begegnung zwischen den bäuerlichen Siedlern und den Bewohnern der Höhle: Zwischen den verkohlten Resten von Sammelfrüchten aus dem Wald stellten die Ausgräber einige Körner von Gerste und Emmer fest. Auch diese Getreidefunde sind ohne Kontakt zu Bauern in der Nachbarschaft nicht vorstellbar. Mit solchen Funden in mittelsteinzeitlichem Zusammenhang fassen die Archäologen die ersten Vorboten des Neolithikums. Den Wildbeutern stand ein Wandel von Wirtschaft und Kultur unmittelbar bevor. ■

Diebesgut oder Geschenk? Wie die domestizierte Ziege in die Höhle der mittelsteinzeitlichen Wildbeuter bei Göttingen kam, bleibt ein Rätsel.

gen hinweg und über ein halbes Jahrtausend lang. Der Kulturbund hielt von 5500 v. Chr. bis 5000 v. Chr., dann ging er in landesweiten Unruhen unter. Im Mittelneolithikum folgten kleinere regionale Gruppen der großen Einheitskultur. Deren unterschiedlich verziertes Geschirr spricht nicht nur für einen differierenden Geschmack, sondern auch für ein nur noch kleinräumig ausgeprägtes Zusammengehörigkeitsgefühl.

Der kulturelle Gleichklang der Bandkeramik und deren abruptes Ende werden besonders am Feuersteinmaterial deutlich, das die Kulturen zur Herstellung ihrer Werkzeuge und Waffen verwendeten. Obwohl fast überall Lagerstätten irgendeiner Feuersteinsorte erreicht werden konnten, wurden zu verschiedenen Zeiten nur spezielle Varietäten bevorzugt. Eine wirtschaftliche Notwendigkeit für dieses Verhalten ist nicht erkennbar: Fast alle Bandkeramiker konnten sich in einer Entfernung von weniger als einem Tagesmarsch gutes Steinmaterial besorgen. Dennoch war in weiten Teilen des bandkeramischen Gebietes vor allem der Feuerstein aus einem Bergwerk in Rijkholt bei Maastricht begehrt.

Das änderte sich in der darauffolgenden Zeit. Die Menschen der Stichbandkeramik bevorzugten statt Rijkholt-Feuerstein einen Plattenhornstein aus Arnhofen bei Regensburg. Erst mit dem Ende der stichbandkeramischen Zeit verschwand auch diese kulturbedingte »Markentreue«. Danach wurde verwendet, was zu haben war, anstatt sich auf die Ware eines renommierten Bergwerks zu konzentrieren.

Der unbedingte Wunsch der Bandkeramik nach Rijkholt-Feuerstein ist umso erstaunlicher, als der Transport der Steine beschwerlich war. Ohne Straßen und Wagen, die es zu dieser Zeit noch nicht gab, musste der Rohstoff über Hunderte von Kilometern zu seinem Bestimmungsort gebracht werden. Man konnte nur mitnehmen, was man selbst oder was ein Rind auf dem Rücken tragen konnte.

Doch der persönliche Verbrauch an Feuerstein hielt sich mengenmäßig in Grenzen. Um die nötigen Werkzeuge herzustellen, brauchte eine Familie pro Jahr nur etwa 2 kg Rohstoff. Da ein Lastenträger auf einem Tagesmarsch von 30 km Lasten von über 20 kg bewältigen konnte, musste im Jahr nur eine Person zum Bergwerk geschickt werden, um gleich 20 Familien zu versorgen.

So wanderte sicher nicht von jeder Familie und jedem kleineren Dorf ein Vertreter nach Rijkholt, sondern es wurde ein gemeinschaftlicher Träger ausgesandt. Blieb aus der Ladung Rohmaterial übrig, konnte er es an Verwandte und Freunde weitergeben oder bei Nachbarn gegen andere benötigte Dinge eintauschen.

Verbunden durch ein Netz aus Verpflichtungen

Einen regelrecht kommerziellen Handel gab es wohl noch nicht zu dieser Zeit. Es ging eher um gute Nachbarschaft: Kleine Geschenke erhalten die Freundschaft. Denn das war es, was die bandkeramische Kultur durch die Jahrhunderte zusammenhielt: ein funktionierendes Netzwerk aus gegenseitigen Verpflichtungen. Andreas Zimmermann hat diese Theorie durch seine Untersuchungen auf der Aldenhovener Platte bei Köln untermauern

können. Dort wurde in den letzten Jahrzehnten die größte bisher erforschte Siedlungskammer der Bandkeramik ausgegraben. Zimmermann hat ein dichtes Netz von Orten festgestellt, die sich einerseits in ihrer Größe unterschieden und andererseits vor allem in der Rolle, die sie im Wirtschaftsgeflecht der Zeit spielten. Die Aldenhovener Platte liegt nur etwa 30 km vom Feuersteinbergwerk Rijkholt entfernt: ein Tagesmarsch für den Lastenträger. Dennoch hatten offensichtlich nicht alle Bewohner der Gegend freien Zugriff auf den Rohstoff. Unbearbeitetes Rohmaterial fanden die Archäologen lediglich in den größeren Ansiedlungen. In kleinere Dörfer gelangten nur noch fertige Werkzeuge. Den direkten Zugang zum Bergwerk hatten also nur bestimmte Siedlungen.

Lockenpracht: Trotz lang gezogener Schnauze wirkt dieses bandkeramische Köpfchen aus Frankfurt a. M.-Niedereschbach menschengestaltig. Frisur und Augen sind rot bemalt.

Doch gerade die Dichte der Ortschaften und das feine Kontaktnetzwerk verhinderten einen profitorientierten Handel: Bekam man den begehrten Feuerstein nicht bei dem einen Nachbarn, ging man zum nächsten. Nicht nur Rijkholt-Feuerstein wechselte dabei den Besitzer. Einige begehrte Waren konnten sich die Menschen in der Nähe besorgen: In keiner Siedlung fehlte Hämatit, ein eisenoxidhaltiger Stein, der zerrieben ein rotes Pulver ergibt. Damit färbten sich bandkeramische Frauen die Haare rot. Wie wertvoll der Stein für die Lebenden war, erkennt man daran, dass sie ihn den Toten mit ins Grab legten. Hämatit kommt in größeren Mengen in den südlichen Mittelgebirgen Deutschlands vor. Andere Wunschobjekte gab es vor Ort nicht. Während Rijkholt-Feuerstein über Hunderte von Kilometern in Richtung Südosten geliefert wurde, kam von dort ein anderes begehrtes Material in den Nordwesten: Amphibolit. Dieser besonders feinkörnige Stein kommt nur im Gebiet der Slowakei vor. Er war in bandkeramischer Zeit so beliebt, dass zwischen Thüringer Wald und Holland die Hauptmasse der Dechsel aus diesem Stein hergestellt wurde.

Nur selten präsentiert sich den Archäologen ein so eindeutiges Bild wie hier, wo sich Gabe und Gegengabe anhand ihrer Herkunft aus den verschiedenen Regionen als solche zu erkennen geben. Oft bleibt unklar, was die Abnehmer gegen die begehrten Waren eintauschten. Vorstellbar sind aber Dinge, die wir heute nicht mehr nachweisen können, zum Beispiel schöne Kleider, Haustiere und gesammelte Heilpflanzen.

links: Modestein: In der stichbandkeramischen Zeit war als Rohstoff für Werkzeuge der Plattenhornstein aus einem Bergwerk in Arnhofen bei Regensburg begehrt.

Nachbarschaftsstreit und Neuorientierung

Irgendetwas muss dann aber diese Tauschringe gestört haben. Plötzlich ist der Feuerstein aus Rijkholt nicht mehr das vorherrschende Material in den Siedlungen. Das Bergwerk war mitnichten erschöpft, und dennoch wendeten sich die Menschen einem anderen Anbieter zu. Vielleicht hatten sich die Bauern um Weideflächen für ihr Vieh gestritten?

Die dominante Position im Steinhandel übernahm nun das bayerische Arnhofen. Dort fand der Bergbau der Jungsteinzeit in fast schon industriellem Ausmaß statt. Seit dem 6. Jtsd. v. Chr. kannte man das Steinvorkommen. Außerordentlich begehrt war der Plattenhornstein von Arnhofen aber erst in der stichbandkeramischen Zeit. Von Westfalen bis Niederösterreich und Böhmen entdeckten jetzt die Werkzeugmacher ihre Vorliebe für diesen Stein.

Das steinzeitliche Bergwerk ist heute vom Kiesabbau gefährdet. Aus diesem Grund wurden Notgrabungen durchgeführt, bei denen riesige Flächen bewältigt werden mussten. Bisher wurden schon über 3000 m² mit mehr als 400 prähistorischen Schächten untersucht. Doch dies ist nur ein Bruchteil des ursprünglichen Bergwerks von Arnhofen. Mindestens 30 000 Schächte haben die steinzeitlichen Bergleute während der 1000-jährigen Nutzung des Bergwerks in die Erde getrieben. Bis zu 8 m tief mussten sie mit Geweihhacken oder Holzspaten graben, um an die begehrten Steine zu gelangen. Die Arbeit an einem solchen Schacht dauerte ein bis zwei Wochen. Die Schächte sind eng, zum Teil nur 90 cm breit. Deshalb nahm man früher oft an, Kinder hätten einst die mühevolle Arbeit im Bergwerk verrichtet. Doch heute weiß man: Da die Menschen damals kaum größer als 1,60 m wurden, bot der enge Schacht durchaus auch erwachsenen Bergleuten ausreichend Platz.

Die Schächte sind nicht wahllos über die Fläche verteilt, sondern in Reihen angeordnet. Hinter der Anlage des ganzen Bergwerks ist ein Plan zu erkennen: Es konnte nicht einfach jeder dort graben, wo er wollte, stattdessen wurde der Zugang zu den begehrten Steinen anscheinend reglementiert und die Fläche in Parzellen unterteilt.

Steinzeitliches Bergwerk: Im weißen Sand sind in Arnhofen die alten Schächte deutlich zu erkennen, die auf der Suche nach Hornstein in die Erde getrieben wurden.

Krisengeschüttelte Gemeinschaft

Die Umorientierung in der Feuersteinversorgung ist nur einer von zahlreichen Aspekten, die für eine tiefgreifende Krise am Ende der Bandkeramik sprechen. Der Bruch mit den alten Partnern bedeutete, dass ein neues Kommunikations- und Tauschnetz aufgebaut werden musste, um an den überlebenswichtigen Rohstoff Feuerstein zu gelangen. Die unterschiedlichen

Keramikverzierungen der nachfolgenden Kulturen zeigen Archäologen, dass die alten Nachbarn nicht mehr Gemeinsamkeit demonstrieren wollten, sondern dass es um Abgrenzung voneinander ging. Sprachen vorher kleine Weiler mit ihrer ungeschützten Lage in der Landschaft für friedliche, konfliktlose Zeiten, so änderte sich das jetzt. Die Bevölkerung konzentrierte sich an geschützteren Plätzen. Man suchte die Nähe anderer Menschen. Am Ende der bandkeramischen Kultur löste sich die bisherige lockere Streubesiedlung auf, und es bildeten sich Zentralorte mit einer höheren Einwohnerzahl heraus. Auch im alltäglichen Leben rückte man in diesen Krisenzeiten enger zusammen. In der bandkeramischen Zeit hatte nur eine Familie ein riesiges Langhaus bewohnt. Im Mittelneolithikum lebten dagegen oft mehrere Familien unter dem Dach eines Hauses. Jetzt besaßen die bis zu 50 m langen Häuser Querwände, die verschiedene Kammern für die einzelnen Familien voneinander abtrennten. Die Gemeinschaftsstruktur veränderte sich. Zum ersten Mal lassen sich nun Gemeinschaftsbauten und Einrichtungen nachweisen, die alle gemeinsam nutzten. Den Lehm zum Verspachteln der Hauswände holte sich nicht mehr jede Familie aus den eigenen Gruben, sondern jetzt stand allen eine zentrale Lehmgrube am Rande des Dorfes zur Verfügung.

Ein Ende mit Schrecken

Das Zusammenrücken der Menschen allein bot am Ende der bandkeramischen Zeit jedoch noch nicht genug Sicherheit. Die Einwohner befestigten ihre größeren Ortschaften zum Schutz gegen Angreifer häufig noch mit tiefen Gräben und wehrhaften Holzpalisaden. Wie nötig solche Vorkehrungen waren, machen dramatische Befunde aus Talheim bei Heilbronn deutlich: Die sozialen Spannungen hatten zwischen den ehemaligen Nachbarn zu Mord und Totschlag geführt.

Im Bereich eines jüngerbandkeramischen Dorfes fanden Archäologen ein 7000 Jahre altes Massengrab: In einer nur etwa 2,50 m mal 1,50 m großen Grube lagen die Knochen von mindestens 34 Menschen kreuz und quer übereinander. Die Leichen erwachsener Frauen und Männer, Jugendlicher und Kleinkinder waren achtlos in die Grube geworfen worden. Unnatürlich abgewinkelte Arme und Beine der Toten sprechen gegen eine ordentliche Bestattung. Sie wurden schnell verscharrt.

Die gesamte Bewohnerschaft des Ortes war Opfer eines Überfalls geworden. 18 der Skelette zeigen schwere, unverheilte Schädelverletzungen. Auf einige war eingeschlagen worden, als sie schon am Boden lagen. Der brutale Überfall kam so plötzlich, dass keine Verteidigung mehr möglich war.

Die Bewohner des Dorfes hatten nur noch versucht, den Angreifern zu entkommen. Doch sie wurden auf der Flucht getötet: Die überwiegende Zahl der Opfer wurde von hinten erschlagen. Die Toten trugen keinerlei persönliche Gegenstände oder Schmuck mehr bei sich, als sie in die Grube geworfen wurden: Die Mörder hatten sie zuvor noch ausgeplündert.

Von den Eindringlingen gibt es kaum Spuren. Aber die Waffen, mit denen sie die Dorfbewohner getötet haben, verraten, dass es sich nicht nur bei den Toten um Angehörige der bandkeramischen Kultur gehandelt hat. Die Verletzungen an den Skeletten stammen von bandkeramischen Schuhleistenkeilen, Flachhacken und Pfeilspitzen: Angreifer wie Opfer gehörten demselben Kulturkreis an. Möglicherweise fassen wir hier das brutale Ende eines Nachbarschaftsstreites. In diese Richtung weist auch die Tatsache, dass die Toten überhaupt vergraben wurden. Wäre nur eine brandschatzende Horde auf der Durchreise gewesen, hätte man sie einfach liegen gelassen. Hätten Angehörige der Opfer überlebt, wären die Toten dagegen liebevoller bestattet worden. Stattdessen hat man sie pietätlos in eine Grube geworfen. Vielleicht wollten die Angreifer die Tat vertuschen, weil sie nebenan wohnten? Oder hatten sie die Absicht, gleich auch das Acker- und Weideland der Opfer zu übernehmen und zu besiedeln?

Die anthropologischen Untersuchungen in Talheim brachten nicht nur den brutalen Ablauf der Ereignisse zutage. Eine schon verheilte Hiebverletzung an einem der Skelette beweist, dass die Auseinandersetzung kein Einzelfall im Leben der Dorfbewohner war. Zudem steht der Befund von Talheim im bandkeramischen Siedelgebiet nicht alleine da. Im niederösterreichischen Asparn an der Zaya-Schletz haben Ausgrabungen ganz entsprechende Befunde zutage gefördert. In den Gräben, von denen die Siedlung umgeben war, fan-

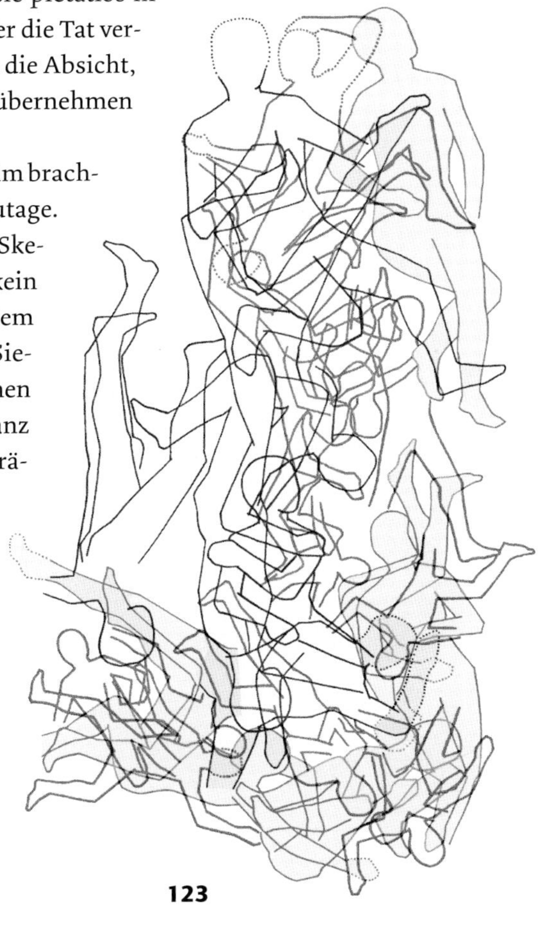

Brutaler Überfall: Die gesamte Bewohnerschaft eines Dorfes, 34 Männer, Frauen und Kinder, ist in Talheim getötet und in einer Grube verscharrt worden.

den Archäologen ähnlich malträtierte menschliche Skelette. Auch hier weisen viele der Schädel unverheilte Hiebverletzungen auf. Wie in Talheim waren die Menschen von hinten auf der Flucht erschlagen worden. Und wie dort waren die Angreifer, nach den Schlägen zu urteilen, Rechtshänder und gingen gleichermaßen brutal vor: Es gibt Mehrfachfrakturen und Brüche, die nur entstehen, wenn auf ein schon am Boden liegendes Opfer eingeschlagen wird. Ein Unterschied zu Talheim besteht allerdings in der Behandlung der Toten. In Schletz haben die Angreifer die Opfer einfach liegen gelassen. Hundeverbiss an den Knochen zeigt, dass sie eine Zeit lang ungeschützt im offenen Gelände lagen.

Was auch immer die bandkeramische Kultur zusammengehalten hat – sei es ein feines wirtschaftliches Netzwerk oder auch eine gemeinsame Religion –, es verlor nach 500 Jahren seine bindende Kraft für die Menschen.

Die Herren der Ringe – Kreisgrabenanlagen der mittleren Jungsteinzeit

Es sollte das aufwendigste Bauwerk ihrer Zeit werden. Zehn Mann schufteten über 400 Tage lang dafür. Zuerst errichteten sie zwei kreisförmige Zäune aus Baumstämmen, die den Innenraum vor Blicken schützen sollten. Dann hoben sie darum herum vier 2,50 m tiefe Gräben aus. Insgesamt bewegten die Arbeiter 4000 m³ oder 400 000 heutige Zehn-Liter-Eimer an Erde. Am Ende hatte das riesige Bauwerk aus Ringen einen Durchmesser von 124 m.

Im sächsischen Dresden-Nickern entstand um 4500 v. Chr. eine Kreisgrabenanlage, deren Größe noch heute aller Respekt vor der Arbeitsleistung der jungsteinzeitlichen Menschen gebührt. Für die damalige Gesellschaft war es ein großes Opfer, die Bauarbeiter im Alltag zu entbehren. Eigentlich wurde jede Hand bei der Nahrungsmittelproduktion, auf dem Feld und beim Vieh, gebraucht. Länger als drei Monate im Jahr auf zehn Mann zu verzichten, wäre für die Gemeinschaft sicher untragbar gewesen. Daher hat der Bau der Anlage sich über mehrere Jahre hingezogen. Das ist im Ausgrabungsbefund sichtbar: Immer wieder hat der Regen Erde in die offen liegenden Gräben rutschen lassen. Die Arbeiter mussten sie mehrfach neu ausheben und ausbessern. Es scheint, dass es den Erbauern nicht so sehr um die Größe ihres Werkes ging, sondern vielmehr um die Arbeitsleistung selbst. Denn Berechnungen des Ausgräbers Harald Stäuble haben ergeben, dass für alle Gräben gleich viel Erde bewegt werden musste. Die inneren Gräben haben zwar einen kleineren Radius als die äußeren, wurden dafür aber tiefer ausgehoben. Für jeden der Gräben benötigten die jungsteinzeitlichen Erbauer die gleiche Zeit.

Nachdem die Anlage lange Jahre mit viel Mühe instand gehalten worden war, wurde sie plötzlich aufgegeben. Die Gräben wurden zugeschüttet, das Bauwerk verschwand vom Erdboden. Den Grund kennt niemand. Er muss jedoch von großer Bedeutung für die damaligen Bauherren gewesen sein, dass er sie dazu veranlasste, ihr gerade fertig gestelltes Werk wieder zunichte zu machen. Dieses absichtliche »Ausradieren« unterscheidet die mittelneolithischen Kreisgrabenanlagen von anderen vorgeschichtlichen Erdwerken, die man zum Teil heute noch in der Landschaft erkennen kann.

Rondelle waren eine weit verbreitete Idee

Das Bauwerk von Dresden-Nickern ist keine Einzelerscheinung. Schon in Nikkern selbst stieß man im Abstand von nur wenigen Hundert Metern auf gleich drei weitere dieser Grabenwerke. Das Phänomen ist jedoch noch viel weiter verbreitet. In der ersten Hälfte des 5. Jtsds. v. Chr. errichteten vor allem die Menschen im Gebiet der Slowakei, Tschechiens, Niederösterreichs, Mitteldeutschlands und Niederbayerns solche Kreisgrabenanlagen. Bisher wurden 120 Bauten dieser Art in Mitteleuropa entdeckt. Die Idee, die hinter den Rondellen steckt, scheint sich schnell über die Lande verbreitet zu haben.

Aufwendig: Die Menschen des Mittelneolithikums errichteten riesige Kreisgrabenanlagen. Das Rondell von Goseck in Sachsen-Anhalt hatte einen Durchmesser von rund 75 m.

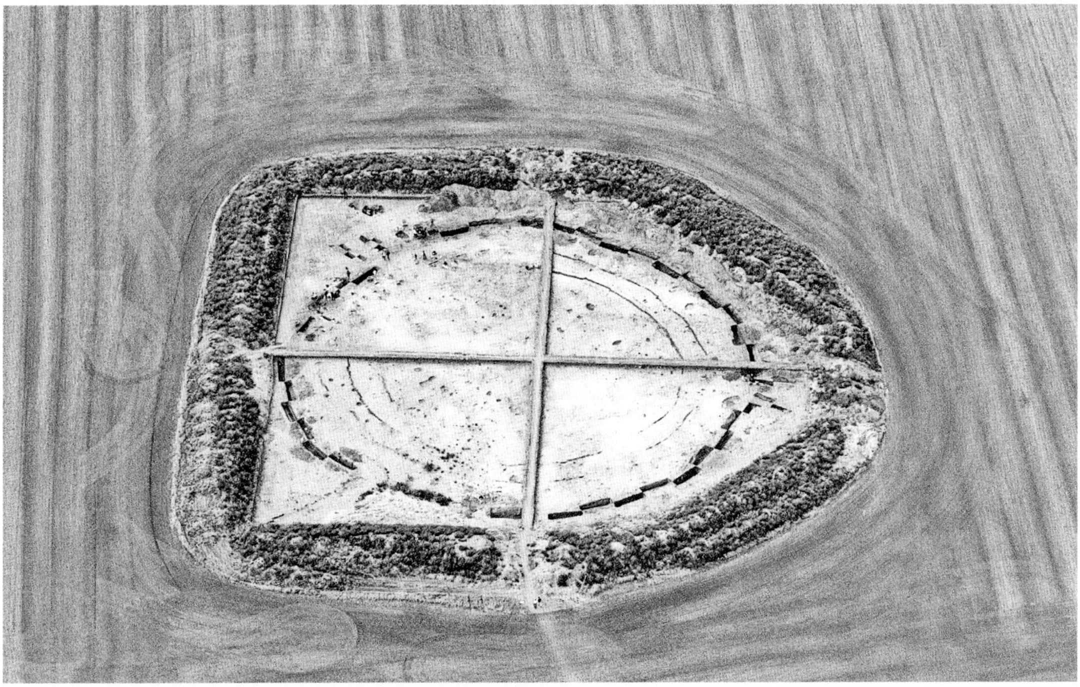

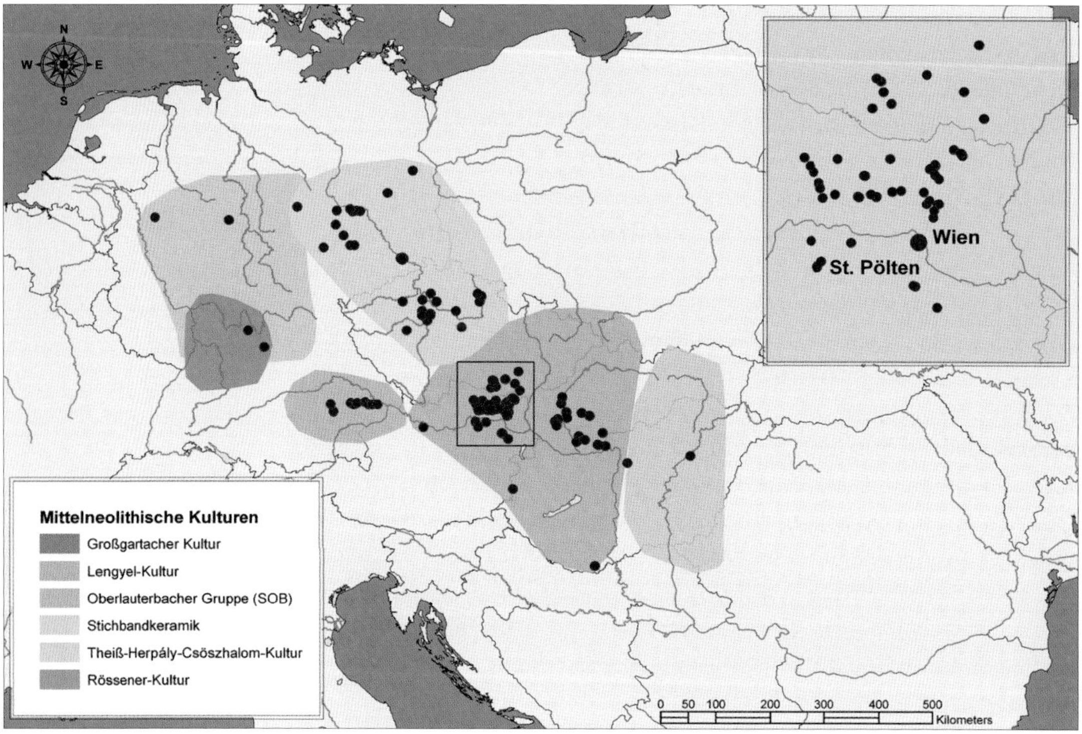

Grenzenlos verbreitet: Kreisgrabenanlagen wurden von Angehörigen verschiedener Kulturen errichtet. Trotz der Unterschiede im materiellen Gut waren sie Anhänger der gleichen Idee.

Die zugeschütteten Anlagen sind oberirdisch nicht mehr sichtbar. So half besonders die Luftbildarchäologie bei ihrer Entdeckung. Aufgrund der riesigen Flächen konnten nur wenige dieser Bauwerke vollständig ausgegraben werden. Eine geophysikalische Prospektion, die nicht in die Erde eingreifen muss, ist in diesem Fall eine kostengünstigere Alternative, um den Bauplan der Kreisgrabenanlagen zu erforschen.

Aus Prospektionen und Grabungen haben sich Archäologen ein Bild von den mittelneolithischen Bauten gemacht. Alle Anlagen bestehen aus konzentrischen Kreisen; ein bis vier Gräben wurden umeinander gelegt. Oft nimmt die Breite von innen nach außen ab. Eine Ursache hierfür könnte wiederum die Gleichwertigkeit des Arbeitsaufwandes gewesen sein, so, wie es für die unterschiedliche Grabentiefe in Nickern angenommen wird. Für die äußeren Kreise musste schon ein größerer Umfang bewältigt werden, weshalb die jungsteinzeitlichen Menschen sie schmaler entwarfen. Die Innenfläche wurde zusätzlich von ein bis zwei Holzzäunen blickdicht abgegrenzt. Der Zugang ins Innere erfolgte über bis zu vier Erdbrücken, die über die Gräben führten. Im sachsen-anhaltinischen Goseck, Lkr. Weißenfels, gab es regelrechte Toranlagen mit einer Torgasse, die von nach außen biegenden Gräben eingefasst wurde.

Die Kreisgrabenanlagen sehen auf den ersten Blick sehr regelmäßig aus. Bei genauerem Hinsehen wird aber deutlich, dass sie nur perfekt geplant, aber nicht so realisiert wurden. In Dresden-Nickern sind die Gräben nicht ganz kreisförmig, sondern eher quadratisch mit abgerundeten Ecken. Der Ausgräber Stäuble nimmt daher verschiedene Gruppen von Arbeitern an, die relativ gerade Grabenstrecken aushoben und erst an den Ecken wieder zusammenfinden mussten. Tatsächlich sind nur wenige Anlagen aus einer Kreiskonstruktion hervorgegangen. Weit häufiger sind unregelmäßige Formen und gestauchte Kreise. Eine Ausnahme bildet die Anlage im niederbayerischen Meisternthal-Landau: Sie stimmt genau mit der geometrischen Form einer Ellipse überein. Helmut Becker, der das Bauwerk geomagnetisch untersucht hat, hält es daher für die erste bewusst konstruierte Ellipse der Welt.

Das eigentliche Rondell ist hier von einer weiteren, mehr als 600 m langen Außenpalisade umgeben. Diese schließt den zugehörigen Siedlungsraum mit ein. Innerhalb der Kreisgrabenanlage selbst finden sich keine Siedlungsspuren. Dies ist ein weiteres gemeinsames Merkmal der mittelneolithischen Anlagen: Das Innere zeichnet sich in den Grabungsergebnissen und auf den Prospektionsbildern als befundfreie Zone ab. Zwar gibt es auch in den Zeiten davor und danach Grabenwerke, doch sind sie meist schützende Umfriedungen einer Siedlung. Im Gegensatz dazu fehlen bei den mittelneolithischen Konstruktionen jegliche Hinweise darauf, was sich wohl in ihrem Inneren abgespielt hat.

Gleiche Bauten, unterschiedliche Kulturen

Die ähnliche Bauweise und zeitgleiche Verbreitung der Kreisgrabenanlagen über weite Teile Mitteleuropas ist erstaunlich. Denn im materiellen Kulturgut unterscheiden sich die betroffenen Gebiete zum Teil erheblich. Die Idee dieser Anlagen hat sich über die Grenzen verschiedener Kulturgruppen hinweg durchgesetzt. In Ostösterreich, Südmähren, Westungarn und der Westslowakei sind die Erbauer der Rondelle Angehörige der frühen Lengyel-Kultur. In Böhmen und Mitteldeutschland sind es Stichbandkeramiker, in Niederbayern gehören sie dem südostbayerischen Mittelneolithikum an, in Mittelfranken der Großgartacher Kultur und in Nordrhein-Westfalen dem frühen Rössen. Bei den Kreisgrabenanlagen scheint es sich

AUS DER VOGELPERSPEKTIVE – LUFTBILDARCHÄOLOGIE

Hat man etwas zu dicht vor der Nase, sieht man oft den Wald vor lauter Bäumen nicht. Oder man erkennt, wie in unserem Fall, die Kreisgrabenanlage nicht. Das vierfache Grabenwerk von Dresden-Nickern war bei Bauarbeiten früher schon einmal quer durchschnitten worden. In dem schmalen freigelegten Ausschnitt sahen die Ausgräber von damals aber nur vier einzelne Gruben, anstatt vier riesige Kreise rekonstruieren zu können. Erst der Bau eines Autobahnzubringers legte zu Beginn des 21. Jhs. ausreichend große Flächen frei, so dass die Kultanlage auch als solche erkannt werden konnte.

Großflächige Ausgrabungen, mit denen die Rondelle sachgerecht untersucht werden könnten, sind jedoch teuer, oft zu teuer. Kaum eine der Anlagen haben Archäologen daher vollständig ausgegraben, wenige in Ausschnitten freigelegt. Die Mehrzahl wurde dagegen mit Hilfe archäologischer Prospektionsmethoden erfasst, die nicht in den Boden eingreifen müssen, um zu baulichen Informatio-

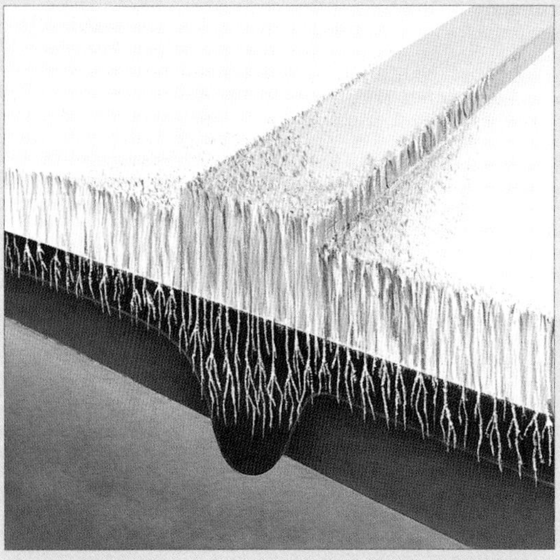

a

b

nen zu gelangen. Die Luftbildarchäologie gehört zu diesen Methoden. Obwohl die meisten archäologischen Denkmäler vom Pflug völlig eingeebnet wurden und nur noch unterirdisch erhalten geblieben sind, können Spezialisten die Auswirkungen der Befunde im Boden oberirdisch wahrnehmen. Die Abfallgruben vergangener Siedlungen, die Grubenhäuser und Brunnen sind oft im Ackerboden noch als dunklere Bereiche zu erkennen. Aus der Luft gesehen heben sich dagegen alte Aufschüttungen wie Grabhügel oder die Steinfundamente einer römischen Villa rustica als hellere Bodenmerkmale aus dem Ackerumfeld ab.

Nicht nur freier Ackerboden kann Geheimnisse über verborgene Denkmäler preisgeben, sondern auch ein Getreidefeld. Im Bewuchs spiegeln sich mitunter die Zustände des Untergrundes. Eine ausgehobene Grube oder ein Graben ist mit einer tieferen Schicht Humus verfüllt als die umgebende Region. Dadurch ist die Füllung feuchter, und das Getreide, das über ihr wächst, gedeiht besser. Es wächst höher als die umliegenden Gräser und reift durch die üppigere Versorgung mit Wasser später. Ein Graben kann sich daher vom Flugzeug aus gesehen als grüner Streifen in einem sonst gelben Feld abzeichnen. Ein negatives Bewuchsmerkmal entsteht dagegen, wenn Getreide beispielsweise über dem Rest einer Mauer aus Steinen wurzeln muss. Es gedeiht durch die spärlichere Wasserversorgung schlechter als die umliegenden Ähren; ein gelbes Band im grünen Feld kann die Folge sein.

Bewuchs- wie Bodenmerkmale können aus der Luft, aus dem Flugzeug heraus, besonders gut erkannt und fotografiert werden. Wichtig ist die Jahres- oder Tageszeit, zu der geflogen wird. Oft sind die Merkmale nur kurze Zeit zu sehen. Das schräge Licht bei Sonnenaufgang etwa lässt durch Schlagschatten auch schwächere Erhebungen sichtbar werden. Eine dünne Schneedecke verstärkt den Effekt noch. Der Luftbildarchäologe muss zur rechten Zeit am rechten Ort sein.

Ab 1960 wurde die Luftbildarchäologie zuerst im Rheinland eingesetzt, dann in Bayern und in den anderen alten Bundesländern. Durch die systematischen Befliegungen stieg die Zahl der bekannten archäologischen Fundstellen sprunghaft an. Allein in Bayern entdeckte Otto Braasch, einer der Pioniere dieser Prospektionsmethode, an die 30 000 neue Fundstellen. Seit der »Wende« darf Luftbildarchäologie auch in Mittel- und Ostdeutschland betrieben werden. Waren vorher kaum Kreisgrabenanlagen in diesen Gegenden bekannt, änderte sich das jetzt: Die Zahl der Fundstellen nahm schlagartig zu. ■

Bewuchsmerkmale: Über einem Graben gedeihen Pflanzen wegen höherer Feuchtigkeit des Bodens besser (a), über einer Mauer wachsen sie dagegen schlechter (b).

um ein Phänomen des damaligen Zeitgeistes zu handeln, das vor keiner Kulturgrenze Halt machte. So verschieden die Kulturgruppen in ihrem Fundgut auch waren, sie bildeten dennoch eine ideelle Gemeinschaft.

Die geistigen Verbindungen über Kulturgrenzen hinweg finden ihren Niederschlag im archäologischen Fundgut. Bei der Ausgrabung des Rondells von Unternberg-Künzing in Niederbayern kam fein bemalte Keramik

Farbenfroh: Auch Angehörige der frühen Lengyel-Kultur erbauten Kreisgrabenanlagen. Charakteristisch sind in ihrem Fundgut bunt bemalte Gefäße.

der östlich benachbarten Lengyel-Kultur zum Vorschein. Auf der anderen Seite tauchte ein Gefäß der stichbandkeramischen Kultur zwischen einheimischen bunten Bechern in den Gräben der niederösterreichischen Anlage Wilhelmsdorf 1 auf.

Das Rätsel um den Sinn und Zweck

Was war das für eine Vorstellung, die in der ersten Hälfte des 5. Jtsds. v. Chr. in den unterschiedlichsten Kulturen Fuß fasste? Über die Funktion der mittelneolithischen Rondelle hat die archäologische Forschung viel diskutiert, aber eine eindeutige Antwort bisher nicht gefunden. Als wehrhafte Zufluchtsorte liegen sie zu ungünstig im Gelände, für einen Viehkral sind sie zu aufwendig gestaltet. Aus dem Inneren der Rondelle sind kaum Befunde bekannt, die eine Aussage über ihre Funktion zuließen. Bisweilen sprechen makabre Funde für Opferrituale, die im Inneren stattfanden. In Goseck weisen menschliche Skelettreste aus dem Inneren der Anlage Spuren von Fleischabschabungen auf. Der Ausgräber François Bertemes sieht das als Beweis für blutige Opferrituale im Heiligtum.

Im mittelfränkischen Ippesheim haben Archäologen jüngst die bisher einzige Kreisgrabenanlage der Großgartacher Kultur untersucht. Der Innenraum des Rondells war wie üblich frei von Siedlungsspuren. Einzig eine Bestattung im Zentrum der Kreise ließ die Ausgräber aufmerken. Knapp 200 Jahre nach Errichtung der Anlage war hier eine 30 bis 35 Jahre alte Frau bestattet worden. Doch handelt es sich nicht um ein gewöhnliches Grab. Die Frau war nach ihrem Tod, mit dem Kopf zuerst, senkrecht in eine nur knapp schulterbreite Grube gesteckt worden: ein einzigartiger Befund in der europäischen Jungsteinzeit. Der zentrale Ort ihrer Bestattung lässt vermuten, dass ihr Leben oder sogar ihr Tod mit der Kreisgrabenanlage in kultischem Zusammenhang stand.

Astronomie als Möglichkeit

Seit den frühen 1980er Jahren untersuchte Helmut Becker die niederbayerischen Rondelle mittels Geomagnetik. Aufgrund seiner Messungen hat er spezielle Überlegungen angestellt. Sein bevorzugtes Forschungsobjekt ist die Anlage von Meisternthal, eine perfekte Ellipse. Ihre Tore markieren derart exakt den Sonnenaufgang und -untergang an den Tag- und Nachtgleichen im Frühjahr und Herbst, dass es kaum noch Zufall sein kann. Auch die Sonnenwendtage wurden Becker zufolge in dem Rondell fixiert. Er ist überzeugt, dass in diesem Bauwerk die Zeit festgehalten werden sollte.

Die anderen Kreisgrabenanlagen Niederbayerns sind keine so ausgefeilten Kalenderbauten. Sie kennzeichnen meist nur die Sonnenwendtage. Alle aber scheinen auf die Sonne ausgerichtet zu sein. Dieser Überzeugung sind inzwischen auch Forscher in anderen Regionen, obwohl es im Detail große Unterschiede darin gibt, was und wie die Erbauer beobachten konnten. In Goseck und Ippesheim musste nicht durch die Mitte der Torgasse, sondern an deren rechtem Rand entlang gepeilt werden, um die Sonne zur Zeit der Sommer- beziehungsweise Wintersonnenwende zu verfolgen. In Meisternthal und anderen Anlagen soll auch der Schattenwurf der Tore zu Zeitbestimmungen genutzt worden sein. In Unternberg-Künzing musste man gar einen Standpunkt einnehmen, der außerhalb des Innenkreises lag, wollte man den Sonnenaufgang zur Wintersonnenwende beobachten.

Eine Besonderheit ergaben astronomische Berechnungen für ein Rondell im niederösterreichischen Immendorf. Die Anlage ist nicht auf mar-

BLICK IN DIE ERDE – GEOPHYSIKALISCHE PROSPEKTIONSMETHODEN

Heutzutage werden immer häufiger vor einem Bauvorhaben oder einer Ausgrabung geophysikalische Prospektionsmethoden eingesetzt. Oft spart dies Arbeit und Geld, denn mit Hilfe solcher Messungen können Geophysiker einen Blick unter die Erdoberfläche werfen, ohne auch nur einen Spatenstich auszuführen. Dazu nutzen sie die Tatsache, dass die vorgeschichtlichen Eingriffe in den Boden dessen physikalische Eigenschaften verändert haben.

Die Geomagnetik misst das Erdmagnetfeld, um sich ein Bild von den archäologischen Befunden unter der Oberfläche zu machen. Verfüllte Gruben, Öfen, aber auch Mauern aus luftgetrockneten Lehmziegeln verursachen Störungen des Erdmagnetfeldes, die sich im Messbild deutlich von der Umgebung absetzen. Daher sind die jungsteinzeitlichen Kreisgrabenanlagen in geomagnetischen Messungen besonders gut zu erkennen.

Eingriffe in den Untergrund verändern darüber hinaus seine elektrische Leitfähigkeit. Das macht sich die Geoelektrik zunutze: Sie misst den Widerstand im Boden. Die Leitfähigkeit des Erdreichs hängt vor allem von seinem Feuchtigkeits- und Elektrolytgehalt ab. Beide Werte sind in eingetieften Strukturen wie Gräben und Gruben meist höher als im ungestörten Boden. Trockene Steinmauern dagegen leiten den Strom schlecht und zeigen erhöhte Widerstandswerte. Deshalb zeichnen sich die Mauerreste römischer Villen oft derart deutlich und detailreich auf den Messbildern ab, dass ihr Bauplan und auch die Funktion einzelner Räume schon ohne Ausgrabung erkennbar werden.

Als dritte geophysikalische Methode haben sich in den letzten Jahren Georadarmessungen etabliert. Hierbei sendet eine Antenne elektromagnetische Wellen in den Untergrund. Von den unter der Erde verborgenen Strukturen werden sie unterschiedlich reflektiert. Anhand der verschiedenen gemessenen Wellenlaufzeiten können Geophysiker Rückschlüsse auf die Befunde im Boden ziehen.

Geophysikalische Prospektionsmethoden wurden erstmals Mitte des 20. Jhs. angewendet. Sie werden zunehmend verfeinert; einhergehend damit werden ihre Ergebnisse immer aussagekräftiger. Gerade Helmut Becker, der alle niederbayerischen Kreisgrabenanlagen geomagnetisch untersucht hat, leistete einen wesentlichen Beitrag zur Weiterentwicklung dieser Methoden. ■

Störung des Magnetfeldes: Die eingetieften Doppelgräben des Rondells von Puch zeichnen sich samt seiner Eingänge deutlich im geomagnetischen Messbild ab.

kante Ereignisse im Sonnenjahr ausgerichtet. Hier können stattdessen durch die Eingänge besonders helle Sterne beobachtet werden. Durch das Tor im Westen sieht man den Untergang des Sterns Antares, im Osten den Aufgang der Plejaden, im Norden den Aufgang des Deneb im Schwan und im Süden den Untergang des Sterns Rigel im Orion.

Vielfalt in Form und Funktion

Die Deutung als Sonnen- oder Sternentempel ist aber nicht für alle Rondelle gleichermaßen plausibel und überzeugend. Es gibt Forscher, die einer regelhaften astronomischen Ausrichtung der Kreisgrabenanlagen skeptisch gegenüberstehen. Harald Stäuble hat die Orientierung der Tore sämtlicher mittelneolithischer Bauten zusammengetragen und festgestellt, dass darunter beinahe alle Himmelsrichtungen vertreten sind. Seine Schlussfolgerung ist, dass man fast jeden Tag im Jahr die Sonne irgendwo beobachten konnte. Schon die vier Anlagen in Dresden-Nickern unterscheiden sich in ihrer Ausrichtung. Was auch immer die Menschen hier anvisierten, es war nie das Gleiche. Bei Bauten, die so aufwendig waren wie die Kreisgrabenanlagen, überließen die Erbauer die Ausrichtung der Eingänge sicher nicht dem Zufall. Aber selbst wenn eine grobe Orientierung der meisten Anlagen auf die Haupthimmelsrichtungen im Bauplan vorgesehen war, gab es zumindest in der Ausführung einen recht großen Spiel-

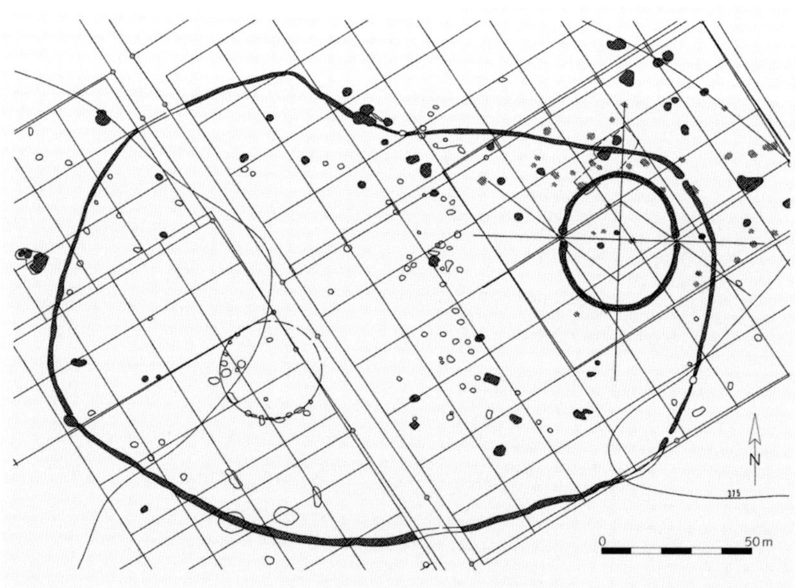

Kalenderbau? Die Tore der Anlage von Meisternthal markieren exakt den Sonnenaufgang und -untergang an den Tag- und Nachtgleichen im Frühjahr und Herbst.

raum. Sollten alle Anlagen jedoch einem bestimmten Zweck gedient haben – etwa das oft zitierte Bestimmen des besten Zeitpunktes zur Aussaat –, würde man mehr Einheitlichkeit in der Ausrichtung der Tore erwarten. Gerade die große Variabilität in Form, Toranzahl und Orientierung spricht gegen eine einzige Funktion der Kreise.

Daher plädieren auch die Befürworter astronomischer Ausrichtungen dafür, dass die Kreisgrabenanlagen mehr als nur einem Zweck dienten. Die Bestimmung wichtiger Daten im Jahresablauf war möglicherweise nur eine unter vielen Funktionen. Sicher spielten die Rondelle eine zentrale Rolle im Leben der umliegenden Dörfer, denn sie können nur durch die gemeinschaftliche Leistung vieler Menschen geschaffen worden sein. Vielleicht stellte sich mit ihnen die Gesellschaft nach außen dar. Die spärlichen Befunde legen eine religiöse Funktion nahe. Vielleicht kamen dazu noch ganz profane gesellschaftliche oder politische Versammlungen, die in diesem Raum abgehalten werden konnten. Oder die jungsteinzeitlichen Menschen nutzten sie als Umschlagplatz für den Warenhandel. Kreisgrabenanlagen sind wie Marktplätze im Mittelalter multifunktional vorstellbar: Auch dort reichte das Nutzungsspektrum von Zirkusvorführungen bis zu Hinrichtungen.

Nah am Wasser gebaut – jungsteinzeitliche Seeufersiedlungen am Alpenrand

Die Flammen schlagen hoch. Schnell greift das Feuer auf das dicht daneben stehende Nachbargebäude über. Die Holzhäuser brennen lichterloh. Zischend kracht ein Teil des Dielenbodens in das Wasser unter dem Haus. Töpfe, Haushaltsgerät und der gesamte Getreidevorrat der Familie versinken im See.

Wer sich von den Bewohnern der Seeufersiedlung Hornstaad-Hörnle ans Ufer retten konnte, musste mit ansehen, wie sein Dorf um 3900 v. Chr. ein Raub der Flammen wurde. Erst wenige Jahre zuvor hatten sie die Siedlung am Ufer des Bodensees aufgebaut. Aufwendige, besonders tiefe Pfahlgründungen waren nötig gewesen, um im weichen Seegrund standfeste Häuser zu errichten. Trieb man die Eichenpfähle nicht tief genug in den Boden, erging es dem eigenen Heim wie den Häusern des Dorfes Bachwiesen am oberschwäbischen Federsee. Dort konnten Archäologen einen einzigartigen Befund freilegen. Die Pfahlgründungen der Häuser hatten den festen Untergrund nicht erreicht. Daher waren die Pfähle im weichen Boden bald unter dem Gewicht des Gebäudes zur Seite gekippt. In Hornstaad war man dagegen noch umsichtiger gewesen: Sogenannte Pfahlschuhe, quer verzapfte Bretter auf der Strandoberfläche, verhinderten hier, dass die Pfähle durch die Last der Häuser weiter in den Untergrund sinken konnten. Dicht an dicht standen etwa 40 Häuser entlang enger Gässchen, die parallel zum Seeufer verliefen. Die Gebäude besaßen eine Grundfläche von 25 bis 30 m^2. Die Wände bestanden aus Spaltbohlen oder lehmverstrichenem Flechtwerk.

Obwohl ihr Dorf nach so kurzer Zeit ein Opfer der Flammen geworden war, haben sich die Siedler nicht entmutigen lassen. Archäologen stellten direkt oberhalb der Brandschicht weitere unverbrannte Abfallschichten fest: Die Bewohner des Dorfes haben also gleich nach dem Brand mit dem Wiederaufbau begonnen. In einem Fall haben sie sogar eine Ruine wieder hergerichtet.

Momentaufnahme jungneolithischen Lebens

Das Unglück der damaligen Dorfbewohner bedeutet für die Forschung heute einen Glücksfall, denn durch den herabstürzenden Brandschutt wurden die Fundschichten unter den Häusern versiegelt. Es entstand eine Momentaufnahme des Alltags. Die Ausgräber fanden außer Holzkohle zahlreiche gebrannte Lehmbrocken der Hauswände. Anhand der Lage der verstürzten Wände konnten sie einen exakten Plan des Dorfes und seiner Hausstellen anfertigen. Die Funde aus der Schuttschicht erzählen vom Alltagsleben der Bewohner. Jedes Haus war eine eigenständige Wirtschaftseinheit. Überall gab es die gleichen Haushaltsgeräte und Werkzeuge. Jede Familie besaß ihren eigenen Getreidevorrat.

In den Abfallschichten von Hornstaad-Hörnle IA und anderen Pfahlbausiedlungen haben sich im Wasser unter Luftabschluss große Mengen

Abgehoben: Die Häuser der Ufersiedlung Hornstaad am Bodensee standen wegen Hochwassergefahr auf Pfählen. Die Fußböden befanden sich bis zu 2 m über dem Strand.

von pflanzlichen Resten erhalten, aus denen Archäobotaniker Rückschlüsse auf die Ernährung der damaligen Menschen ziehen können. Hauptnahrungsmittel war in der Jungsteinzeit Getreide. Berechnungen zufolge mussten schon ab dem 4. Jtsd. v. Chr. 70 Prozent der Kalorien über Getreide aufgenommen werden, sonst hätten die Menschen nicht überleben können. Daneben lieferten Hülsenfrüchte wichtige Proteine. Im Neolithikum war dies vor allem die Erbse. Erst mit der Bronzezeit kommen Bohnen und Linsen in größerer Menge hinzu. Die jungsteinzeitlichen Bauern pflanzten außerdem reichlich Schlafmohn an: Droge oder Heilmittel?

Die aus den Erträgen der Feldarbeit zubereiteten Speisen wurden durch Sammelfrüchte bereichert: Wildäpfel, Himbeeren und Brombeeren sowie Haselnüsse und Schlehen. Diese Früchte spielten vor allem dann eine wichtige Rolle, wenn die Hauptnahrungsquelle der Feldfrüchte durch Missernten knapp wurde. Das Fleisch von Jagdwild und Haustieren ergänzte den Speiseplan. Unter den Siedlungsabfällen befanden sich darüber hinaus Massen von Fischwirbeln, die bezeugen, dass der Fischfang ebenso von großer Bedeutung war.

Die Fischernetze stellten die Seeuferbewohner aus Flachs her. Dafür bauten sie in einigem Umfang Lein an. Dessen Fasern dienten ihnen auch zum Weben feiner Textilien. Einen ungeahnten Einblick gerade in die Kleidung der Jungsteinzeit bieten die Seeufersiedlungen dank ihrer guten Erhaltungsbedingungen für organische Materialien. In Hornstaad kamen ein Hut und das Fragment eines Umhangs aus Ge-

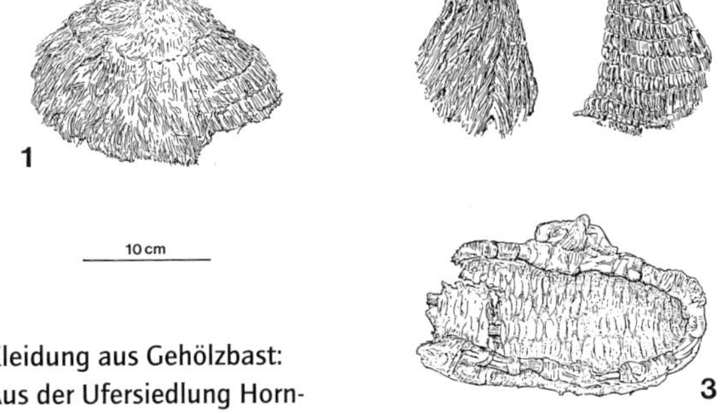

Kleidung aus Gehölzbast: Aus der Ufersiedlung Hornstaad stammen ein Hut und das Stück eines Umhanges (1.2), aus Sipplingen stammt eine Sandale (3).

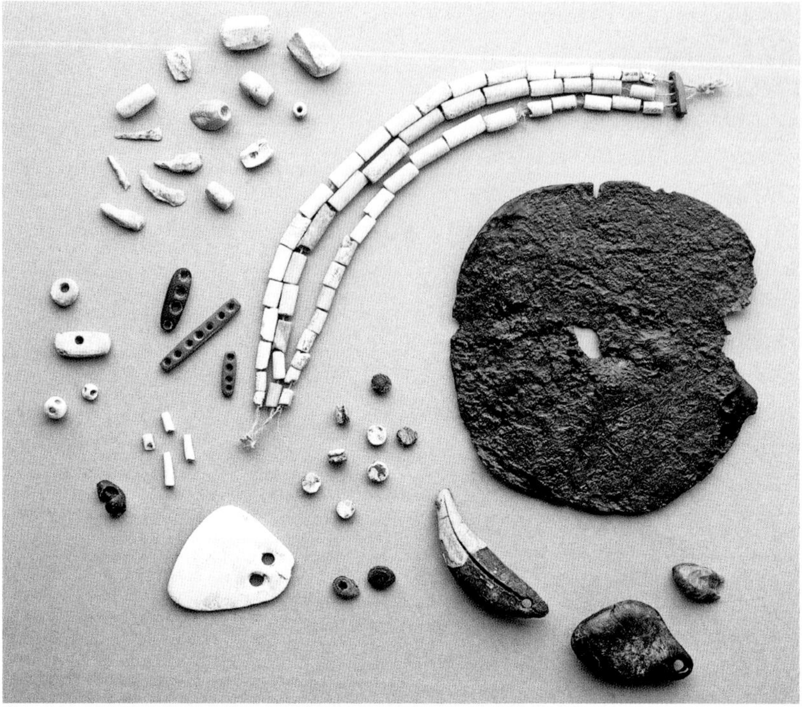

Tauschobjekte: Die einheimische Produktion von Perlen konnten die Bewohner von Hornstaad gegen Statussymbole wie die Kupferscheibe (rechts) eintauschen.

hölzbast zum Vorschein, die mit einem Vlies gepolstert waren. Aus dem 1000 Jahre jüngeren Pfahlbaudorf Sipplingen am Bodensee stammt eine Sandale aus Bast. Im schweizerischen Zug-Schützenmatt gruben Archäologen eine aus Moos gepresste Einlegesohle aus. Auf ihr ist noch ein über 5000 Jahre alter Fußabdruck der Größe 36 zu sehen. Ursprünglich steckte die Sohle wohl als Polsterung in einem Lederschuh, der sich nicht erhalten hat.

Die Menschen der Pfahlbausiedlungen pflegten weitreichende Handelsbeziehungen. In Hornstaad-Hörnle IA wurden Schalen von Meerestieren gefunden, die aus dem Mittelmeer und dem Atlantik stammen. Um sie als Schmuck tragen zu können, hatte man sie durchbohrt. Aus den Südvogesen kamen Beile aus Schwarzgestein in die Siedlung. Der spektakulärste Fund in Hornstaad war ein reines Prestigeobjekt: eine Kupferscheibe. Sie ist der älteste Kupferfund in ganz Süddeutschland. Vielleicht war sie ein Rangabzeichen? Vergleichbare Stücke gibt es zu dieser Zeit im östlichen Mitteleuropa. Metallanalysen haben eine Herkunft des Stückes aus dem Gebiet der Slowakei bewiesen.

Im Tausch gegen diese wertvollen Stücke aus Ost und West konnte die Siedlung am Bodensee eine lokale Spezialität anbieten: weiße Kalksteinperlen. In den Abfallschichten des Dorfes fanden Archäologen rund 3600 dieser kleinen, röhrenförmigen Perlen. Es gibt Rohformen in allen Bearbeitungsstadien, über 50 000 Kalksteinabschläge, dazu Schleifsteine und spezielle Bohrer, die eine Herstellung der Schmuckstücke vor Ort bezeugen.

Erbitterter Gelehrtenstreit um die Pfahlbauten

Das erste Mal nahm man im Winter 1853/54 Notiz von den Hinterlassenschaften der Seeufersiedlungen. Ein besonders niedriger Wasserstand legte in Meilen-Rorenhaab am Zürichsee ein ganzes Feld von im Boden versenkten Pfählen frei. Ferdinand Keller war der Erste, der die alten Pfähle als vorgeschichtliche Siedlungsreste interpretierte. Er stellte sich Dörfer vor, die auf Plattformen über dem Wasser standen. Die Idee stieß in der Öffentlichkeit auf große Begeisterung. Allerorten begann eine aufgeregte Suche

Waghalsig: Um an die archäologischen Schätze im Genfersee zu kommen, schreckten die Menschen im »Pfahlbaufieber« auch vor riskanten Tauchaktionen nicht zurück.

nach Pfahlbauresten. Sogar in waghalsigen Tauchaktionen ging man den Siedlungsresten auf den Grund. Die Juragewässerkorrektur ließ um 1870 den Wasserspiegel vieler Schweizer Seen sinken und noch mehr Pfahlfelder zum Vorschein kommen: Ein wahres Pfahlbaufieber setzte ein. Gegen Ende des 19. Jhs. mussten behördliche Anordnungen die Fundstellen vor Plünderungen retten.

Kellers Rekonstruktion der Plattformsiedlungen auf dem Wasser hat jedoch nicht alle überzeugt. 1925 entbrannte ein erbitterter Gelehrtenstreit. Gab es überhaupt Häuser auf Pfählen, oder waren nicht doch ebenerdige

Gebäude aus den Pfahlfeldern zu rekonstruieren? Oskar Paret bezog die Gegenposition: Pfahlbauten seien romantischer Unsinn. Die Antwort auf die »Pfahlbaufrage« gaben schließlich Ausgrabungen der 1960er Jahre. An den großen Voralpenseen war der Einfluss des Wassers in den freigelegten Siedlungsschichten deutlich sichtbar. Hier war nun die Existenz vom Boden abgehobener Gebäude bewiesen, die einst zumindest zeitweise über der Wasserfläche standen. Am Bodensee beispielsweise rekonstruierten Archäologen Häuser, deren Böden bis zu 2 m über dem Uferniveau lagen. Auch in Hornstaad-Hörnle scheint der Fall klar zu sein: Bei den Ausgrabungen unter der Brandschicht wurden keinerlei Fußbodenreste oder Herdstellen entdeckt, die sich als Hinweise auf eine ebenerdige Bauweise interpretieren ließen. Die Lage der verstürzten Bauteile lässt stattdessen Häuser mit vom Grund abgehobenem Fußbodenniveau vermuten. Ein solches hochwassersicheres Bauen auf erhöhten Plattformen ist an den Ufern großer Seen nur allzu verständlich, denn ihr Wasserspiegel kann im Jahresverlauf beträchtlich schwanken.

Bodenständig trotz feuchten Untergrundes

An den Ufern kleinerer Seen und an Mooren dagegen gab es durchaus ebenerdige Feuchtbodensiedlungen. Hier mussten die Pfosten von Dach und Wänden zur Standfestigkeit ebenfalls tief in den weichen Boden hineingetrieben werden. Da in diesen Regionen aber keine großen Wasserspiegel-

Zweiraumwohnungen: Am Ende des 5. Jtsds. v. Chr. besaß ein typisches Haus am Federsee zwei Zimmer und war mit Kuppelbackofen und Herdstelle ausgestattet.

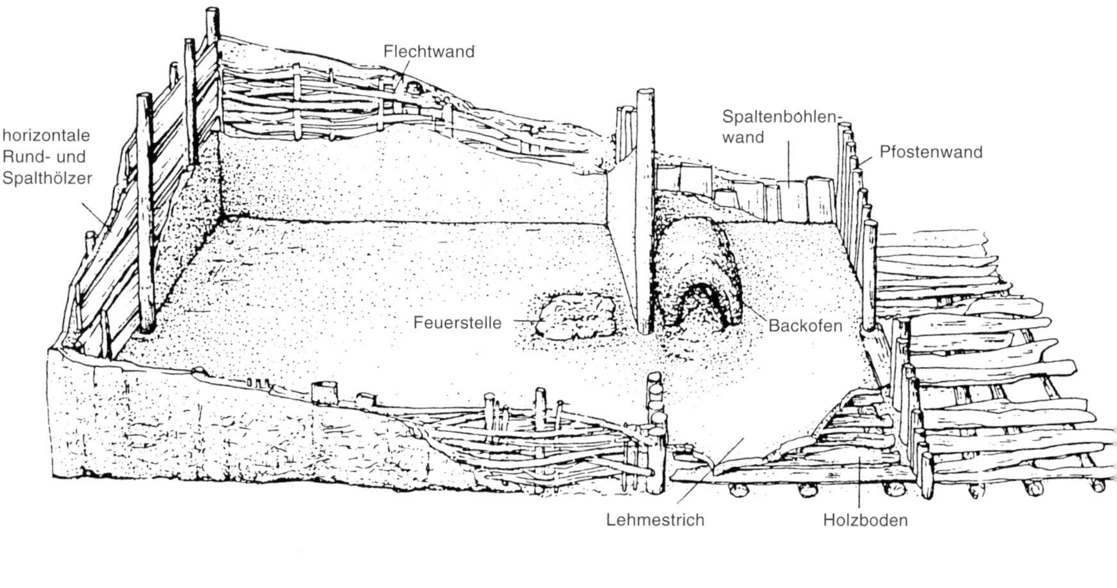

schwankungen zu erwarten waren, wurde der Fußboden ebenerdig angelegt und nur gegen die aufsteigende Feuchtigkeit isoliert. Solche ebenerdigen Bauten konnten beispielsweise am oberschwäbischen Federsee freigelegt werden. Der heute fast verlandete See besaß am Ende der Eiszeit noch eine Größe von 50 km². Er ist eine wahre Fundgrube für Pfahlbauforscher: Knapp 200 Hausgrundrisse wurden hier bisher ausgegraben; dazu kommen Bohlenwege, mehr als 40 Einbäume und sechs hölzerne Räder.

Die ersten Uferhäuser am Federsee datieren um 4200 v. Chr. Es waren typischerweise kleine Bauten mit zwei Zimmern, einem Kuppelbackofen und Vorplatz. Neben robusten Dielenböden mit Lehmestrich konnten in der Siedlung Riedschachen II auch ganz einfache, gestampfte Lehmfußböden nachgewiesen werden, die allerdings zum Schutz vor Feuchtigkeit mit untergelegten Rindenbahnen ausgestattet waren. Scheint zu Anfang in jedem Haus dieselbe alltägliche Arbeit verrichtet worden zu sein und jede Siedlung für sich autark gewirtschaftet zu haben, zeichnet sich im Endneolithikum eine Spezialisierung ganzer Siedlungen ab. In Alleshausen-Grundwiesen konnten im Gegensatz zu allen anderen Pfahlbausiedlungen kaum Getreidepollen oder Dreschreste in den Abfallschichten festgestellt werden. Stattdessen fanden sich Leinkapseln und Leinstängel in großer Menge. Hier hat sich eine ganze Siedlung auf Flachsanbau und Textilproduktion spezialisiert. Sie konnte Fasern und Textilien an andere Siedlungen liefern, war aber wohl im Tausch auf Getreide angewiesen. Ab 2900 v. Chr. sind am Federsee nicht zufällig auch die ersten Wagenräder belegt. Die gewerbliche Spezialisierung und der Transport von Waren gingen sicher Hand in Hand.

Zeitlicher Gleichklang der Siedlungen

An den gut erhaltenen Pfahlgründungen und Bauhölzern können dendrochronologische Untersuchungen vorgenommen werden. Mit Hilfe einer Analyse der Baumringe kann die Errichtung vieler Pfahlbausiedlungen jahrgenau bestimmt werden. Dabei fällt auf, dass zahlreiche Ufersiedlungen genau zu derselben Zeit gegründet und wieder verlassen wurden. Eine Erklärung hierfür bietet das Klima: Es steuert auch überregional Seespiegelschwankungen. Ein hoher Wasserstand zerstörte die Dörfer, die zu nah an den Seen standen; die Siedler mussten sich zurückziehen. Erstaunlicherweise folgte man aber auch bei wieder sinkendem Seespiegel der Wasserlinie. Aus irgendeinem Grund scheint es günstig gewesen zu sein, die Dörfer in überschwemmungsgefährdeten Gebieten zu errichten. Nicht selten mussten die Siedler auf solche Klimaschwankungen reagieren. Am Zü-

BÄUME ALS ZEITMESSER – DENDROCHRONOLOGIE

Die Dendrochronologie macht sich das schubweise Wachstum der Bäume zunutze. In unseren gemäßigten Breiten bildet ein Baum im Frühjahr anderes Holz als im Sommer. Durch diesen Wechsel von »Früh-« zu »Spätholz« lassen sich im Stammquerschnitt einzelne Jahrringe unterscheiden. Je nach dem, wie gut ein Baum in einem Jahr gedieh, ist der Jahrring breiter oder schmaler ausgeprägt. In einem milden und feuchten Jahr wächst der Baum besser als bei Trockenheit oder Kälte. Er spiegelt so in seinem Wachstum das herrschende Klima. Und dieses ist in keinem Jahr genau dasselbe wie in dem zuvor. Bäume der gleichen Art zeigen in derselben Region ein ganz ähnliches Muster aus breiten und schmalen Ringen. Diese Jahrringkurve ist für eine bestimmte Zeit und ein Gebiet charakteristisch und wiedererkennbar.

Jahrringkalender: Aus den Jahrringkurven von rezenten Bäumen, alten Balken und ausgegrabenen Hölzern wurde eine Kurve erstellt, die weit in die Vorzeit zurückreicht.

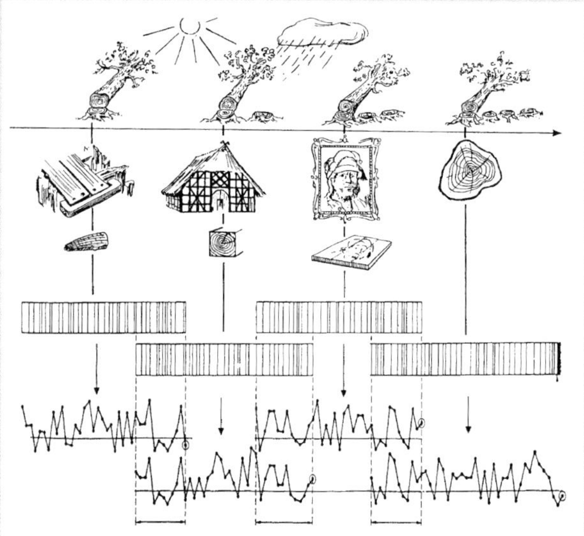

Dendrochronologen haben mehrere Zehntausend Jahrringkurven einzelner Bäume übereinander gelegt, gemittelt und eine Referenzkurve geschaffen, mit der nun jeder neue Baum verglichen werden kann. Ist das Holz gut genug erhalten, um es in die Kurve einzupassen, kann der Dendrochronologe das Fälldatum des Baumes jahrgenau, ja sogar jahreszeitengenau bestimmen.

Der Jahrringkalender ging von Bäumen aus, deren Fälldatum man kannte. Diese Kurve wurde mit Bäumen verlängert, die sich in ihrer Lebenszeit mit den ersten überschnitten, aber weiter in die Vergangenheit zurückreichten. Und so führte man die Kurve immer weiter fort. Eichen eignen sich am besten als Grundlage eines solchen Kalenders, da sie mehrere Hundert Jahre alt werden können. So reicht die mitteleuropäische Eichenchronologie weit in die Vorgeschichte zurück: bis in die Mitte des 9. Jtsds. v. Chr. In dieser Zeit war das Klima wärmer geworden, und Eichen konnten sich aus dem Mittelmeergebiet nach Norden ausbreiten. Zuvor hatten Kiefern die Wälder dominiert. Auch ihr Wachstum ist so charakteristisch, das sich Jahre ablesen lassen. Allerdings bereitete eine Verknüpfung von Eichen- und Kiefernkurve lange Zeit Schwierigkeiten. Erst vor wenigen Jahren gelang der Durchbruch: Der gemeinsame Jahrringkalender beider Arten reicht jetzt, mit kleineren Unterbrechungen, über 14 000 Jahre zurück. ■

richsee wechselten sich trockene und überflutete Ufer allein in der Steinzeit 30 Mal ab.

Im Gegensatz zu den gut erforschten Pfahlbausiedlungen ist über das Hinterland der Uferdörfer wenig bekannt. An den Seen der Westschweiz richteten die neolithischen Siedler gleichzeitig mit den Häusern am Ufer riesige Steine, Menhire, auf. Manche stehen einzeln, es gibt aber auch ganze Gruppen von Menhiren. Sie beweisen einen religiösen Kontakt der Pfahlbauern zu den Megalithkulturen Westeuropas. Die Frage, wo die Bewohner ihre Toten bestatteten, beantwortete die Erforschung zweier Großsteingräber, die sich in Erlenbach und Kempraten am Zürichsee unweit der Seeufersiedlungen befanden.

Im Alpenvorland herrschte Bereitschaft zur Wassernähe

Etwa 500 meist aus mehreren Siedlungsphasen bestehende Seeuferdörfer wurden rund um die Alpen bereits entdeckt. Seit dem Ende des 5. Jtsds. v. Chr. wurden im nördlichen und südlichen Alpenvorland gezielt Seeufer und Moorränder als Siedlungsgebiete aufgesucht. Mit mehreren Unterbrechungen setzte sich diese Sitte bis in die späte Bronzezeit fort. Andere Gegenden, in denen ähnliche naturräumliche Bedingungen herrschten, wie etwa die Mecklenburger Seenplatte oder die See- und Moorgebiete Skandinaviens, haben dagegen nur wenige Feuchtbodensiedlungen erbracht.

Warum rückten die Menschen also gerade rund um die Alpen so nah ans Wasser? Sie nahmen feuchte Fußböden oder drohendes Hochwasser in Kauf und wohnten auf ständig überflutetem Terrain. Was bot ihnen diese Situation an Vorteilen? Verschiedene Antworten stehen zur Auswahl. Einerseits ist gerade in jenen Zeiten eine intensive Besiedlung der Seeufer zu verzeichnen, in denen auch in den benachbarten, fruchtbaren Altsiedellandschaften rege Bautätigkeit herrscht. Möglicherweise wurde der Platz in den besseren Gebieten knapp, und man wich auf Randgebiete wie Seeufer aus. Doch dazu hätten die Siedler sich nicht ganz so nah an den See und noch dazu auf feuchten oder nassen Grund wagen müssen. Vielleicht kam ein Sicherheitsbedürfnis hinzu, das mit einer von Wasser umgebenen Siedlungslage gestillt werden konnte.

Die Ethnologie bietet Vergleichsbeispiele für eine solche Lebensweise. Im westafrikanischen Benin etwa trieben soziale Unruhen und Kriege die Bauern seit dem 16. Jh. an die Ränder von Seen und Mooren. Auch hier gibt es ufernahe Siedlungen, die auf trockenem Grund ebenerdig angelegt werden konnten, doch gingen die Menschen teilweise bis in die Flachwasserzonen. Am großen See von Nokoué im Süden Benins befinden sich Siedlungen in Uferbereichen, die durch die jährlichen Seespiegelschwankungen mehrere Wochen überspült sind. Die Häuser stehen hier ebenfalls auf Stelzen.

Ein Vorteil des feuchten Untergrundes war darüber hinaus, dass Pfahlbauten schnell errichtet werden konnten. Eichenpfähle ließen sich bis zu 4 m tief in den Boden treiben, ohne dass die Bauherren dazu erst ein Pfostenloch wie an Land hätten ausheben müssen. Aber man brauchte spezielle Kenntnisse, um mit dem schwierigen und instabilen Baugrund zurechtzukommen. Auch war die Haltbarkeit der Pfahlbauhäuser begrenzt: Sie standen oft nur wenige, längstens einmal 20 Jahre.

Nutzen zogen die Siedler sicherlich aus der Lage am See. Fischfang bereicherte den Speiseplan, und auf dem Wasser konnten sie ihre Waren bequem mit Einbäumen transportieren. Alle diese Vorteile führten jedoch nicht automatisch zur Besiedelung der Seeufer, sonst wäre dies in allen vergleichbaren Landschaften geschehen. Es muss in den Pfahlbaugebieten eine gewisse Bereitschaft gegeben haben, der Wassernähe wegen Kompromisse einzugehen.

Anfangs scheint diese Bereitschaft bei den Siedlern im Alpenvorland tatsächlich nicht geherrscht zu haben. Während hier erst Ende des 5. Jtsds. v. Chr. die Seeufer besiedelt wurden, gab es Feuchtbodensiedlungen bei den ersten Bauern im westlichen Mittelmeerraum schon im 6. Jtsd. v. Chr. Von dort breitete sich diese Sitte nach Norden aus. Die mediterrane Wohntradition erreichte zuerst die Alpenrandgebiete und kam dann auch in Mittel- und Osteuropa in Mode.

Sagenumwobene Hünenbetten – Europas Großsteinbauten

»Inmitten der Ahlhorner Heide lag in alter Zeit ein großer Bauernhof. Der Besitzer war stolz und habgierig und hätte seine einzige Tochter gern mit einem reichen Bauernsohn aus der Umgebung verheiratet. Aber das Mädchen liebte einen armen Schäfer, der ihr Jugendgespiele gewesen war. Der hartherzige Vater kümmerte sich nicht um die Bitten seines Kindes, sondern setzte gegen den Willen des Mädchens den Hochzeitstag fest.

Am Hochzeitsmorgen bewegte sich ein Zug festlich gekleideter Menschen über die Heide auf Visbek zu. Voran schritt die geschmückte Braut mit ihren Eltern, dahinter das Gefolge der Verwandten und Nachbarn ... Da richtete das Mädchen in seiner Verzweiflung die Blicke gen Himmel und rief flehend: ›Hilf o Gott! Lieber will ich auf der Stelle zu Stein werden, als

Schwertransport: Der Deckstein des »Heidenopfertisches« in Visbek wiegt etwa 50 Tonnen. Nur mit einer guten Technik und vielen Helfern konnte er bewegt werden.

einem Manne gehören, den ich nicht lieben kann!‹ Kaum hatte sie diese Worte ausgesprochen, da erstarrte der Brautzug. Wo eben noch Menschen aus Fleisch und Blut ihres Weges gezogen waren, erhoben sich mächtige Steine in zwei Reihen nebeneinander.«

Im 18. Jh. erfanden die Menschen im niedersächsischen Visbek bei Oldenburg diese Sage, um sich die Großsteingräber ihrer Gegend zu erklären. Keiner konnte sich damals vorstellen, dass die Visbeker »Braut« und ihr »Bräutigam« durch Menschenhand erbaut worden sind. Nicht nur hier, sondern auch in anderen Gebieten Norddeutschlands trugen die Großsteingräber daher märchenhafte Namen: Man nannte sie Teufelsbackofen oder Heidenopfertisch und sprach von Hünenbetten. Wer anderes als Teufel und Hünen hätten die 10 m lange Kammer des Visbeker »Bräutigams« aus meterhohen Steinen erbauen und sie dann mit einem 104 m langen Erdhügel zudecken können!

Begräbnisstätten für ein Kollektiv

In Wirklichkeit ruhten in den Hünenbetten keine Riesen, sondern ganz normale Menschen der Jungsteinzeit. Die Bauweise der Gräber wird Megalithik genannt, nach den griechischen Wörtern für »groß« *(mega)* und »Stein« *(lithos)*. Nördlich der Mittelgebirge legten Menschen verschiedener jungsteinzeitlicher Kulturen seit etwa 3500 v. Chr. für ihre Toten Megalithgräber an. Vor allem in der Trichterbecherkultur Norddeutschlands, aber auch in der nordhessischen Wartbergkultur und der mitteldeutschen Walternienburg-Bernburger Kultur war diese Sitte üblich. Die riesigen, aufwendig gebauten Grabstätten waren nicht für eine einzelne Person gedacht – vielmehr fand hier das gesamte Volk seine letzte Ruhe. Auch im Tode blieb die Gemeinschaft zusammen. Viele Dutzend Bestattungen finden sich in den Gräbern. Immer wieder wurden sie geöffnet und weitere Verstorbene hineingelegt. Die Großsteingräber waren über Jahrhunderte als kommunaler Friedhof in Gebrauch.

Im nordhessischen Calden bei Kassel liegen zwei Großsteingräber dicht beieinander. Angehörige der Wartbergkultur haben sie im Abstand von 300 Jahren für ihre Toten errichtet. Beide folgen trotz des zeitlichen Unterschieds demselben architektonischen Plan: Je 200 Menschen sind in den Gräbern bestattet worden – Männer, Frauen und Kinder: Die riesigen Grabkammern waren für alle da. Von ähnlicher Bauweise ist ein weiteres Großsteingrab im nordhessischen Züschen bei Fritzlar-Lohne. Da es besser erhalten ist als die Caldener Beispiele, kann man hier erkennen, wie der wiederholte Zugang zum Grab vonstatten ging: An einer Längsseite der

Kammer befindet sich ein Eingangsraum, der vom Hauptraum mit einem durchlochten Stein abgetrennt ist. Das Loch ist groß genug, dass eine erwachsene Person hindurchkriechen kann. In anderen Fällen verschlossen die Hinterbliebenen den Eingang mit Steinplatten oder Steinhaufen, die sie bei jeder neuen Bestattung zur Seite räumen mussten.

Megalithiker glaubten an ein Jenseits

Im Vorraum zur Grabkammer scheinen sich in den beiden Caldener Gräbern rituelle Feierlichkeiten abgespielt zu haben: Fast alle Keramikfunde stammen aus dem Eingangsbereich. Töpfe, Schalen und Fläschchen wurden hier an Ort und Stelle zerschlagen. In den Grabkammern selbst herrschte ein heilloses Durcheinander. Hunderte von Knochen lagen kreuz und quer. Selten konnte ein Skelett bei der Ausgrabung noch im anatomischen Verband entdeckt werden. Die nachträglichen Bestattungen haben immer wieder die Ruhe der schon in der Kammer befindlichen Toten gestört. Die Totengräber haben die älteren Skelettreste einfach beiseite geräumt, um Platz für »Neuankömmlinge« zu schaffen. Schädel, Schulterblätter und Langknochen sammelten sie gesondert auf Haufen am Rand der Grabkammer.

Die Hinterbliebenen gaben den Toten meist Keramikgefäße mit ins megalithische Grab. Es ging dabei nicht so sehr um das Geschirr selbst als vielmehr um den Inhalt: Die Verstorbenen sollten auch im Jenseits genug zu essen haben. Sie bekamen Pfeil und Bogen für die Jagd mit, Werkzeuge

Teufelswerk: Die mächtigen Bauwerke der Megalithgräber, wie der »Teufelsbackofen« bei Wismar, sind oft mit übernatürlichen Kräften in Verbindung gebracht worden.

und ihren persönlichen Schmuck. Letzterer bestand oft aus langen Ketten mit durchbohrten Tierzähnen, am liebsten vom Hund. Die Erbauer der Großsteingräber glaubten offensichtlich an ein Leben nach dem Tod, in dem man essen und jagen konnte und »herausgeputzt« auftreten sollte.

Ein Kraftakt der Gemeinschaft

Die Megalithbauten sind also keine unerklärlichen Teufelswerke, sondern eine technische Meisterleistung. Der Transport und die Positionierung von riesigen Steinen wie etwa dem Deckstein des Heidenopfertisches bei Visbek stellten einen gewaltigen Kraftakt dar, der nur mit vielen Helfern und speziellen technischen Kenntnissen zu bewältigen war. Dieser Deckstein ist 5 m mal 3 m groß und wiegt rund 50 t. In Experimenten haben Archäologen getestet, auf welche Art so schwere Steine am leichtesten transportiert werden können. Bei einem Versuch wurde ein 32 t schwerer »Stein« aus Beton an Seilen auf rollenden Baumstämmen und über zu Schienen verlegte Vierkanthölzer gezogen. Um den Block 4 km weit zu bewegen, benötigten 200 Personen einen ganzen Tag! Allein 170 Beteiligte zogen an den Seilen, während die restlichen Helfer Acht gaben, dass der Stein nicht von den Rollen rutschte. Eine andere Anordnung erwies sich dagegen als wesentlich effektiver: Anstatt den Stein zu ziehen, bewegten die Helfer die Rollen mit Hebeln weiter. So wurden für dieselbe Transportstrecke nur wenige Dutzend Menschen benötigt. Hebelwirkung ist bei Großsteinbauten offensichtlich wichtiger als Zugkraft. Mit Hebeln und einem Gerüst gelang es in diesem Versuch auch relativ leicht, den Betonblock auf eine Höhe von 1 m zu hieven.

Anhand von ethnologischen Parallelen zu neuzeitlichen Megalithbaumeistern hat der Kieler Professor Johannes Müller die Arbeitsleistung berechnet, welche die Erbauer eines Großsteingrabes aufbringen mussten. Als Beispiel diente die Anlage von Kleinenkneten I im Landkreis Oldenburg. Die jungsteinzeitlichen Menschen haben die mehr als 9 m lange Grabkammer aus elf riesigen Seiten- und drei Decksteinen zusätzlich noch mit einem knapp 50 m langen Hügel überdeckt. Sie haben für den Bau 340 t Steine und 1200 m³ Erde bewegt. Den Berechnungen Müllers zufolge mussten 100 Mann fast dreieinhalb Monate lang zehn Stunden am Tag arbeiten, um dieses Grabmal fertig zu stellen.

Gemeinschaftsleistung: Auch wenn Technik und Organisation stimmen, bindet der Bau eines Großsteingrabes die Arbeitskraft von Dutzenden von Männern über mehrere Monate.

Bunte Vielfalt an Grabformen

Die Formenvielfalt unter den Megalithgräbern ist groß. Es gibt eingetiefte Steinkisten, zu denen etwa die Wartberger Beispiele gehören, und oberir-

disch angelegte Grabkammern, die in der Norddeutschen Tiefebene beliebt waren. Es gibt solche, die aus Findlingen errichtet wurden, und andere, die aus Steinplatten bestehen. Manche setzen sich aus nur vier Steinen zusammen – Ur-Dolmen genannt, nach dem bretonischen Wort für »Steintisch« –, andere besitzen lange Seitenwände aus mehreren nebeneinander aufgestellten Steinen (erweiterte Dolmen), und bei vielen norddeutschen Exemplaren führt noch ein separater Gang durch den Hügel zur eigentlichen Grabkammer (Ganggräber). Der vorher beschriebene Züschener Gräbertypus wird auch Galeriegrab genannt, da sich der Eingang im Gegensatz zu den Ganggräbern an der Schmalseite befindet.

Dachte man früher, hinter den verschiedenen Typen würden sich chronologische Stufen mit einer Entwicklung von einfachen zu komplizierteren Formen verbergen, so gilt dies heute als überholt. Naturwissenschaftliche Datierungen und detaillierte Untersuchungen der Grabbeigaben haben gezeigt, dass verschiedene Grabtypen gleichzeitig in Gebrauch waren. Darüber hinaus finden sich allerlei Übergangsformen, wodurch die starre Kategorisierung ihre Gültigkeit verliert. Es gibt regionale Gruppen, die vielleicht Architekturtraditionen spiegeln, wie sie die Menschen in Calden über Jahrhunderte bewahrt haben. Aber alle Typen kommen über das gesamte Verbreitungsgebiet der Großsteingräber verteilt vor.

Wer waren die Baumeister?

Megalithgräber waren in der Jungsteinzeit weit verbreitet. Norddeutschland ist davon nur ein kleiner Ausschnitt. Großsteingräber gibt es in einem breiten Streifen entlang der Atlantikküste Europas. Man findet sie fast rund um die Iberische Halbinsel, in Frankreich und auf den Britischen Inseln bis hin nach Dänemark und Schweden, aber auch auf Sizilien, Sardinien und Korsika sowie in Nordafrika. Norddeutschland liegt nicht nur am östlichen Rand der Gesamtverbreitung, die Gräber gehören hier auch zu den jüngsten. Weit früher tritt die megalithische Bauweise schon in der Bretagne und auf der Iberischen Halbinsel auf. Dort stammen die ersten Großsteinbauten aus dem 5. Jtsd. v. Chr. Obwohl sich bisweilen die Baustile ähneln, bestatteten doch Angehörige verschiedener regionaler Kulturen ihre Verstorbenen in den jeweiligen Gräbern.

Früher nahm man an, seefahrende Missionare hätten die Küstenbevölkerung Europas zu megalithischer Bauweise bekehrt. Heute vermutet man andere Hintergründe. Archäologen sehen Aufkommen und Ausbreitung dieser mächtigen Konstruktionen jetzt in engem Zusammenhang mit der Umstellung der Bevölkerung auf eine sesshafte Lebensweise, geprägt von

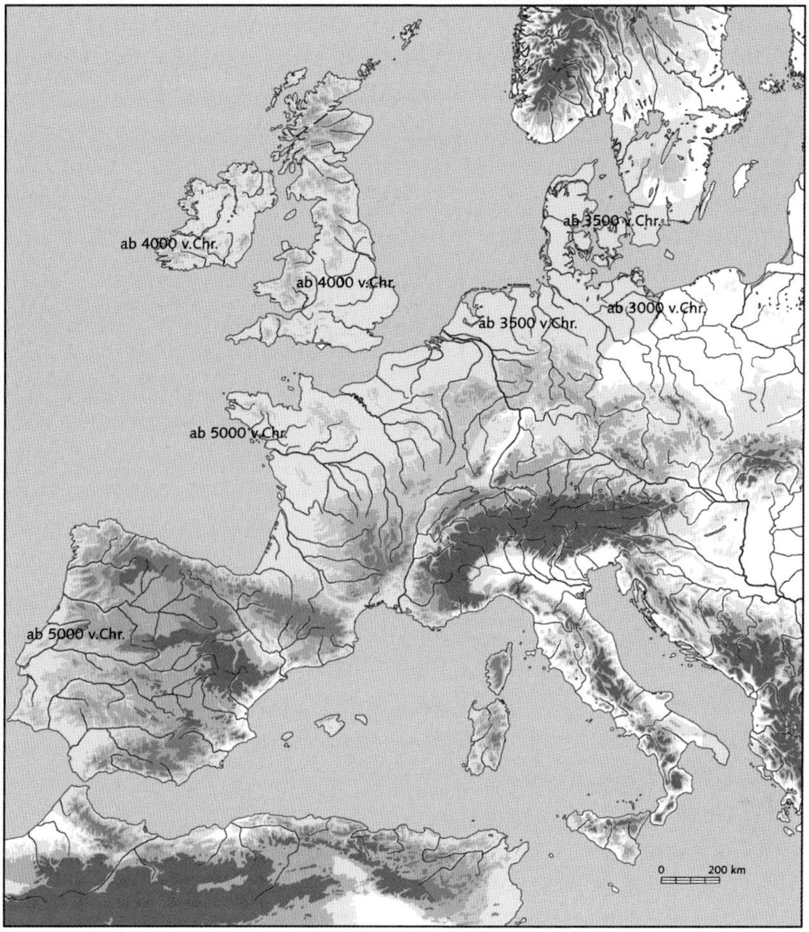

Abgrenzung: Großsteingräber sind besonders in den Randgebieten neolithisierter Gegenden verbreitet. Möglicherweise dienten sie auch zur Markierung des eigenen Territoriums.

Ackerbau und Viehzucht. Eine solche Erklärung legt zumindest das derzeitige Bild nahe: Die Großsteingräber tauchen konzentriert in den Randgebieten neolithisierter Gegenden auf und waren dort anscheinend besonders beliebt. Sicher gab es Kontakt und Austausch zwischen den Bauern und den noch wildbeuterisch lebenden Nachbarn. Möglicherweise stritt man sich auch um Gebiete: Die Jäger und Sammler benötigten ein größeres Streifgebiet als die ortsfesten Bauern. Vielleicht fiel der Jagd der mesolithisch lebenden Menschen auch einmal ein Haustier zum Opfer. Dies könnte zu Konflikten geführt haben, die in gegenseitige Abgrenzung mündeten. Die riesigen Steinmonumente waren weithin sichtbar und symbolisierten als kollektive Begräbnisstätten die gesamte Gemeinschaft. Sie waren eine Möglichkeit, das eigene Territorium deutlich sichtbar zu kennzeichnen und einen Besitzanspruch zu unterstreichen. Davon machte zuerst die Bevölkerung an der Atlantikküste Gebrauch, dann, etwas später, nutzten auch die Bewohner Südenglands oder Norddeutschlands diese Möglichkeit. Nicht zufällig gehören in Norddeutschland die meisten Großsteingräber in die Trichterbecherkultur, die dort als erste eine neolithische Wirtschaftsweise praktizierte. Nicht jeder reagiert jedoch auf die Nachbarn mit solchen Bauwerken. Auch in der Trichterbecherkultur gibt es neben den Megalithgräbern unauffälligere Flachgräber. Und nur in bestimmten Regionen des Verbreitungsgebietes dieser Kultur grenzen sich die Menschen durch Großsteingräber voneinander ab.

Nicht nur Gräber

Aus großen Steinen wurden zu dieser Zeit nicht nur Gräber gebaut. In Portugal, Nordspanien, Frankreich und auf den Britischen Inseln, aber auch in der Schweiz und am Nordrand der Mittelgebirge finden sich einzeln aufgestellte Riesensteine. Sie werden Menhire genannt – ein Wort, das aus dem Bretonischen stammt und so viel wie »lange Steine« bedeutet. Darüber hinaus gibt es aufwendige Anlagen, die nicht einem Begräbnis dienten, sondern wohl Kultstätten waren: Die berühmteste dieser Art ist Stonehenge in Südengland. Das Bauwerk besteht aus mehreren konzentrischen Kreisen von aufgerichteten Steinen. Den äußersten Ring von 30 m Durchmesser bilden fast 4 m hohe, rechteckig zugehauene Steine, nach der verwendeten örtlichen Sandsteinart Sarsensteine genannt. Sie stehen in einem Abstand von ungefähr 1 m zueinander. Ursprünglich waren die senkrechten Steine Träger für aufliegende waagerechte Blöcke. Sechs noch an Ort und Stelle erhalten gebliebene Exemplare zeigen die geplante Aufstellung. Gleich innerhalb dieses Ringes gibt es einen weiteren, unvollständigen Kreis aus halb so hohen Steinen, die ohne quer liegende Decksteine auskommen. Aufgrund ihrer Färbung tragen sie den Namen Blausteine. Einst bildeten 60 Steine diesen kleineren Kreis; heute stehen nur noch sechs davon. Noch weiter im Inneren der Anlage befindet sich ein hufeisenförmiger Bogen, gebildet von Trilithen; es handelt sich dabei um je zwei senkrechte Steine mit einem waagerechten Deckstein – entsprechend den Konstruktionen des äußeren Kreises. Als wäre dies alles nicht schon genug Aufwand für die steinzeitlichen Menschen gewesen, befinden sich um die Megalithkreise noch drei weitere konzentrische Ringe aus Erdlöchern. Zusätzlich ist die Anlage von einem Wall mit vorgelagertem Graben umgeben. Er misst 100 m im Durchmesser. Eine Erdbrücke unterbricht diese Einfriedung gegenüber der Öffnung zum inneren, hufeisenförmigen Steinkreis.

Weltbekannte Steine: Stonehenge ist eine gewaltige Anlage aus mehreren Kreisen, deren Bau sich über viele Jahrhunderte hingezogen hat.

Sie ist Ausgangspunkt einer 20 m breiten Prachtstraße, die wiederum von Gräben und Wällen begleitet wird. Die Mündung dieses Zuweges und die Öffnung des Hufeisens bilden eine Achse der Anlage, die auf den Sonnenaufgang zur Sommersonnenwende und den Sonnenuntergang zur Wintersonnenwende ausgerichtet scheint. Möglicherweise nehmen auch weitere Steinstellungen in Stonehenge auf die Sonnenwendtage Bezug.

Stonehenge war Jahrhunderte lang eine Baustelle

All diese Ringe entstanden nicht auf einmal. Nach eingehender Untersuchung der Funde und naturwissenschaftlichen Analysen ist heute deutlich, dass Stonehenge über viele Jahrhunderte in Gebrauch gewesen ist und immer wieder in seiner Gestalt verändert wurde. Um 3000 v. Chr. legten die Menschen zuerst die Einfriedung aus Graben und Wall an. Wahrscheinlich waren kleinere Gruppen von Arbeitern aus den umliegenden Dörfern längere Zeit mit dem Bau beschäftigt. Wie ihre Werkzeuge aussahen, zeigen Funde aus der Grabensohle: Es waren Spitzhacken aus Hirschgeweih. Auch der äußerste Kreis von Gruben war jetzt schon vorhanden. Die Forschung ist sich immer noch nicht sicher, zu welchem Zweck sie angelegt wurden. Sollten sie Pfosten aufnehmen, oder sind es Fundamentgruben für Steine? Zuletzt benutzten die Menschen sie als Gräber: In ihnen fanden sich verbrannte menschliche Skelettreste. In einer zweiten Phase entstanden ein Teil der Prachtstraße und, nach den Ausgrabungsbefunden zu urteilen, auch einige Holzeinbauten im Inneren der Einfriedung. Erst danach begann der Bau der Steinkreise, wiederum jedoch nicht gleichzeitig. Um 2440 bis 2100 v. Chr. richteten die jungsteinzeitlichen Menschen die Sarsensteine auf. Den Kreis der Blausteine wie auch das Hufeisen schufen sie zwischen 2300 und 1900 v. Chr. Zu Beginn des 2. Jtsds. v. Chr. wurden die Gruben für die beiden letzten Ringe ausgehoben. War vielleicht die Aufstellung weiterer Blausteine geplant, die dann aus irgendeinem Grund nicht ausgeführt wurde?

Schwertransporte über Land

Nicht nur die Bauarbeiten selbst waren für die jungsteinzeitlichen Menschen mit enormen Anstrengungen verbunden. Auch die Beschaffung der Rohmaterialien war aufwendig. Das Material der Sarsensteine stand 30 km entfernt von Stonehenge an. Wie transportierte man die über 20 t schweren Steine über diese Strecke? Der Wasserweg scheint leichter, doch war dies wohl unmöglich: Die Wassertiefe des Flusses war für die extrem schweren Steine zu gering, der Flusslauf zu kurvig. Nur ein Transport an Land kam in Frage. Das Rad war zwar zu dieser Zeit schon bekannt, aber ein hölzerner Karren hätte dem Gewicht der Steine nicht standgehalten. Wahrscheinlicher ist, dass die Steine auf großen, über Rollen gezogenen Schlitten nach Stonehenge gebracht wurden. Eventuell geschah der Transport im Winter, denn gefrorener Boden oder sogar eine leichte Schneedecke hätte den Schlitten noch besser gleiten lassen. Zu dieser Jahreszeit wären auch Arbeitskräfte aus der Landwirtschaft für solche Arbeiten frei gewesen.

Mussten die Sarsensteine nur eine relativ überschaubare Strecke transportiert werden, so war der Weg der Blausteine noch weiter: Dieses Rohmaterial steht erst in Südwales an. Im Jahre 2003 konnten Archäologen einen spektakulären Fund machen, der diese Annahme stützt. In einem gemeinsamen Grab waren in Boscombe Down nahe Stonehenge um 2300 v. Chr. sieben Menschen beerdigt worden. In der Mitte des Grabes lag ein 30 bis 45 Jahre alter Mann, um ihn herum waren drei Kinder im Alter von 2 bis 7 Jahren, ein 15 bis 18 Jahre alter Jugendlicher und zwei weitere Männer von 25 bis 30 Jahren bestattet worden. Alle Erwachsenen zeigen Eigenheiten im Knochenbau, die auf eine Verwandtschaft schließen lassen. Die Untersuchung ihres Zahnschmelzes offenbarte dazu, dass sie nicht aus der Gegend von Stonehenge kamen, sondern aus Nordwestengland, Nord- oder Südwales stammten. Verlockend ist daher die These, diese Familie mit dem Transport der Blausteine in Zusammenhang zu bringen.

Kollektiv oder Elite?

Der ungeheure Aufwand, den die jungsteinzeitlichen Menschen für den Bau der Großsteingräber und Kultplätze betrieben, lässt sich nur mit ihrer besonderen Funktion für die Gemeinschaft erklären. Wirklich verständlich wird dieser enorme Einsatz erst, wenn man in den Megalithgräbern weitaus mehr als einen reinen Sippenfriedhof sieht: Sie müssen eine noch größere, vielleicht religiöse Bedeutung gehabt haben. Ansonsten hätte es einfachere Methoden gegeben, die Familie zu begraben. So stellt sich in den Großsteingräbern auch eine kollektive Arbeitsleistung dar. Die gesamte Gemeinschaft war in den Bau eingespannt und nahm dafür Entbehrungen auf sich. Steckt dahinter der Befehl eines Herrschers, oder präsentiert sich hier ein Kollektiv nach außen? War Stonehenge möglicherweise die Bühne für einen religiös legitimierten Machthaber? Die Großsteingräber sprechen gegen einen Herrscher und für eine egalitäre Gesellschaft. In ihnen wurde die gesamte Bevölkerung bestattet. Hier gibt es keinen Einzelnen, der sich vom einfachen Volk absetzen will, sondern nur Gleiche unter Gleichen.

Überall in Europa endet die Sitte, Bauten aus riesigen Steinen zu errichten, etwa gleichzeitig. Stonehenge ist einer der Endpunkte dieser langen Tradition. Bald nachdem die Steinkreise aufgestellt worden waren, wehte ein neuer Wind. Mit dem Aufkommen des Metalls am Ende der Steinzeit veränderte sich das Zusammenleben der Menschen: Aus einer egalitären wurde eine hierarchisch strukturierte Gesellschaft, die sich in anderen Grabmonumenten darstellte.

Aufbruch in eine neue Zeit – das erste Kupfer

Er starb fern der Heimat. Als junger Mann war er aus den Alpen nach England gezogen, weil hier seine Schmiedekenntnisse gebraucht wurden. Kaum einer auf den Britischen Inseln war zu dieser Zeit in die Geheimnisse der Kupferverarbeitung eingeweiht. Dieses Wissen hatte ihn in der Fremde zu einem reichen und angesehenen Mann gemacht. Am Ende begruben die Einheimischen ihn mit kostbaren Beigaben: Er bekam Dolche aus feinstem spanischen Kupfer mit ins Jenseits, das Haar schmückten goldene Ringe.

1000 km von den Orten seiner Kindheit entfernt fand der sogenannte »Bogenschütze von Amesbury« in Wiltshire seine letzte Ruhestätte. Als dieses Grab der Glockenbecherkultur im Mai 2001 entdeckt wurde, ahnte keiner, welch weite Reise der Mann vor 4300 Jahren auf sich genommen hatte. Erst Zahnschmelzuntersuchungen offenbarten, dass der Tote seine ersten Lebensjahre nicht auf den Britischen Inseln, sondern in den Westalpen verbracht hatte. Überraschend war für die Forschung dabei nicht so sehr die Anwesenheit eines Fremden auf den Britischen Inseln, sondern eher die große Entfernung zu seiner Heimat. Archäologen hatten schon immer angenommen, dass das Wissen um die Metallverarbeitung am Ende der Steinzeit vom Kontinent aus auf die Inseln gebracht worden ist, traten doch mit den Glockenbecherleuten in England auch die entsprechenden technischen und gesellschaftlichen Neuerungen im archäologischen Material in Erscheinung. Der Grabfund von Amesbury bestätigt nun diese Vermutung zweifelsfrei .

Schmiede gehörten zur Oberschicht

Der Glockenbechermann war aufgrund seiner Spezialkenntnisse eine bedeutende Persönlichkeit in dieser Gegend. Das zeigt der Reichtum, mit dem er bestattet worden ist: Mit rund 100 Fundstücken erhielt er zehnmal so viele Beigaben wie andere zu dieser Zeit. Die Ausgräber entdeckten so

DIE DOLMENGÖTTIN

Hin und wieder sind die Toten nicht allein in einem Großsteingrab. Dann lugt zwischen den Steinen ein Gesicht hervor, oder Rinder zieren die Grabwände. In die Steine geritzte Figuren und Zeichen sind in den Megalithgräbern relativ selten. Gerade aber ein Gesicht taucht von Westeuropa bis nach Mitteldeutschland öfter unter den Kunstwerken auf. Es wird »Dolmengöttin« genannt. In Schafstädt, Lkr. Merseburg-Querfurt, trug ein Wandstein nicht nur das Antlitz der Göttin, sondern zeigte sie vollständig: eine frühe Götterstatue. Im Grab allerdings stand der Statuenmenhir nicht frei und aufrecht, so dass man die »Dolmengöttin« hätte bewundern können. Vielmehr war die Stele als Wandstein und dabei noch mit dem Kopf der Göttin nach unten eingebaut worden. Vielleicht hatte man die Statue einfach achtlos wiederverwendet. Was dieser Überlegung allerdings widerspricht: Es gibt auch andere Beispiele, wo Darstellungen den Blicken der Lebenden entzogen sind – ganz abgesehen davon, dass sämtliche Motive in den dunklen Grabkammern ohnehin schwer zu erkennen waren. Bisweilen befinden sich die Ritzungen sogar an Stellen, die im fertigen Grab nicht mehr zugänglich waren. In dem westfälischen Galeriegrab Warburg 1 wurden stilisierte Rinder und Zickzack-Symbole an der Schmalseite eines Wandsteines so angebracht, dass der anschließende Wandstein diese Kunst verdeckte. Die Darstellungen waren nicht für die Augen der Hinterbliebenen gedacht. Offensichtlich hatten die Zeichen und Figuren eine religiöse Bedeutung, die nicht davon abhing, ob sie gesehen wurden oder nicht. ■

Verbaut: Die Stele von Schafstädt zeigt eine »Dolmengöttin«. Doch keiner konnte sie bewundern: Sie war kopfüber als Wandstein in ein Megalithgrab eingebaut worden.

viele Statusgüter in dem Grab, dass sie von einer »Überausstattung« sprechen. Abgesehen von den goldenen Lockenringen, die zu den ältesten Goldfunden in Großbritannien gehören, fanden sich fünf Keramikbecher, vier kupferne Dolche und sogar eine doppelte Bogenausrüstung. Seinen Berufsstand, dem er diesen Ruhm verdankte, bringen die Funde im Grab deutlich zum Ausdruck: Für die glockenbecherzeitlichen Feinschmiede ist beispielsweise ein kissenförmiger Steinamboss als Beigabe typisch.

Der anthropologischen Untersuchung zufolge starb der »Schmied von Amesbury«, wie er nun besser heißen sollte, im Alter von 35 bis 45 Jahren. Interessanterweise stieß man in unmittelbarer Nähe auf das Grab eines weiteren, jedoch fast 20 Jahre jüngeren Mannes. Knochenanalysen ergaben, dass beide verwandt waren: Vielleicht liegen hier Vater und Sohn begraben? Im Gegensatz zu dem Vater ist der Sohn jedoch schon in der neuen Heimat aufgewachsen. Die Gräber befinden sich nur 5 km von der megalithischen Anlage Stonehenge entfernt. Da der reiche Fremde um 2300 v. Chr. hier lebte, genau in der Zeit als die riesigen Steine aufgestellt wurden, halten es Archäologen für möglich, dass er als bedeutende Persönlichkeit auch am Bau beteiligt war.

Technologie aus dem Vorderen Orient

Das Kupfer, aus dem die Dolche des »Schmieds von Amesbury« hergestellt waren, stammte aus Spanien oder Frankreich. Dieses Ergebnis sowie die alpine Herkunft des Bestatteten spiegeln die europaweiten Kulturkontakte der Glockenbecherleute. Durch genau jene Handelskontakte und die Mobilität der Spezialisten konnte sich

Oberschicht: Der »Bogenschütze von Amesbury« war aufgrund seiner Schmiedekenntnisse eine bedeutende Persönlichkeit in der Gegend von Stonehenge.

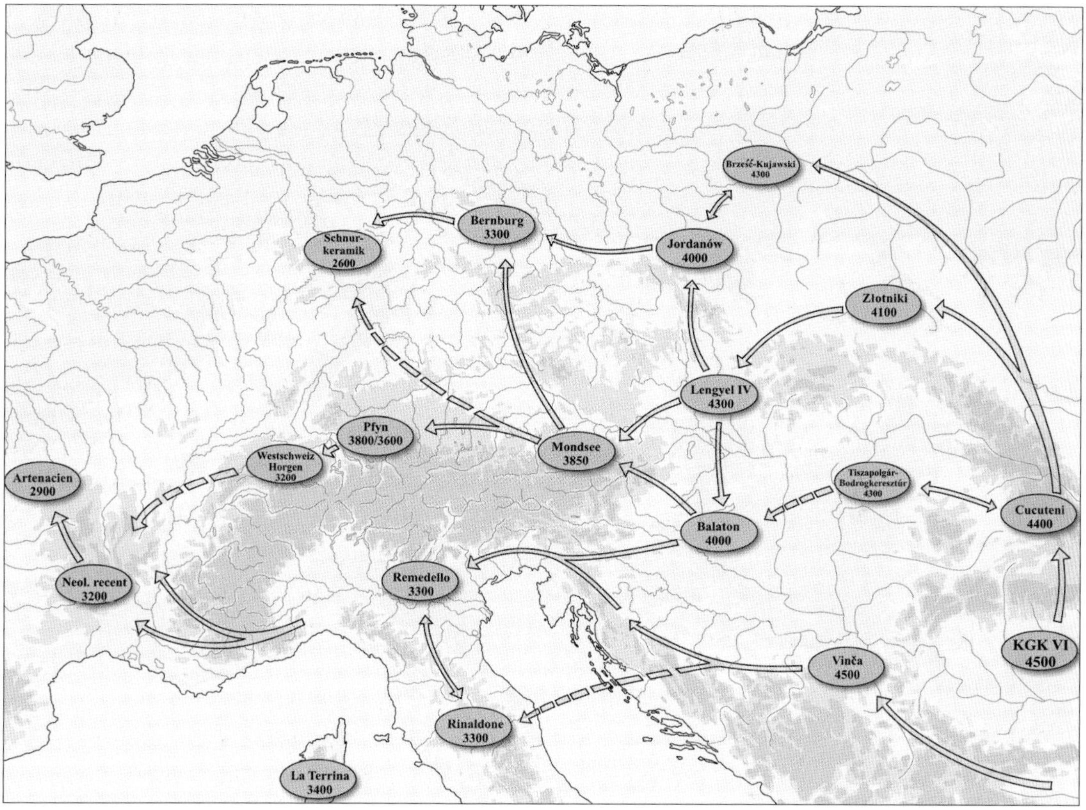

die Metallurgie damals auch in entlegenen Gebieten verbreiten. Aber es waren nicht die Schmiede der Glockenbecherkultur, welche die neue Technologie zuerst entdeckt haben. Die Gewinnung und Verarbeitung von Metall war im Vorderen Orient entstanden. Hier sind ab dem ausgehenden 9. Jtsd. v. Chr. die ersten Kupfergegenstände greifbar: einfache Schmuck- und Geräteformen wie Perlen und Ahlen. Zuerst verwendeten die Schmiede gediegenes, das heißt natürlich entstandenes Kupfer. Da die Vorkommen von metallischem Kupfer aber selten sind, entwickelte sich die Kupferverarbeitung erst dann in zunehmendem Maße, als man lernte, dieses Metall auch aus Erzen zu gewinnen. Bis dahin verging jedoch einige Zeit: Schlacken als Anzeichen einer Verhüttung von Kupfererzen sind in Vorderasien erst für das 5. Jtsd. v. Chr. nachgewiesen. Eine andere wichtige Erfindung ist der Kupferguss. Im Guss konnten die Schmiede auch kompliziert geformte Objekte herstellen, wie etwa eine Axt mit einem Schaftloch.

Wissenstransfer: Die Kenntnisse von Produktion und Verarbeitung des Kupfers breiteten sich vom Vorderen Orient über Südosteuropa nach Mitteleuropa aus.

Noch im 5. Jtsd. v. Chr. entfaltete sich im erzreichen Südosteuropa eine Metallurgie, die ihre fortschrittlichen Produkte in den traditionelleren Westen verhandelte. Die frühesten Kupferfunde in Südwestdeutschland sind um 4300 v. Chr. belegt. Sie stammen aus der Bischheimer Kultur. Zuerst sind es nur kleine Objekte, Perlen oder Ringe aus dünnem Blech, die hier aus importiertem Rohmaterial hergestellt wurden. Bald darauf setzte aber eine eigenständige Kupferproduktion ein. Jüngst konnten Archäologen in Brixlegg in Tirol Kupferschlacken aus der Zeit um 4000 v. Chr. bergen, die von der Ankunft der Technologie in den östlichen Alpen zeugen. Es dauerte eine Weile, bis sie schließlich die westlichen Alpen erreichte. Erst ab 3200 v. Chr. finden sich hier Hinweise auf Metallurgie. Ähnliche Verzögerungen in der Ausbreitung der neuen Techniken stellten Archäologen nach Norden hin fest. Die Kupfererzlagerstätten in Nordhessen etwa werden von den Neuerungen erst zu Beginn des 3. Jtsds. v. Chr. berührt. Nicht jede Kultur scheint sofort dem technologischen Fortschritt offen gegenübergestanden zu haben. In Abhängigkeit von den Kommunikationsrouten der Zeit schafften es Neuigkeiten in manche Gebiete auch einfach schneller als in andere, abseits gelegenere.

Kupfer als Statussymbol

Aufgrund der vereinzelten metallenen Funde wird das Jung- und Endneolithikum von einigen Forschern als Kupferzeit bezeichnet. Aus dem neuen Werkstoff wurden zuerst Schmuckstücke, aber auch Dolche und Beile hergestellt. Doch ist Kupfer zu dieser Zeit noch kein alltägliches Material. Unter dem gesamten neolithischen Fundspektrum Deutschlands gibt es nur einige Hundert, meist kleinformatige Kupferfunde. Das neue Metall blieb selten und kennzeichnete zu Beginn vor allem den Status und das Prestige des Besitzers. Auch das kupferne Beil des Mannes vom Hauslabjoch, der vor 5300 Jahren in den Südtiroler Bergen ums Leben kam, interpretieren Archäologen als Rangabzeichen. Der Mann trug neben einer Jagdausrüstung mit Pfeil und Bogen und einem vielfach nachgeschärften Feuersteinmesser ein Beil mit Kupferklinge. In einer Zeit, als die meisten Männer noch Steinbeile besaßen, lässt ein kupfernes Exemplar auf eine hohe gesellschaftliche Stellung des Trägers schließen. So ist das zuerst entworfene Bild vom Hirten »Ötzi« nicht mehr aktuell. Heute hält die Forschung ihn stattdessen für einen angesehenen Krieger und den Anführer einer Gruppe.

Erst in der Frühbronzezeit stieg die Kupferproduktion deutlich an. Es dauerte Jahrhunderte, bis sich Metall gegen Stein als Werkstoff durchsetzte. Das anfängliche Verhältnis zwischen beiden Materialien verdeutlicht beispielsweise ein Kupferbeil aus dem nordhessischen Baunatal-Hertingshausen. Es ahmt ein typisches spitznackiges Felsgesteinbeil der Michelsberger Kultur nach. Der Fund ist einer der ältesten Belege für Kupferverwendung in Hessen. Offensichtlich nutzten die Handwerker zu dieser Zeit noch nicht die Möglichkeiten des Metallgusses, der ihnen eine freie Wahl der Geräteform erlaubt hätte, sondern nahmen steinerne Exemplare zum Vorbild. Im nördlichen Mitteleuropa zeigt sich dagegen ein ganz anderes Verhalten: Noch zur Frühbronzezeit wurden hier stattdessen die Metallobjekte imitiert. So stellten die Menschen etwa Dolche aus einheimischem Feuerstein her, die in ihrer Form von Metallvorbildern inspiriert waren: sogenannte Fischschwanzdolche. Waren die begehrten Originale in Metall vielleicht Mangelware, und man musste sich mit einem steinernen Imitat zufrieden geben? Sogar Bronzeschwerter wurden in Feuerstein nachgeahmt! Diese taugten zwar nicht als Waffen, beweisen aber die hohe Kunstfertigkeit der Feuersteinschläger. Ganz verschwand Feuerstein auch später nicht als Werkstoff: In mittelbronzezeitlichen Siedlungen gab es immer noch Pfeilspitzen und einfache Geräte aus Stein.

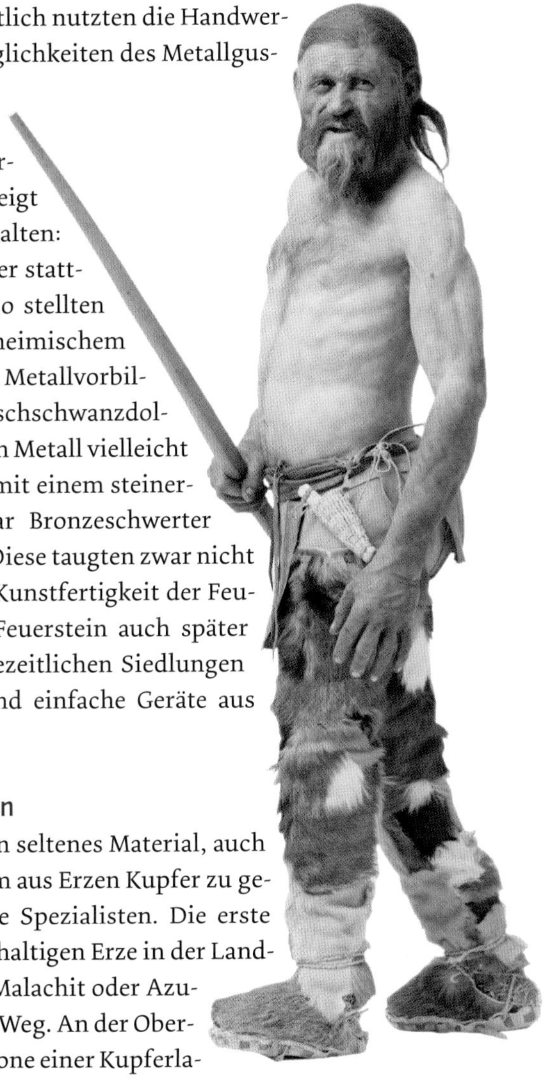

Der Beginn der Massenproduktion

Bis etwa 2000 v. Chr. blieb Kupfer ein seltenes Material, auch weil es schwer zu beschaffen war. Um aus Erzen Kupfer zu gewinnen, brauchte es kenntnisreiche Spezialisten. Die erste Hürde war das Auffinden der metallhaltigen Erze in der Landschaft. Grüne und blaue Steine wie Malachit oder Azurit wiesen den Erzsuchern dabei den Weg. An der Oberfläche bilden sich in der Oxidationszone einer Kupferlagerstätte charakteristische bunte Mineralien aus. Durch Erosion gelangen sie in Bäche und Flüsse, in denen sie die Metallurgen aufspüren, um ihre Verteilung bis zum freiliegenden Erzgang zurückzuverfolgen. Zu Beginn wurden fast ausschließlich diese oxydischen Erze zur Kupfergewinnung verwendet. Dies änderte sich mit der Frühbronzezeit. Die Kupfergegenstände der Stein- und der Bronzezeit unterscheiden sich in ihren chemi-

Ranghoch: Trotz aller Forschungen werden wir wohl nie erfahren, welchen Beruf »Ötzi« ausübte. Sicher aber besaß er in seiner Gruppe einen hohen sozialen Status.

schen Bestandteilen. In der Frühbronze-zeit enthalten sie Spurenelemente wie Antimon oder Silber, die darauf hinweisen, dass die Metallurgen jetzt auch die tiefer liegenden Zonen einer Lagerstätte ausbeuteten. Mit einem verbesserten Verhüttungsverfahren konnte am Ende des 3. Jtsds. v. Chr. eine Lagerstätte in höherem Maße genutzt und die Kupferproduktion deut-

Know-how: Dieser Gusstiegel aus dem baden-württembergischen Schreckensee bei Wolpertswende beweist die Kenntnis des Kupfergusses in der Zeit um 3700 v. Chr.

lich gesteigert werden. Die wegen ihrer Farbe Fahlerze genannten Mineralien der tieferen Lagerstättenbereiche sind aufgrund ihres Schwefelgehalts schwieriger zu verhütten. In einer Vorbehandlung müssen die Erze vor dem eigentlichen Verhüttungsprozess geröstet werden, um den Schwefel vom Kupfer zu trennen.

Die Optimierung des Verhüttungsverfahrens ist nur eine der technischen Neuerungen, die in die Zeit der Glockenbecherkultur fallen. In dieser Epoche sind auch die ersten Gussformen aus gebranntem Ton belegt. Zuvor war man vermutlich so verfahren, dass man das flüssige Kupfer in Sandhöhlungen oder in eine Tonummantelung goss, die am Ende des Fertigungsprozesses zerschlagen wurde. Im Gegensatz dazu waren die jetzt aufkommenden Gussformen wiederverwendbar und ermöglichten so die Herstellung eines Objektes in Serie: der Beginn einer Massenproduktion.

Wissen ist Macht

Über all diese Kenntnisse im Zusammenhang mit Prospektion, Verhüttung und Verarbeitung von Kupfer verfügten sicher nur wenige Spezialisten. Das Wissen um die neue Technologie brachte den Metallurgen wirtschaftliche Macht und Ansehen in der Gesellschaft. Der hohe Rang dieser Personen spiegelt sich am Ende der Steinzeit in den Grabausstattungen. Schmiede lassen sich standesgemäß bestatten, der Status im Diesseits galt auch für das Jenseits. Wenigen Personen stand ein solches Begräbnis zu. Bei nur zwei Prozent der glockenbecherzeitlichen Männergräber handelt es sich um die Bestattungen von Schmieden. In der teilweise gleichzeitigen schnurkeramischen Kultur ist der Prozentsatz noch weit geringer. Es wird vermutet, dass die Schnurkeramiker die technischen Kenntnisse erst von den Glockenbecherleuten übernahmen und einhergehend damit ihren Metallhandwerkern die gleiche hohe gesellschaftliche Position zubilligten.

Die Schmiedegräber enthalten vor allem Schmiedewerkzeug, das vom Gebrauch in der Werkstatt abgenutzt ist. Im bayerischen Künzing-Bruck entdeckten Archäologen bei dem Bestatteten einen Beutel mit einem vollständigen Werkzeugsatz: ein kissenförmiger Amboss, ein Hammer aus Stein und Eberzähne. Häufig sind, wie hier und in Amesbury, in den Schmiedegräbern Bärenklauen oder Eberhauer zu finden. Ihre eigentliche Verwendung im Metallhandwerk erschließt sich uns heute nicht mehr. Hatten sie kultische Bedeutung oder dienten sie zum Polieren der Werkzeuge? Über weitaus bessere Informationen verfügen wir dagegen zum Steinbeil des Schmiedes aus Künzig: Im Elektronenrastermikroskop sichtbare Gold- und Kupferflitter verraten, dass er das Beil als Treibhammer benutzt hat. Auffälligerweise fehlen in den Gräbern Metallvorräte, Barren oder Werkstücke, die als Anhäufung von Reichtum gelten könnten. Das Handwerkszeug und vor allem das metallurgische Wissen scheinen wichtiger als das Rohmaterial selbst gewesen zu sein.

Mit dem Aufkommen der Metallverarbeitung veränderte sich das Machtgefüge in der Gesellschaft grundlegend. Es kam zur Herausbildung einer gesellschaftlichen Elite. Schon in den Grabausstattungen des 3. Jtsds. v. Chr. zeichnen sich Standesunterschiede in Form von Prestigeobjekten und besonderem Reichtum ab. Erste Hinweise auf eine soziale Differenzierung sind in der Schnurkeramik beispielsweise Grabhügel, die mit viel Aufwand für herausragende Persönlichkeiten errichtet wurden. Als Statussymbol deuten Archäologen in dieser Kultur die Streitaxt, die in keinem größeren Grabhügel fehlt. Auch in der Glockenbecherkultur sind Standesunterschiede an der Ausstattung zu erkennen. In den gut erforschten süddeutschen Gräbern fand sich bei über der Hälfte der Personen nur Keramikgeschirr als Beigabe. Etwas mehr als ein Zehntel der Ausstattungen enthielt andere Gegenstände wie Feuersteindolche oder Pfeil und Bogen. Von höchstem Stellenwert scheint die Kombination aus Dolch und Armschutzplatte als Teil der Bogenausrüstung gewesen zu sein: Gerade einmal sechs Prozent der Bestatteten besaßen eine solche Beigabenzusammenstellung. Nur wenige Menschen gehörten augenscheinlich der Oberschicht an. Nicht nur das Grab von Amesbury beweist, dass Schmiede zur Zeit der Glockenbecherkultur zu dieser Elite gehörten.

Frühbronzezeitliche Herrscher über das Metallgewerbe

Diese Tendenzen sozialer Differenzierung setzen sich in der Frühbronzezeit fort und verstärken sich noch. In der frühbronzezeitlichen Aunjetitzer Kultur der Elbe-Saale-Region, einem Gebiet mit reichen Kupfer-, Zinn- und Goldvorkommen, aber auch in der Bretagne und in Wessex ragen einige sehr reiche und aufwendig gestaltete Grabhügelbestattungen aus der Masse heraus. Ein prachtvolles Beispiel ist das sogenannte Fürstengrab von Leubingen in Thüringen. Ein 8 m hoher Hügel von 34 m Durchmesser mit einer hölzernen Grabkammer demonstriert die Macht, die der Tote im Leben innehatte. Durch dendrochronologische Untersuchungen konnte das

»Überausstattung«: Das sogenannte Fürstengrab von Leubingen hebt sich durch eine Vielzahl von beigegebenen Bronzewaffen von der Masse der Bestattungen ab.

AUS ZWEI MACH EINS

Schon in der Steinzeit wurden die wichtigsten Grundlagen der Metallurgie geschaffen. Die Menschen wussten Erze zu finden und zu verhütten und kannten Gussformen für das flüssige Metall.
Doch eine weitere bahnbrechende Erfindung kam erst gegen Ende des 3. Jtsds. v. Chr. nach Mitteleuropa: Bronze. Statt reines Kupfer zu verwenden, mischten die Metallurgen nun Zinn bei. Das ergab zuerst einmal die schöne goldene Farbe des Metalls. Ein Verhältnis von zehn Teilen Kupfer zu einem Teil Zinn verbesserte aber auch die Gusseigenschaften. Die Idee zur Legierung von Kupfer mit Zinn kam keineswegs aus dem Nichts. Schon zur Zeit der Glockenbecherkultur lässt sich in Mitteldeutschland und Böhmen bisweilen Zinn in den Kupferobjekten nachweisen. Doch die Anteile schwanken zwischen 1 und 16 Prozent so deutlich, dass nicht von einer normierten Rezeptur ausgegangen werden kann. Eher haben wir hier eine Experimentierphase vor uns. Auch ist ungeklärt, ob es sich bei diesen frühen Mischungen um ein absichtliches Zusammenschmelzen der zwei Metalle handelt. Möglicherweise bedienten sich die Metallurgen in dieser Zeit einfach der erzgebirgischen Vorkommen von Stannit, das neben Kupfer von Natur aus schon Zinn enthält.

Experimente: Durch nachgestellte Gussversuche können Archäologen Rückschlüsse auf die Verfahrensweisen der vorgeschichtlichen Kupferverarbeitung ziehen.

War man fast 80 Generationen lang mit reinem Kupfer zufrieden gewesen, so verbreitete sich die neue Erkenntnis geradezu in Windeseile. Nur wenige Jahrhunderte zuvor war die Rezeptur für Zinnbronze wohl im Vorderen Orient entwickelt worden. Der neue, goldglänzende Werkstoff war schon Mitte des 3. Jtsds. v. Chr. zwischen Persischem Golf und Ägäis für Schmuck und Prestigegegenstände beliebt gewesen. Erst nur vereinzelt, mit Beginn des 2. Jtsds. v. Chr. dann häufiger, treten Bronzegegenstände auch in Mitteleuropa auf. Eine neue Epoche, die Bronzezeit, begann. ■

Jahr des Kammerbaus bestimmt werden: Das prunkvolle Begräbnis fand im Jahr 1942 v. Chr. statt. Zu dem aufwendigen Grabbau passen die üppigen Beigaben aus goldenem Schmuck und einer »Überausstattung« mit einer Vielzahl von bronzenen Waffen, darunter typische Prestigegeräte wie ein Stabdolch. Unter den Beigaben befanden sich auch einer der bereits erwähnten kissenförmigen Ambosssteine und Meißel, die wohl ebenfalls vor dem Hintergrund der Metallbearbeitung zu deuten sind. Der Tote selbst war jedoch kein Schmied. Eher symbolisieren die Werkzeuge neben den anderen Macht- und Rangzeichen dieser Bestattung seine wirtschaftliche Macht. Dies wird an einem weiteren Grab ähnlicher Zeitstellung noch deutlicher. Im thüringischen Sachsenburg hatte man schon 1819 einen Grabhügel »ausgeschlachtet«, der bemerkenswerte Funde erbrachte. In dieser Bestattung sollen sich neben einem Schwert, einem Bronzedolch und Steinspitzen einiger Pfeile auch 300 Tondüsen befunden haben. Diese Tondüsen waren Aufsätze auf Blasrohre, mit denen Luft zum Entfachen der Glut an die Schmelztiegel geführt wurde. Die Masse an Tondüsen beweist: Der Bestattete war Herr über eine riesige Kupferproduktion.

Neben diesen »Fürstengräbern« gibt es in der Frühbronzezeit immer noch Schmiedegräber; doch besteht die Beigabe der Schmiede fast ausschließlich in ihrem Werkzeug. Anzeichen für Reichtum und hohes Ansehen der Handwerker fehlen völlig. Ihr sozialer Rang hatte sich im Vergleich zur Glockenbecherzeit grundlegend geändert. In den aufwendig gestalteten und überaus reich ausgestatteten »Fürstengräbern« der Frühbronzezeit stellten sich nicht mehr diejenigen dar, die selbst das Metallgewerbe ausübten, sondern diejenigen, die von ihm profitierten.

Literaturauswahl

Aufgeführt sind zu jedem Kapitel vor allem aktuelle Einführungen, die einen leichten Einstieg in die Thematik und weiterführende Literaturhinweise bieten. Daneben wurden aber auch einige grundlegende wissenschaftliche Abhandlungen zu wichtigen Forschungsbereichen aufgenommen.

Die kulturelle Entwicklung der Steinzeit

Badisches Landesmuseum Karlsruhe (Hrsg.): Jungsteinzeit im Umbruch. Die »Michelsberger Kultur« und Mitteleuropa vor 6000 Jahren. Karlsruhe/Darmstadt (Primus Verlag) 2010.

Bosinski, Gerhard. Die große Zeit der Eiszeitjäger: Europa zwischen 40 000 und 10 000 v. Chr. Jahrbuch Römisch-Germanisches Zentralmuseum Mainz 34, 1989, 3–139.

Freeden, Uta von; Schnurbein, Siegmar von (Hrsg.). Spuren der Jahrtausende. Archäologie und Geschichte in Deutschland. Stuttgart (Konrad Theiss Verlag) 2002.

Gaudzinski-Windheuser, Sabine; Jöris, Olaf (Hrsg.). 600.000 Jahre Menschheitsgeschichte in der Mitte Europas. Begleitbuch zur Ausstellung im Museum für die Archäologie des Eiszeitalters, Schloss Monrepos, Neuwied. Mainz (Verlag des Römisch-Germanischen Zentralmuseums) 2006.

Heide, Birgit (Hrsg.). Leben und Sterben in der Steinzeit. Ausstellung im Landesmuseum Mainz, 22. Juni bis 21. September 2003. Mainz (Philipp von Zabern) 2003.

Keefer, Erwin. Steinzeit. Stuttgart (Konrad Theiss Verlag) 1993.

Lüning, Jens (Hrsg.). Siedlungen der Steinzeit. Haus, Festung und Kult. Sonderheft Spektrum der Wissenschaft. Heidelberg 1989.

Meller, Harald (Hrsg.). Paläolithikum und Mesolithikum. Kataloge zur Dauerausstellung im Landesmuseum für Vorgeschichte Halle, Band 1. Halle (Landesamt für Denkmalpflege und Archäologie Sachsen-Anhalt) 2004.

Menghin, Wilfried (Hrsg.). Menschen, Zeiten, Räume – Archäologie in Deutschland. Stuttgart (Konrad Theiss Verlag) 2002.

Müller-Beck, Hansjürgen. Die Steinzeit: der Weg der Menschen in die Geschichte. München (Verlag C. H. Beck) 2004.

Raetzel-Fabian, Dirk. Die ersten Bauernkulturen. Jungsteinzeit in Nordhessen. Vor- und Frühgeschichte im Landesmuseum in Kassel 2. Kassel 2000.

Die Menschwerdung

Auffermann, Bärbel; Orschiedt, Jörg. Die Neandertaler. Auf dem Weg zum modernen Menschen. Stuttgart (Konrad Theiss Verlag) 2006.

Conard, Nicholas J. (Hrsg.), Woher kommt der Mensch? Tübingen (Attempto Verlag) 2005.

GEOkompakt 4. Die Evolution des Menschen. Hamburg (Verlag Gruner + Jahr) 2005.

Hardt, Thorolf; Herkner, Bernd; Menz, Ulrike; Groscurth, Bastian. Safari zum Urmenschen: Die Geschichte der Menschheit entdecken – erforschen – erleben. Stuttgart (Schweizerbart'sche Verlagsbuchhandlung) 2009.

Henke, Winfried; Rothe, Hartmut. Menschwerdung. Frankfurt/Main (Fischer Taschenbuchverlag) 2003.

Johanson, Donald; Edgar, Blake. Lucy und ihre Kinder. Heidelberg/Berlin (Spektrum Akademischer Verlag) 1998.

Roebroeks, Wil; Kolfschoten, Thijs van (Hrsg.). The Earliest Occupation of Europe. Proceedings of the European Science Foundation Workshop at Tautavel (France) 1993. Analecta praehistorica Leidensia 27. Leiden (Univ., Faculty of Archaeology) 1995.

Schmitz, Ralf W.; Thissen, Jürgen. Neandertal. Die Geschichte geht weiter. Heidelberg/Berlin (Spektrum Akademischer Verlag) 2000.

Schrenk, Friedemann. Die Frühzeit des Menschen. Der Weg zum Homo sapiens. München (Verlag C. H. Beck) 2003.

Schrenk, Friedemann; Müller, Stephanie. Die Neandertaler. München (Verlag C. H. Beck) 2005.

Spektrum der Wissenschaft. Dossier Evolution des Menschen II. 1/2004 Heidelberg (Spektrum der Wissenschaft) 2004.

Tattersall, Ian. Puzzle Menschwerdung. Auf der Spur der menschlichen Evolution. Heidelberg/Berlin (Spektrum Akademischer Verlag) 1997.

Die Jagd in der Altsteinzeit

Fansa, Mamoun (Hrsg.). »Mit dem Pfeil, dem Bogen ...«. Technik der steinzeitlichen Jagd. Archäologische Mitteilungen aus Nordwestdeutschland Beiheft 16. Oldenburg (Isensee Verlag) 1996.

Gaudzinski, Sabine. Wisentjäger in Wallertheim. Zur Taphonomie einer mittelpaläolithischen Freilandfundstelle in Rheinhessen. Jahrbuch Römisch-Germanisches Zentralmuseum Mainz 39, 1992 (1995) 245–423.

Koenigswald, Wighart von. Lebendige Eiszeit. Klima und Tierwelt im Wandel. Darmstadt (Wissenschaftliche Buchgesellschaft) 2002.

Mania, Dietrich. Die ersten Menschen in Europa. Sonderheft Archäologie in Deutschland. Stuttgart (Konrad Theiss Verlag) 1998.

Steguweit, Leif. Gebrauchsspuren an Artefakten der Hominidenfundstelle Bilzingsleben (Thüringen). Tübinger Arbeiten zur Urgeschichte 2. Rahden/Westfalen (Verlag Marie Leidorf) 2003.

Stodiek, Ulrich. Zur Technologie der jungpaläolithischen Speerschleuder. Tübinger Monographien zur Urgeschichte 9. Tübingen (Mo Vince Verlag) 1993.

Thieme, Hartmut. Altpaläolithische Holzgeräte aus Schöningen, Lkr. Helmstedt. Bedeutsame Funde zur Kulturentwicklung. Germania 77, 1999/2, 451–487.

Thieme, Hartmut; Veil, Stephan. Neue Untersuchungen zum eemzeitlichen Elefanten-Jagdplatz Lehringen, Ldkr. Verden. Die Kunde N. F. 36, 1985, 11–58.

Thoral, Marcel; Riquet, Raymond; Combier, Jean. Solutré. Les fouilles de 1907–1925. Mise au point stratigraphique et typologique. Travaux du laboratoire de géologie de la faculté des Sciences de Lyon, N. S. 2 (1955).

Kunst und Religion in der Altsteinzeit

Archäologisches Landesmuseum Konstanz (Hrsg.). Eiszeit – Kunst und Kultur. Begleitband zur Großen Landesausstellung Baden-Württemberg 2009. Ostfildern (Jan Thorbecke Verlag) 2009.

Bosinski, Gerhard; d'Errico, Francesco; Schiller, Petra. Die gravierten Frauendarstellungen von Gönnersdorf. Der Magdalénien-Fundplatz Gönnersdorf 8. Stuttgart (Franz Steiner Verlag) 2001.

Clottes, Jean; Lewis-Williams, David. Schamanen. Trance und Magie in der Höhlenkunst der Steinzeit. Stuttgart (Jan Thorbecke Verlag) 1997.

Holdermann, Claus-Stephan; Müller-Beck, Hansjürgen; Simon, Ulrich. Eiszeitkunst im süddeutsch-schweizerischen Jura: Anfänge der Kunst. Stuttgart (Konrad Theiss Verlag) 2001.

Lorblanchet, Michel. Höhlenmalerei. Ein Handbuch. Stuttgart (Jan Thorbecke Verlag) 2000.

Ruspoli, Mario. Die Höhlenmalerei von Lascaux. Auf den Spuren des frühen Menschen. Augsburg (Weltbild Verlag) 1998.

Street, Martin. Jäger und Schamanen. Bedburg-Königshoven: ein Wohnplatz am Niederrhein vor 10000 Jahren. Mainz (Römisch-Germanisches Zentralmuseum Mainz) 1989.

Mittelsteinzeitliche Siedlungsplätze

Bokelmann, Klaus; Averdieck, Fritz-Rudolf; Willkomm, Horst. Duvensee, Wohnplatz 8. Neue Aspekte zur Sammelwirtschaft im frühen Mesolithikum. Offa 38 (Festschrift Karl-Wilhelm Struve), 1981, 21–40.

Conard, Nicholas J.; Kind, Claus-Joachim (Hrsg.). Aktuelle Forschungen zum Mesolithikum. Urgeschichtliche Materialhefte 12. Tübingen (Mo Vince Verlag) 1998.

Gramsch, Bernhard. Friesack: Letzte Jäger und Sammler in Brandenburg. Jahrbuch Römisch-Germanisches Zentralmuseum Mainz 47/1, 2000, 51–96.

Kieselbach, Petra; Kind, Claus-Joachim; Miller, Ann M.; Richter, Daniel. »Siebenlinden 2«. Ein mesolithischer Lagerplatz bei Rottenburg am Neckar, Kreis Tübingen. Materialhefte zur Archäologie in Baden-Württemberg 51. Stuttgart (Konrad Theiss Verlag) 2000.

Kind, Claus-Joachim. Das Mesolithikum in der Talaue des Neckars. Die Fundstellen von Rottenburg Siebenlinden 1 und 3. Forschungen und Berichte zur Vor- und Frühgeschichte in Baden-Württemberg 88. Stuttgart (Konrad Theiss Verlag) 2003.

Oexle, Judith (Hrsg.). Sachsen: archäologisch – 12000 v. Chr.–2000 n. Chr. Katalog zur Ausstellung »Die Sächsische Nacht«. Dresden (Landesamt für Archäologie) 2000, 16–23.

Frühjungsteinzeitliche Tempel auf dem Göbekli Tepe

Hauptmann, Harald; Schmidt, Klaus. Anatolien vor 12 000 Jahren – Die Skulpturen des Frühneolithikums. In: Badisches Landesmuseum Karlsruhe (Hrsg.). Vor 12 000

Jahren in Anatolien. Die ältesten Monumente der Menschheit. Stuttgart (Theiss Verlag) 2007, 67–82.

Hauptmann, Harald; Schmidt, Klaus. Frühe Tempel – frühe Götter? In: Deutsches Archäologisches Institut, Archäologische Entdeckungen. Die Forschungen des Deutschen Archäologischen Instituts im 20. Jahrhundert. Mainz (Philipp von Zabern Verlag) 2000, 258–266.

Schmidt, Klaus. Die Steinkreise und die Reliefs des Göbekli Tepe. In: Badisches Landesmuseum Karlsruhe (Hrsg.). Vor 12 000 Jahren in Anatolien. Die ältesten Monumente der Menschheit. Stuttgart (Theiss Verlag) 2007, 83–96.

Schmidt, Klaus. Göbekli Tepe. In: Badisches Landesmuseum Karlsruhe (Hrsg.). Vor 12 000 Jahren in Anatolien. Die ältesten Monumente der Menschheit. Stuttgart (Theiss Verlag) 2007, 74–75.

Schmidt, Klaus. Zuerst kam der Tempel, dann die Stadt. Bericht zu den Grabungen am Gürcütepe und am Göbekli Tepe 1996–1999. Istanbuler Mitteilungen 50, 2000, 5–40.

Die jungsteinzeiliche Stadt Çatal Hüyük

Balter, Michael. The Goddess and the Bull – Çatalhöyük: An Archaeological Journey to the Dawn of Civilization. London (Simon and Schuster's Free Press) 2005.

Çatal Höyük – als die Menschen begannen, in Städten zu leben. CD-ROM, PM Magazine mit der Hochschule für Gestaltung Karlsruhe & der Universität Karlsruhe.

Cutting, Marion. Die Wandmalereien und -reliefs im anatolischen Neolithikum – Die Bilder von Çatal Höyük. In: Badisches Landesmuseum Karlsruhe (Hrsg.). Vor 12 000 Jahren in Anatolien. Die ältesten Monumente der Menschheit. Stuttgart (Theiss Verlag) 2007, 126–134.

Hodder, Ian. Çatal Höyük. In: Badisches Landesmuseum Karlsruhe (Hrsg.). Vor 12 000 Jahren in Anatolien. Die ältesten Monumente der Menschheit. Stuttgart (Theiss Verlag) 2007, 124–125.

Hodder, Ian. Inhabiting Çatalhöyük: Reports from the 1995–99 seasons (Catalhöyük vol. 4). Cambridge (McDonald Institute Monographs) 2005.

Klotz, Heinrich. Die Entdeckung von Çatal Höyük. Der archäologische Jahrhundertfund. München (Verlag C. H. Beck) 1997.

Mellaart, James. Çatal Hüyük. Stadt aus der Steinzeit. Bergisch Gladbach (Gustav Lübbe Verlag) 1967.

Die ersten Bauern Mitteleuropas

Grote, Klaus. Die Abris im südlichen Leinebergland bei Göttingen. Archäologische Befunde zum Leben unter Felsschutzdächern in urgeschichtlicher Zeit. (3 Bände) Veröffentlichungen der Urgeschichtlichen Sammlungen des Landesmuseums zu Hannover 43. Oldenburg (Isensee Verlag) 1994.

Lüning, Jens; Kloos, Ulrich; Albert, Siegfried. Westliche Nachbarn der bandkeramischen Kultur: La Hoguette und Limburg. Germania 67, 1989, 355–393.

Lüning, Jens (Hrsg.). Ein Siedlungsplatz der Ältesten Bandkeramik in Bruchenbrücken, Stadt Friedberg/Hessen. Universitätsforschungen zur Prähistorischen Archäologie 39. Bonn (Rudolf Habelt Verlag) 1997.

Lüning, Jens. Steinzeitliche Bauern in Deutschland – die Landwirtschaft im Neolithikum. Universitätsforschungen zur Prähistorischen Archäologie 58. Bonn (Rudolf Habelt Verlag) 2000.

Nieszery, Norbert. Linearbandkeramische Gräberfelder in Bayern. Internationale Archäologie 16. Espelkamp (Verlag Marie Leidorf) 1995.

Orschiedt, Jörg. Bandkeramische Siedlungsbestattungen in Südwestdeutschland: archäologische und anthropologische Befunde. Rahden/Westf. (Verlag Marie Leidorf) 1998.

Scharl, Silviane. Die Neolithisierung Europas. Ausgewählte Modelle und Hypothesen. Würzburger Arbeiten zur prähistorischen Archäologie 2. Rahden/Westf. (Verlag Marie Leidorf) 2004.

Stäuble, Harald. Häuser und absolute Datierung der ältesten Bandkeramik. Universitätsforschungen zur Prähistorischen Archäologie 117. Bonn (Rudolf Habelt Verlag) 2005.

Strien, Hans-Christian; Tillmann, Andreas. Die La-Hoguette-Fundstelle von Stuttgart-Bad Cannstatt: Archäologie. In: Gehlen, Birgit; Heinen, Martin; Tillmann, Andreas (Hrsg.). Zeit-Räume. Gedenkschrift für Wolfgang Taute. Archäologische Berichte 14. Bonn (Rudolf Habelt Verlag) 2001, 673–681.

Das Ende der Bandkeramik

Birkenhagen, Bettina. Studien zu westlichen Linearbandkeramik. Saarbrücker Beiträge zur Altertumskunde 75. Bonn (Rudolf Habelt Verlag) 2003.

Haidle, Miriam Noël; Orschiedt, Jörg. Das jüngstlinienbandkeramische Grabenwerk von Herxheim, Kreis Südliche Weinstraße: Schauplatz einer Schlacht oder Bestattungsplatz? Anthropologische Ansätze. In: Bernhard, Helmut (Hrsg.). Archäologie in der Pfalz – Jahresbericht 2000. Rahden/Westf. (Verlag Marie Leidorf) 2001, 147–153.

Rind, Michael M. (Hrsg.). »Wer anderen eine Grube gräbt ...«. Archäologie im Landkreis Kelheim 4. Büchenbach (Verlag Dr. Faustus) 2003.

Spatz, Helmut. Krisen, Gewalt, Tod – Zum Ende der ersten Ackerbauernkultur Mitteleuropas. In: Häußer, Annemarie (Hrsg.). Krieg oder Frieden? Herxheim vor 7000 Jahren. Katalog zur Sonderausstellung (Herxheim 1998) 10–18.

Wahl, Joachim; König, Hans Günther. Anthropologisch-traumatologische Untersuchung der menschlichen Skelettreste aus dem bandkeramischen Massengrab bei Talheim, Kr. Heilbronn. Fundberichte aus Baden-Württemberg 12, 1987, 65–186.

Wahl, Joachim; Strien, Hans-Christoph. Tatort Talheim – 7000 Jahre später. Archäologen und Gerichtsmediziner ermitteln. Katalog zur Sonderausstellung, Museo 23. Heilbronn (2007).

Zimmermann, Andreas. Austauschsysteme von Silexartefakten in der Bandkeramik Mitteleuropas. Universitätsforschungen zur Prähistorischen Archäologie 26. Bonn (Rudolf Habelt Verlag) 1995.

Kreisgrabenanlagen der mittleren Jungsteinzeit

Bartels, Rainer; Brestrich, Wolfgang; de Vries, Patrice; Stäuble, Harald. Ein neolithisches Siedlungsareal mit Kreisgrabenanlagen bei Dresden-Nickern. Eine Übersicht. In: Arbeits- und Forschungsberichte zur Sächsischen Bodendenkmalpflege, Band 45, 2003, 97–135.

Becker, Helmut. Mittelneolithische Kreisgrabenanlagen in Niederbayern und ihre Interpretation auf Grund von Luftbildern und Geomagnetik. In: Schmotz, Karl (Hrsg.). Vorträge des 8. Niederbayerischen Archäologentages. Buch am Erlbach 1990, 139–176.

Becker, Helmut. Kultplätze, Sonnentempel und Kalenderbauten aus dem 5. Jahrtausend v. Chr. Die mittelneolithischen Kreisanlagen in Bayern. In: Archäologische Prospektion. Luftbildarchäologie und Geophysik. Arbeitshefte des Bayerischen Landesamtes für Denkmalpflege 59. München (Karl M. Lipp Verlag) 1996, 101–122.

Neubauer, Wolfgang (Hrsg.). Geheimnisvolle Kreisgräben. Katalog zur Niederösterreichischen Landesausstellung 2005 am Heldenberg bei Kleinwetzleinsdorf. St. Pölten (Verlag Berger) 2005.

Petrasch, Jörg. Mittelneolithische Kreisgrabenanlagen in Mitteleuropa. Berichte der Römisch-Germanischen Kommission 71, 1990, 407–564.

Trnka, Gerhard. Studien zu mittelneolithischen Kreisgrabenanlagen. Mitteilungen der Prähistorischen Kommission der Österreichischen Akademie der Wissenschaften. Wien 1991.

Jungsteinzeitliche Seeufersiedlungen

Auf den Spuren der Pfahlbauern. Archäologie der Schweiz 27/2, 2004.

Bolliger Schreyer, Sabine; Rebsamen, Stefan. Pfahlbau und Uferdorf. Leben in der Steinzeit und Bronzezeit. Glanzlicht des Historischen Museums Bern 13. Zürich (Chronos Verlag) 2004.

Pfahlbaufieber. Von Antiquaren, Pfahlbaufischern, Altertümerhändlern und Pfahlbaumythen. Mitteilungen der Antiquarischen Gesellschaft Zürich, Band 71 (168. Neujahrsblatt). Zürich (Chronos Verlag) 2004.

Schlichtherle, Helmut (Hrsg.). Pfahlbauten rund um die Alpen. Sonderheft Archäologie in Deutschland. Stuttgart (Konrad Theiss Verlag) 1997.

Siedlungsarchäologische Untersuchungen im Alpenvorland. 5. Kolloquium der Deutschen Forschungsgemeinschaft vom 29. bis 30. März 1990 in Gaienhofen-Hemmenhofen. Bericht der Römisch-Germanischen Kommission 71, 1990, 26–406.

Europas Großsteinbauten

Archäologie in Deutschland 1996/3, Schwerpunktthema Megalithgräber.

Fansa, Mamoun. Großsteingräber zwischen Weser und Ems. Archäologische Mitteilungen aus Nordwestdeutschland, Beiheft 33. Oldenburg (Isensee Verlag) 2000.

Günther, Klaus. Die Kollektivgräber-Nekropole Warburg I–V. Bodenaltertümer Westfalens 34. Mainz (Philipp von Zabern Verlag) 1997.

Maier, Bernhard. Stonehenge. Archäologie, Geschichte, Mythos. München (Verlag C. H. Beck) 2005.

Müller, Johannes. Arbeitsleistungsberechnung für das Großsteingrab Kleinenkneten 1. In: Fansa, Mamoun (Hrsg.). Experimentelle Archäologie in Deutschland. Begleitschrift zu einer Ausstellung des Staatlichen Museums für Naturkunde und Vorgeschichte Oldenburg. Archäologische Mitteilungen aus Nordwestdeutschland Beiheft 4. Oldenburg (Isensee Verlag) 1990, 210–216.

Das erste Kupfer

Bartelheim, Martin; Eckstein, Kerstin; Krause, Rüdiger (Hrsg.). Die Anfänge der Metallurgie in der Alten Welt. Forschungen zur Archäometrie und Altertumswissenschaft, Band 1. Rahden/Westf. (Verlag Marie Leidorf) 2002.

Fleckinger, Angelika (Hrsg.). Die Gletschermumie aus der Kupferzeit 2. Neue Forschungsergebnisse zum Mann aus dem Eis. Schriften des Südtiroler Archäologiemuseums, Band 3. Bozen/Wien (Folio Verlag) 2003.

Lichardus, Jan (Hrsg.). Die Kupferzeit als historische Epoche. Symposium Saarbrücken Otzenhausen 1988. Saarbrücker Beiträge zur Altertumskunde, Band 55. Bonn (Rudolf Habelt Verlag) 1991.

Meller, Harald (Hrsg.). Der geschmiedete Himmel. Die weite Welt im Herzen Europas vor 3600 Jahren. Stuttgart (Konrad Theiss Verlag) 2004.

Müller, Johannes (Hrsg.). Vom Endneolithikum zur Frühbronzezeit: Muster eines sozialen Wandels? Universitätsforschungen zur Prähistorischen Archäologie 90. Bonn (Rudolf Habelt Verlag) 2002.

Glossar

Aborigines Australiens Ureinwohner

Abri Felsüberhang, aus dem Französischen entlehnt

Allerød Kurze warme Episode (→Interstadial) am Ende der letzten Eiszeit. In dieser Phase zwischen 11 900 v. Chr. und 10 800 v. Chr. kehrt ein Wald aus Birken und Kiefern nach Mitteleuropa zurück. Der darauffolgende Kälteeinbruch der →Jüngeren Dryaszeit verhindert ein weiteres Ausbreiten des Waldes.

Anthropologie Lehre vom Menschen (nach griech. *anthropos* = Mensch und *logos* = Wort, Lehre)

Artefakt Gegenstand, der von Menschen hergestellt wurde

Atlantikum Mittlere Wärmezeit, deutlicher Anstieg der Durchschnittstemperaturen zwischen 6800 v. Chr. und 4000 v. Chr. Es herrschte ein Eichenmischwald vor, aus dem die Kiefer verdrängt wurde.

Auerochse Wildrindart, im 17. Jh. ausgestorben

Australopithecus Menschenähnliche Wesen, zu denen auch die Vorfahren der Gattung →Homo gehört haben

Axt Benennt in der Steinzeitforschung eine durchbohrte Steinklinge, während ein Beil keine Durchlochung aufweist

Bast Zwischen Borke und Holz eines Baumes liegende Fasern, die Wasser und Nährstoffe leiten. Durch seine Reißfestigkeit eignet es sich besonders für die Herstellung von Seilen und Netzen.

Befund Bezeichnet in der Archäologie den Zusammenhang, in dem Funde gemacht wurden

Birkenpech Klebmasse, die durch Destillieren aus Birkenrinde gewonnen wird

Blockbau Besitzt Wände aus waagerecht übereinander liegenden Bohlen, die an den Ecken durch Aussparungen ineinander greifen

Bohlenweg Überbrückung feuchter Gebiete durch einen Bodenbelag aus hölzernen Planken

Boreal Frühe Wärmezeit, zwischen 8000 und 6800 v. Chr. In den lichtdurchfluteten Birken- und Kiefernwäldern breitete sich in dieser Zeit die Haselnuss stark aus. Auf dem Höhepunkt der Haselausbreitung wanderten neue Bäume wie Ulme, Eiche, Linde und Esche ein.

^{14}C-Datierung →Radiokarbondatierung

Chronologie Zeitliche Abfolge (nach griech. *chronos* = Zeit und *logos* = Wort, Lehre)

Dechsel Beil, dessen Schneide quer zum Griff geschäftet ist. Werkzeug zur Holzbearbeitung

Dendrochronologie Datierungsmethode, die das genaue Alter von Holzfunden anhand der charakteristischen Abfolge von Wachstumsringen des Baumes bestimmen kann (nach griech. *dendron* = Baum und *chronos* = Zeit) (s. Seite 142)

Dolmen Megalithgrab aus senkrechten Wandsteinen und einem waagerechten Deckstein (nach breton. *toal* = Tisch und *men* = Stein; Steintisch)

Domestikation Veränderung einer Wildtier- oder Wildpflanzenart, die sich über Generationen hinweg in der Obhut der Menschen isoliert von den wilden Formen zu einem Haustier oder einer Kulturpflanze entwickelt

Einbaum Boot, das aus einem einzigen ausgehöhlten Baumstamm gefertigt ist

Einkorn Ursprüngliche Weizenart, in deren Ähren nur je ein Korn sitzt

Emmer Ursprüngliche Weizenart mit meist zweiblütigen Ähren

Feuerstein →Silex

Flechtwerkwand Besteht aus waagerecht zwischen Pfosten geflochtenen Ruten, zusätzlich mit Lehmverstrich abgedichtet

Flint →Silex

Fossil Versteinerter Überrest eines Organismus

Geoelektrik Geophysikalische Untersuchungsmethode, die die elektrische Leitfähigkeit des Bodens misst. Eingriffe in den Boden können sich mit dieser Methode im Messbild abzeichnen, da sie seine Leitfähigkeit verändern (s. Seiten 132 f.).

Geomagnetik Misst das Erdmagnetfeld. Von Störungen kann auf archäologische Befunde im Boden geschlossen werden (s. Seiten 132 f.).

Georadar Sendet elektromagnetische Wellen in den Untergrund. Sie werden in unterschiedlicher Art von den im Boden verborgenen Strukturen reflektiert (s. Seiten 132 f.).

Hämatit Aus Eisenoxid bestehendes Mineral (Fe_2O_3), das zerrieben einen blutroten Farbstoff ergibt; auch Roteisenstein oder Rötel genannt

Hirschgrandeln Obere Eckzähne beim Rotwild, bei männlichen Tieren größer ausgebildet als bei weiblichen; in der Steinzeit als Schmuckanhänger beliebt

Holozän Nacheiszeit. Diese jüngste erdgeschichtliche Epoche beginnt etwa 9500 v. Chr.

Homo Bezeichnung der Gattung Mensch, aus dem Lateinischen entlehnt

Idol Götzenbild

Interstadial Wärmere Unterbrechung innerhalb einer Kaltzeit

Jüngere Dryaszeit Kälterückschlag, der auf das wärmere →Allerød-Interstadial am Ende der letzten Eiszeit folgt. Innerhalb kurzer Zeit zieht sich um 10 760 v. Chr. der Wald wieder zurück und es herrschen bis zum Beginn der Nacheiszeit um 9500 v. Chr. kaltzeitliche Bedingungen.

Kultur Gesamtheit aller menschlichen Errungenschaften, geistiger wie materieller Art. Archäologisch werden verschiedene Kulturen durch Funde und Befunde wie Gräber, Siedlungen etc. definiert.

Legierung Mischung von chemischen Elementen, von denen mindestens eines ein Metall ist

Megalithgrab Aus großen Steinen oder Platten errichtetes Grab (nach griech. *megas* = groß und *lithos* = Stein)

Menhir Aufrechter, länglicher Stein (nach breton. *men* = Stein und *hir* = lang)

Mesolithikum Mittlere Steinzeit (nach griech. *mesos* = mittel und *lithos* = Stein)

Metallurgie Werkstoffkunde, die sich mit der Gewinnung und Verarbeitung von Metallen und der Herstellung von Legierungen beschäftigt

Monolith Besteht aus einem einzigen großen Sein (nach griech. *mono* = einzel... und *lithos* = Stein)

Neolithikum Jungsteinzeit (nach griech. *neos* = neu und *lithos* = Stein)

Neolithisierung Der Wechsel vom → Wildbeutertum zu einer bäuerlichen Lebensweise

Obsidian Vulkanisches Gesteinsglas

Paläolithikum Altsteinzeit (nach griech. *palaios* = alt und *lithos* = Stein)

Palisade Befestigung aus senkrecht nebeneinander gesetzten Holzstämmen

Plattenhornstein → Silex

Pleistozän Erdgeschichtliche Epoche des Eiszeitalters

Präboreal Vorwärmezeit, erste wärmere Klimaphase im → Holozän zwischen dem Ende der letzten Eiszeit um ca. 9500 v. Chr. und 8000 v. Chr. Mit Wäldern aus Birken und Kiefern beginnt die endgültige Wiederbewaldung Deutschlands.

Prospektion Das Aufspüren von archäologischen Funden und Befunden oder geologischen Rohstofflagerstätten. Prospektionsmethoden in der Archäologie sind zum Beispiel Oberflächenbegehung, Luftbildarchäologie (s. Seiten 128 f.) oder geophysikalische Methoden (→ Geoelektrik, → Geomagnetik, → Georadar).

Radiokarbondatierung Methode zur absoluten Altersbestimmung. Sie nutzt die Erkenntnis, dass das radioaktive Kohlenstoffisotop ^{14}C mit einer Halbwertszeit von 5730 Jahren zerfällt. In der Luft ist zum allergrößten Teil das stabile Kohlenstoffisotop ^{12}C vertreten, ein geringer Anteil ist ^{14}C. Ein Organismus nimmt in seinem Leben die Kohlenstoffisotope in diesem bestimmten Mengenverhältnis auf. Stirbt der Organismus, wird beispielsweise ein Baum gefällt, reichert er keinen neuen Kohlenstoff mehr an. Die vorhandenen ^{14}C-Isotope beginnen zu zerfallen, ohne, dass neue hinzukommen. Aus dem Verhältnis von ^{12}C zu ^{14}C kann man dann ablesen, welche Zeitspanne seit dem Tod des Organismus vergangen ist: Je weniger ^{14}C, desto älter ist das Probenmaterial, hier beispielsweise das Holz des gefällten Baumes.

Retusche Nachbearbeitung von Feuersteinrohlingen, die mittels weiterer Schläge zu Werkzeugen geformt werden (nach franz. *retouche* = Nachbesserung)

Schamane Nimmt in Trance Kontakt mit der Welt der Geister auf (nach tungus. *shaman* = der Wissende)

Schwellbalken Waagerechter Balken, auf dem das Gewicht der Wand bzw. senkrechter Stützen lastet. Er liegt entweder direkt auf dem Boden oder auf untergelegten Steinen.

Sedimente Hier Ablagerungen von Teilchen, die durch Wasser oder Wind transportiert wurden

Silex Oberbegriff für Kiesel- oder Silikatgesteine (SiO_2). Sie kommen in Knollen vor allem in jura- und kreidezeitlichen Ablagerungen vor. Zu den Silikatgesteinen gehören Feuerstein (auch → Flint) als Bildung aus der Kreide und Hornstein als Bildung aus dem Jura.

Stratigraphie Untersuchung von Schichtenabfolgen (Kulturschichten, Sedimente etc.). Ist der Zusammenhang ungestört, so ist die untere Schicht älter als die darüberliegende.

Trepanation Operative Öffnung des Schädels am lebenden Individuum

Wildbeutertum Wirtschaftsweise, die sich auf Jagen, Fischen und Sammeln gründet

Register

Bildnachweis:

akg-images 2, 107 (E. Lessing), 79 (H. Kraft); Albustin, L. 130; Arch. Landesmus. Baden-Württemberg/Konstanz 136; Auffermann, D./Witten 20; Bau, F./Århus 18, 85, 113; Bayer. Landesamt für Denkmalpflege/Regensburg 38; Becker, H., Bayer. Landesamt für Denkmalpflege 134; CNMHS/SPADEM 74; Picture-Alliance/Frankfurt 5–7, 53, 54, 68, 70, 77, 78, 88, 116, 125, 153, 161; Euphrat-Archiv/Heidelberg 91, 94; Floss, H., Eberhard-Karls-Universität Tübingen 71; Forschungsstelle Altsteinzeit des RGZM 11 (O. Jöris), 21, 28u, 80; Inst. für Ur- u. Frühgeschichte u. Archäologie des Mittelalters/Tübingen 82 (H. Jensen); Gramsch, B., Brandenburg. Landesamt für Denkmalpflege/Arch. Landesmus./Wünsdorf 86; Huber, J. M., Museum Alzey 114; Huxtable, G. 101, 104; Johannes, D., DAI Istanbul 93, 98; Köhler, H.-J., RGK/Frankfurt 34, 49 (nach J. Lüning), 123 (nach J. Wahl/H. G. König, Fundber. Baden-Württemberg 12, 1987), 151 (nach J. Müller, Studia Honoraria 3, 1998, u. H. Schwabedissen, Veröff. Urgesch. Slg. Landesmus. Hannover 24); Korn, W./Hannover 147; Landesamt für Denkmalpflege u. Archäologie Sachsen-Anhalt, Archiv LDA 15, 51 (J. Lipták), 157, 164 (E. Hunold); Kreisarchäologie Straubing-Bogen 37o (K. Böhm); Landesdenkmalamt Baden-Württemberg 47, 137, 162, 165; Landesdenkmalamt Baden-Württemberg/Hemmenhofen 13, 138, 140 (A. Kalkowski); © Landesamt für Denkmalpflege Hessen/Wiesbaden, 2006 41 (P. Odvody, Darmstadt), 128 (Schwarz+Bell, Wiesbaden); Landesmus. für Natur u. Mensch/Oldenburg 48, 145; Landesmus. Mainz 37u (U. Rudischer); Rhein. Amt für Bodendenkmalpflege/Bonn 36 (A. Thünker DGPh); Lüning, J., Sem. für Vor- u. Frühgeschichte/Frankfurt 10, 40; nach J. Lüning, Universitätsforsch. Prähist. Arch. 58, 2000 110; nach J. Lüning u. H. Schlichterle 35; Maier, U., Inst. für Ur- u. Frühgeschichte/Freiburg 139; Mania, D./Jena 17, 65; Mellaart, J. 103, 105; Mus. für Vor- u. Frühgeschichte/Frankfurt 119; Neanderthal Museum/Mettmann 8, 57, 59 (S. Pietrek), 9, 52 (H. Bidault), 22 (C. Creutz), 23 (D. Osuch), 56 (M. Ehrich), 67 (M. Pietrek); Neubauer, W. 126; Novosti Press Agency 26; Palm, P./Berlin 96 (nach H. Müller-Beck: Die Steinzeit. 2004), 108 (nach W. Menghin/D. Planck: Menschen, Zeiten, Räume. 2002), 159 (nach W. Menghin/D. Planck: Menschen, Zeiten, Räume. 2002); Pfahlbaumuseum/Schöbel 14; © Pfeifroth, B./Reutlingen 25li, 72/73; Quadrat Bottrop 62/63; Ramsing, J./Bonn 149; Rhein. LandesMuseum Bonn 58 (H. Lilienthal); Rind, M., Landratsamt Kelheim 121; RGK/Frankfurt 142 (C.-M. Hüssen nach D. Grosser in B. Hroudra: Methoden der Archäologie. 1978); nach R. R. Schmidt: Die diluviale Vorzeit Deutschlands. 1912 32; Schmidt, W./Regensburg 118; Steinzeitpark Albersdorf (AÖZA) 115; Stiftung Schleswig-Holstein. Landesmuseen Schloss Gottorf/Arch. Landesmus. Schleswig 28o, 43 (Buss u. Gatermann/Hamburg), 87 (K. Bokelmann); Stodiek, U./Haan 27; Terberger, Th., Lehrstuhl für Ur- u. Frühgeschichte/Greifswald 31; Thüring. Landesamt für Arch. Denkmalpflege/Mus. für Vor- u. Frühgeschichte Thüringens/Weimar 50 (B. Stefan); Ulmer Museum 76 (Th. Stephan); Württemberg. Landesmus. Stuttgart 16, 25re, 44 (P. Frankenstein u. H. Zwietasch); ZAMG Archeo Prospections & Luftbildarchiv UFG Universität Wien 133; Zick, M./Stuttgart 92

Besonderer Dank gilt dem NEANDERTHAL MUSEUM, das für alle Steinzeitfans ein ungewöhnlich attraktives Freizeit- und Bildungsangebot bereithält. Neben dem Museumsbesuch bieten sich der Besuch der Fundstelle sowie des Wildgeheges an. Öffnungszeiten Di–So 10.00–18.00 Uhr, Mo geschlossen; weitere Informationen unter www.neanderthal.de

Verlag und Autor danken allen Leihgebern für die Bereitschaft, Bildmaterial für diese Publikation zur Verfügung zu stellen. Leider war es nicht in allen Fällen möglich, die Inhaber der Urheberrechte zu ermitteln. Etwaige Ansprüche kann der Verlag bei Nachweis entgelten.

Bibliografische Information Der Deutschen Bibliothek
Die Deutsche Nationalbibliothek verzeichnet diese Publikation in der
Deutschen Nationalbibliografie; detaillierte bibliografische
Daten sind im Internet über http://dnb.d-nb.de abrufbar.

Umschlaggestaltung: Stefan Schmid, Design Anne Lyrch, Stuttgart, unter Verwendung von Abbildungen der picture-alliance, Frankfurt/Main sowie sowie des Landesamtes für Denkmalpflege und Archäologie Sachsen-Anhalt (J. Lipták) (linkes u. mittleres Bild unten)

Erweiterte Neuauflage 2012
© 2006 Konrad Theiss Verlag GmbH, Stuttgart
Alle Rechte vorbehalten
Die Herausgabe dieses Werkes wurde durch die Vereinsmitglieder der WBG ermöglicht.
Lektorat und Bildredaktion: Dr. Birgit Wüller, Stuttgart
Kartografie und Zeittafel: Peter Palm, Berlin
Reihen-Gestaltung und Satz: Katrin Kleinschrot, Stuttgart
und Primustype Hurler GmbH, Notzingen (Neuauflage)
Reproduktionen: reproteam siefert, Ulm/Primustype Hurler GmbH, Notzingen
Druck und Bindung: Offizin Andersen Nexö Leipzig GmbH, Zwenkau
ISBN: 978-3-8062-2589-1
Besuchen Sie uns im Internet: www.theiss.de